本书系天津市教育科学规划课题"'童心文化'视域下学前儿□□□（CHE220022）阶段性成果；中国学前教育研究会"十四五"研究课□□□儿园园本课程建设"（K20210358）研究成果。

小童心 大情怀

学前儿童家国情怀培育的实践研究

付玉英　闫　琦　编　著

天津社会科学院出版社

图书在版编目（ＣＩＰ）数据

小童心　大情怀：学前儿童家国情怀培育的实践研究 / 付玉英，闫琦编著. -- 天津：天津社会科学院出版社，2024.5

ISBN 978-7-5563-0972-6

Ⅰ．①小… Ⅱ．①付… ②闫… Ⅲ．①爱国主义教育－教学研究－学前教育 Ⅳ．①G611

中国国家版本馆CIP数据核字(2024)第106860号

小童心　大情怀：学前儿童家国情怀培育的实践研究
XIAOTONGXIN DAQINGHUAI:XUEQIAN ERTONG JIAGUO QINGHUAI PEIYU DE SHIJIAN YANJIU

选题策划： 柳　晔
责任编辑： 柳　晔
责任校对： 王　丽
装帧设计： 高馨月
出版发行： 天津社会科学院出版社
地　　址： 天津市南开区迎水道 7 号
邮　　编： 300191
电　　话： （022）23360165
印　　刷： 高教社（天津）印务有限公司
开　　本： 787×1092　1/16
印　　张： 25.75
字　　数： 325 千字
版　　次： 2024 年 5 月第 1 版　　2024 年 5 月第 1 次印刷
定　　价： 88.00 元

前　言

传承家国情怀　培育时代新人

　　"家国情怀"是中华民族的传统美德，更是思政教育的重要内容。习近平总书记多次强调要把爱家和爱国统一起来，号召在全社会大力弘扬家国情怀，指引我们把实现个人梦、家庭梦融入国家梦、民族梦之中，为实现中华民族伟大复兴的中国梦而不懈奋斗。幼儿作为中国未来的栋梁，要对中华优秀文化建立足够的理解和自信，肩负起传播中国声音，讲好中国故事的使命。因此，在学前教育阶段开展家国情怀启蒙教育，以中华优秀传统文化厚植儿童的家国情怀，是落实立德树人根本任务的关键一招，是培育和践行社会主义核心价值观的重要方式。

　　海颂幼儿园作为高质量发展的探索者，在国家要求和儿童视角当中探寻发展的大方向，更好地满足儿童成长之需和时代发展之盼。厚植家国情怀是党的要求、国家的意志，更是育人之"魂"。童心教育基于儿童立场，在尊重"长"的规律基础上给予孩子"成"的力量。我们将两者有机融合，在园所的"童心文化"视域下开展传承家国情怀的启蒙教育研究和实践，自主研发出"我爱我的家""'桥'见天津"等生动有趣又具有教育意义的园

本方案,帮助幼儿在潜移默化中涵养家国情怀,以此实现"培养什么人、怎样培养人、为谁培养人"这个根本问题在学前阶段的落实落地。

小童心,大情怀。本书立足实践经验成果,收录了园所基于家国情怀启蒙教育的主题课程和活动案例,并创造性地形成了具体实施方案。第一篇爱家爱国,萌发爱国意识。以"家国意识"为核心,由小及大、由近及远、由浅入深地培养幼儿爱家园、爱家乡、爱祖国的情感。第二篇养正颂善,牢记家国担当。围绕"责任担当"题旨,从正己身,到善友人,再到勇担当,有目的、有计划、有系统、有层次地实施启蒙教育,促进幼儿身心和谐发展。第三篇赓续血脉,传承家国精神。聚焦"精神传承"之主题,鼓励幼儿敬英雄、赞楷模、学榜样,继承先辈优良品格。第四篇胸怀天下,共筑家国梦想。陶冶"胸怀天下"之家国情怀,从探科技、护生态、共和平这三处当下教育热点出发,深耕可持续、可延展、可生成的幼儿家国情怀启蒙教育全景。

本书的出版,希望能为学前教师们在思政启蒙教育中提供一些案例和范本。更希望与大家共同努力,在新时代的教育改革征程中,走进童心世界,以家国情怀传承文化、萌发情感、励志成长,为儿童的健康成长赋能,为实现中华民族的伟大复兴奠基!

编　者
2023 年 12 月

目 录

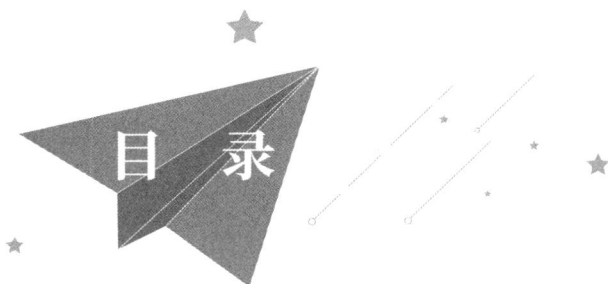

绪 论

幼儿园家国情怀启蒙教育的园本实践与探索

学前阶段是人的一生中生长速度最快、可塑性最强的时期,也是形成个人认知、价值观和情感体验的关键时期。遵循儿童身心发展规律,进行适切的思政启蒙教育,帮助他们扣好人生第一粒扣子,是幼儿园落实立德树人根本任务的关键环节。"家国情怀"是中华民族的传统美德,是我国传统文化重要的精神资源。建园伊始,我们就开始进行家国情怀教育的探索和实践。通过六年的实践与探索,初步形成了以"葆童真童趣,育家国情怀"为育人理念,以培养"心有家国,志在四方的现代中国娃"为育人目标,以"环境赋能、制度保障、课程研发、实践活动、协同共育"为实践路径的传承家国情怀育人体系。

一、幼儿园家国情怀启蒙教育的研究历程

研究阶段	**明方向** 以"童心向党"为主题的品德启蒙教育实践 →	**找路径** 探究品德启蒙"学什么、怎么学"的问题 →	**建体系** 建构传承家国情怀的童心文化育人体系
研究时间	2017—2018 年	2019—2021 年	2022 年至今
问题策略	**存在的问题**:新建幼儿园缺乏文化建设的统领,需探索出一条符合园所实际的育人路径 **解决的策略**:确定"童心向党"育人方向;重视环境育人;开展"童心向党"主题教育活动 →	**存在的问题**:幼儿品德教育形式空洞、内容零散、重说教、轻体验 **解决的策略**:提供丰富的材料支持幼儿自由探究,寓品德教育于游戏中;整合教育资源,研发"家国情怀园本课程" →	**存在的问题**:学前儿童品德教育育人体系不健全 **解决的策略**:做好顶层设计,凝练核心价值理念,制订以环境赋能、制度保障、课程研发、实践活动、协同共育为内容的实践路径,建构育人体系

图 0-1 小童心大情怀:幼儿园家国情怀启蒙教育的园本实践育探索研究过程图

第一阶段：明方向，确立以"童心向党"为主题的品德启蒙教育方向（2017—2018年）。海颂幼儿园自2017年建园以来，以"童心文化"为引领，开始了"童心向党"品德教育的实践研究，研究中注重环境育人，通过一系列教育活动帮助幼儿扣好人生第一粒扣子。实践过程中产生了新问题，如：幼儿品德教育形式空洞、内容零散、重说教、轻体验等，针对这些问题开启了第二阶段的研究。

第二阶段：找路径，探究品德启蒙"教什么、怎么教"的问题（2019—2021年）。研究过程中针对发现的问题，转变教育方式，站稳儿童立场，寓教育于游戏中，提供丰富的材料支持幼儿主动探究，整合教育资源，凝练研究成果，形成"家国情怀园本课程"。实践中发现，学前儿童品德教育尚未形成完善的育人体系，针对此问题开展了第三阶段的研究。

第三阶段：建体系，建构传承家国情怀的童心文化育人体系（2022年至今）。在研究过程中，做好顶层设计，凝练核心价值体系，制订实施路径，从环境赋能、制度保障、课程研发、实践活动、协同共育等方面逐步完善育人体系建设，保障立德树人的育人实践有效实施。

二、幼儿园家国情怀启蒙教育研究的实施策略

（一）优化策略，充实经验

凸显儿童中心的教育立场。尊重学前儿童年龄特点和身心发展规律，在倾听、观察的基础上与幼儿共同开展活动，促进幼儿的主动学习。以家国情怀为纲，统领各类活动。以"玩中生爱"为主线，重新规划幼儿的一日生活，开展丰富多彩的活动，优化实践路径。重构幼儿活动空间。构建"一厅两廊九阵地"的思政环境，提供丰富的材料支持幼儿探索，在有情有景的环境中浸润幼儿心灵。支持幼儿探究性学习。重视幼儿的学习过程，关注幼儿的参与、感受和体验，支持幼儿在主题活动、游戏活动、实践活动中感受家之温暖和国之伟大。

（二）整合资源，丰富经历

整合课程资源。以《幼儿园保育教育质量评估指南》为基准，根据幼儿的兴趣需要和年龄特点，通过主题活动、游戏活动等方式，深化幼儿"爱国情感""精神传承""责任担当""胸怀天下"的家国意识。整合家庭资源。开展丰富多彩的亲子

活动,家园协力营造和谐有爱的氛围;开展家长助教活动,丰富教育资源。整合社会资源。充分利用社区资源,赋能多元课程文化,开展实地参观和体验活动,丰富实践活动内容。充分挖掘本土教育资源,拓展协同育人空间,以博物馆、科技馆等为德育教育的重要基地,开展研学活动。

(三)建立机制,保障实施

组建核心团队。在研究过程中成立了以园长为组长,骨干教师为成员的核心团队。营造核心成员引领,辐射全园的研究氛围。确立研训目标。研训内容紧扣实践,以"瞄准真问题、过程真思考、结果真落实、教学真改进"为研训目标,不断凝炼研究成果,逐步形成"家国情怀园本课程"。更新教研模式。以"研训评改"为教研模式,坚持核心团队每周教研,从课程开发、内容选择、实施途径等多个方面进行研究。隔周开展全园研训,拓展课程范围,打造浓厚的"家国情怀"研究氛围。

三、幼儿园家国情怀启蒙教育研究的成果

(一)形成家国情怀启蒙教育核心价值理念

以园所文化、办园理念、育人目标、办园特色为主要内容,形成了家国情怀启蒙教育核心价值理念。

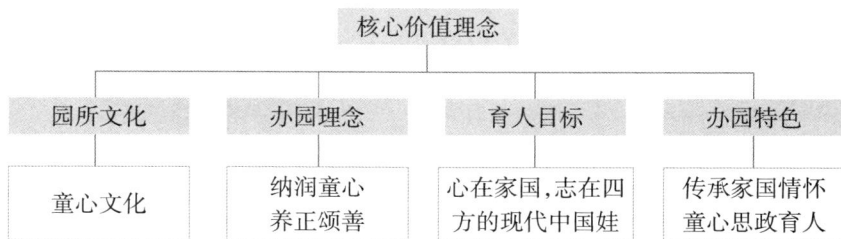

图 0-2 核心价值理念

(二)形成家国情怀启蒙教育育人实践路径

1. 创设有情有景的思政环境,浸润幼儿心灵

通过"一厅两廊九阵地"的思政环境,在有情有景的环境中浸润幼儿心灵,萌发爱家园、爱祖国的情感。一楼前厅的巨幅国旗,成为幼儿每日的爱国主义教育;"两廊"则利用一、二楼楼道,打造"游家乡、祖国在我心中"主题长廊,将中班"桥

见天津"主题教育成果作为共享互动墙饰为全园幼儿提供爱国主义学习的基地。

2. 制订健全完善的教研制度,优化实施过程

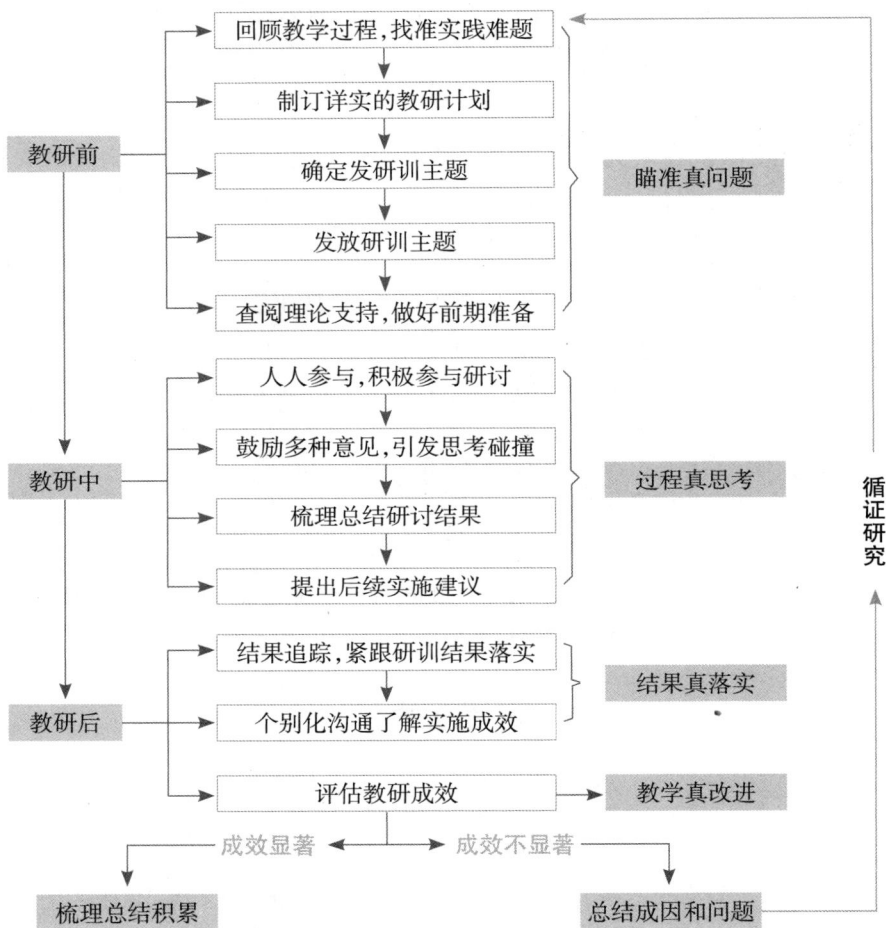

图 0-3 教研制度

幼儿园成立了以园长为组长,骨干教师为核心辐射全园的研究团队。坚持"研训评改"的教研模式,以问题为导向,纵向深挖课程内涵,从课程开发、内容选择、实施途径等多个方面进行上层建构。横向拓展课程覆盖范围,涉及园所每个岗位,打造浓厚的"家国情怀"育人氛围。此外,研训内容紧扣实践,以"四真"为研训目标,不断凝炼研究成果,形成"家国情怀园本课程",具体如图:

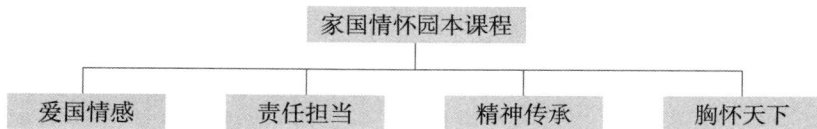

图 0-4　家国情怀园本课程

3. 开展有声有色的主题课程，引发幼儿探究

六年来幼儿园不断探索家国情怀园本课程实施路径，以"家国深入童心，游戏点亮童年"为理念引领课程逐步深入。确立"正已身、善友人、爱家国、怀天下"的课程目标，搭建出家国情怀课程框架（表1-4），初步形成逻辑清晰、架构完整、内容丰富的家国情怀园本课程。详见下表：

表 0-1　家国情怀园本课程——爱国情感

维度	主题	主要内容
爱国情感	爱家园，践初心	我爱我的家
		爱在小三班
		我上幼儿园
	游天津，知乡情	"桥"见天津
		遇见海河
		匠心天津
		地铁游津
	知祖国，感党恩	万里长城
		遇见蔚蓝
		筑梦九天
		趣论姓名
		字字不倦
		红船，红船
		嗨，福建舰

表 0-2　家国情怀园本课程——责任担当

维度	主题	主要内容
责任担当	学规范,正己身	讲卫生
		守规则
		乐学习
	秉真心,善友人	尊长辈
		爱同伴
		护弟妹
	勇担当,甘奉献	交通安全小卫士
		垃圾分类小标兵
		爱园清扫小能手
		控烟宣传小达人

表 0-3　家国情怀园本课程——精神传承

维度	主题	主要内容
精神传承	知党史,敬英雄	民族英雄
		抗战英雄
	树新风,赞楷模	精工巧匠
		时代楷模
	颂先锋,学榜样	中华少年
		身边榜样

表 0-4　家国情怀园本课程——胸怀天下

维度	主题	主要内容
胸怀天下	探科技,筑梦想	中国航母
		中国高铁
		中国航天
	讲文明,护生态	动植物
		绿水
		蓝天
	共和平,向未来	共享友谊
		同筑和平

（1）主题活动

在主题活动中,不同于以往"教师说、幼儿听"刻板的传授模式,幼儿通过自主探索、实践操作、表达表现、相互交流等方式获得相关知识,涵育家国情怀,具体措施如下:

①播报活动:改变教师为主导的教育方式,利用主题播报引导幼儿自主学习、主动探究、积极思考、大胆表达。不仅强化了播报人的情感,也能带动同伴共同学习,促进全班幼儿协同发展。②教育活动:利用幼儿在主题课程中的丰富经验,依据幼儿的兴趣需要,教师把握教育契机生成集体教育活动。如《英雄故事馆》活动,感受英雄、楷模人物的崇高精神和坚定不移的理想信念,使爱国主义的种子在幼儿心灵中生根发芽。③绘本活动:选取千余册中国原创绘本,内容涵盖爱国情感、责任担当、精神传承、胸怀天下四方面,为幼儿自主阅读、主动学习、积极探究提供有力支持。

（2）生活活动

①节日庆典:将"家国情怀"教育融入一日生活各个环节,利用主题升旗、国庆节、传统节日、农历节气等不断渗透爱国情感,传承传统文化,培育家国情怀。②经典诵读:通过了解、诵读古诗词,体验作者"匈奴未灭,何以家为"的家国情怀。在积累了大量诗词内容后,在游戏活动中体验中国古诗词的韵律美。③养成教育:礼仪小明星、爱园清扫等活动,培养幼儿树立正确的人生观和价值观,对幼儿进行思想启蒙、信仰萌芽教育,引导他们从小听党话、跟党走,培育爱国主义意识,提升民族自豪感和自信心。

（3）游戏活动

将家国情怀课程和自主游戏活动相互交融、共生共长,让家国深入童心向下扎根,游戏点亮童年向上生长。①课程融合游戏:积极创设机会和条件,鼓励幼儿将家国情怀班本活动的内容,在游戏中大胆表现、相互交流、彼此学习。舞台剧《为中华之崛起而读书》,重视周恩来爷爷的故事,激发幼儿真挚的情感。②游戏拓展课程:通过家国情怀班本课程的深入开展,幼儿不断地将情感、经验迁移到游戏中,充分再现课程内容,使班本课程向纵深发展。自主游戏活动源自幼儿的生活实际经验,也有利于教师捕捉幼儿的学习兴趣,生成新的教育契机。

4. 组织有滋有味的实践活动, 拓展幼儿经验

除了在班本课程开发中着力, 园所大型活动也是实践活动的有效途径, 借助"三礼三季三艺"拓展实践活动, 令爱国情感不断萌生。

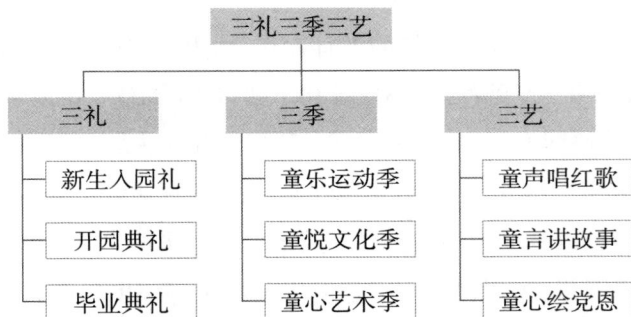

```
                    三礼三季三艺
        ┌──────────────┼──────────────┐
       三礼            三季            三艺
        │              │              │
   ┌新生入园礼     ┌童乐运动季     ┌童声唱红歌
   │              │              │
   ┌开园典礼       ┌童悦文化季     ┌童言讲故事
   │              │              │
   └毕业典礼       └童心艺术季     └童心绘党恩
```

图 0-5　三礼三季三艺

5. 利用多种多样的育人资源, 形成教育合力

①家长资源: 充分挖掘家长资源, 家园形成合力, 提供亲子互动的机会, 增强家国情怀培育效果。同时邀请军人爸爸、红军爷爷来到幼儿园, 进一步丰富教育资源。②社区资源: "大手拉小手"将社区资源引入幼儿园, 和消防站、派出所等单位合作, 幼儿在实际体验中将心中情感落到实处, 让爱国主义之花在行动中绽放。③社会资源: 博物馆、历史遗迹、自然风貌等都是家国情怀启蒙教育不可缺失的实践资源。博物馆教学更是给主题课程的开展带来了无限生机, 幼儿在亲身体验中培植爱国主义情怀。

四、幼儿园家国情怀启蒙教育研究的创新之处

(一)发现了幼儿品德启蒙的独特视角

家国情怀的相关研究近些年来被学术界广泛关注, 但目前研究成果多集中在大学和中学学段, 学前教育阶段的研究较少, 在"童心文化"视域下, 对学前儿童进行家国情怀的实践研究至今尚未发现。我们坚持儿童立场, 遵循儿童身心发展规律和学习特点, 开展品德启蒙教育, 对儿童的个体发展具有重要意义。

（二）探索了家国情怀启蒙教育实践路径

在实践过程中,探索出"环境赋能、制度保障、课程研发、实践活动、协同共育"的实践路径。实施过程中,研发出园本课程,建立了制度保障,追随儿童的兴趣和需要,不断更新教育内容,创新活动方式,引导幼儿在可感知、可操作、可游戏、可体验的活动中,发现家国发展变化、厚植家国情怀、树立家国信念。这为幼儿的成长筑牢思想之基。

（三）建构了童心文化育人体系

家国情怀启蒙教育,是思想教育研究的重要方面,同时也是幼儿教育研究的重要领域。在"童心文化"视域下开展儿童家国情怀启蒙教育,是落实立德树人根本任务的创新园本实践。基于幼儿品德启蒙教育的国家要求,立足园本实践,初步形成了以"葆童真童趣,育家国情怀"为育人理念,以培养"心有家国,志在四方的现代中国娃"为育人目标,以"传承家国情怀,培育时代新人"为特色的育人体系。

五、幼儿园家国情怀启蒙教育研究的成效

（一）促进幼儿的全面发展

通过"童心文化"视域下的家国情怀培育体系,幼儿对家庭、家乡、祖国的热爱横比更优,纵比提升。在德育方面取得成效的同时,幼儿的身体素质、艺术表现、知识积淀等也有所增强,智德体美劳全方位协调发展。

（二）促进教师的专业成长

经过六年的实践探究,教师的家国情怀素养也提高了,能做到有信仰、有情怀、有担当,起到了良好的示范引领作用。在实践中,教师对幼儿年龄特点的把控、对幼儿的观察和理解能力均有所提升,师幼关系更加融洽。

（三）幼儿园办园品质持续提升

开园六年间,海颂幼儿园实现了从新建园到示范园的华丽转身,入选天津市高质量游戏试点幼儿园、天津"构建园所文化打造特色品牌"项目实验幼儿园,出版著作《倾心教育之梦》;付玉英园长受邀在中国教育学会教育管理分会论坛作《传承家国情怀　培育时代新人》报告,在第二届天津市学前教育高质量发展研讨会

上作《启润童心同行　涵育家国情怀》报告；园所课程资源《涵育家国情怀　走稳幼小之路》入选天津市基础教育课程资源库；幼儿手指谣在天津市"社会主义核心价值观手指谣大赛"中连续两年获得一等奖；幼儿园研究成果先后被天津教育报、学习强国—天津学习平台等多家媒体报道，社会影响力持续提升。

六、幼儿园家国情怀启蒙教育研究展望

回顾整个探索和实践过程，还有一些内容有待完善。一是评价方式。若能开发出一套较为完善的评价量表或者评价方法，通过评价诊断以往课程实施中的得失和效果，以此引导教师进一步探索自己在爱国主义教育实践方面的工作，将有效推进爱国主义教育持续健康发展，这也是幼儿园接下来的目标任务。二是课程内容科学性。课程内容选择对于学前年龄阶段幼儿的科学性和适宜性，还需要长时间的实践和探索加以进一步验证。

教育家陶行知先生曾说过："教人要从小教起，幼儿比如幼苗，必须培养得宜，方能发芽滋长。"一路走来，幼儿园践行"葆童真童趣，育家国情怀"的理念，在学前儿童家国情怀启蒙教育之路上不懈探索，打造了诸多优秀园本教育成果。家是最小国，国是千万家。展望未来，幼儿园将进一步通过系列主题课程及教育活动把爱国和爱家统一起来，做好幼儿家国情怀的"播种人"，当好幼儿思政启蒙教育的"实践家"！

第一篇

爱家爱国,萌发家国意识

家是最小国,国是千万家。从历史到现实,崇尚家国大义是中华民族的精神追求,家国,是中华儿女的精神原乡。浇花浇根,育人育心,贯彻落实党的教育方针,大力弘扬家国情怀,是新时代对教育发展提出的必然要求。学前儿童是祖国的未来,民族的希望,在孩子的成长奠基阶段培养家国意识,涵育家国情怀尤为重要。本章节以"爱家园,萌初心""游天津,知乡情""知祖国,感党恩"为主要内容,通过直接感知、实际操作、亲身体验等方式,引导幼儿感受家之温暖和国之伟大。

第一章

爱家园,践初心

家是温暖的港湾,幼儿园作为幼儿走向社会的第二个"家",更应该为其营造温暖、关爱、平等的集体生活氛围。同时,帮助幼儿在"小家"和"大家"中建立良好的亲子关系、师幼关系和同伴关系。让幼儿不断适应集体生活,深植爱家爱园的情感基础。

教育目标

1. 知道自己与家庭成员之间的关系,感受家的温暖,爱父母,亲近与信赖长辈。

2. 知道幼儿园也是一个"家",适应集体生活遵守基本规则,愿意与人交往,能与同伴友好相处。

3. 在生活点滴中体会家人、教师、同伴的爱,关心并尊重他人,愿意用不同的方式大胆地表达爱。

4. 通过多种方式了解幼儿园的方方面面,喜欢上幼儿园,愿意并主动参加各种活动,具有初步的归属感。

第一节　我爱我的家

一、主题来源

马斯洛的需要层次理论将"归属与爱的需要"视为人类关键的心理需求。因此,在小班阶段助力幼儿构建初步的归属感显得尤为关键。开学初,幼儿拿着全家福,开心地介绍自己的家和家人,脸上洋溢着幸福的笑容……家,是幼儿最熟悉、最能感到温暖的场所。初入园的小班幼儿多数存在分离焦虑的问题。通过"家"这一切入点,引导幼儿从了解自己的家庭延伸到认识小班这个集体,让他们感受到两个家庭的温暖与幸福,逐步建立归属感,从而萌发爱家、爱家人、爱集体的情感。

二、主题总目标

1. 深入了解"我的家",初步认识"我的幼儿园",感受两个家的温馨与幸福。

2. 熟知经常接触的家人,知道他们之间的关系,感受家庭生活的温暖,爱父母,亲近与信赖长辈。

3. 正确说出自己家的布局、位置,愿意进行大胆表达,能够用喜欢的方式爱护自己的家。

4. 知道自己生活在有爱的家庭里,能够感受家人、教师、同伴对自己的爱并愿意通过不同的方式表达自己对他们的爱。

三、主题网络图

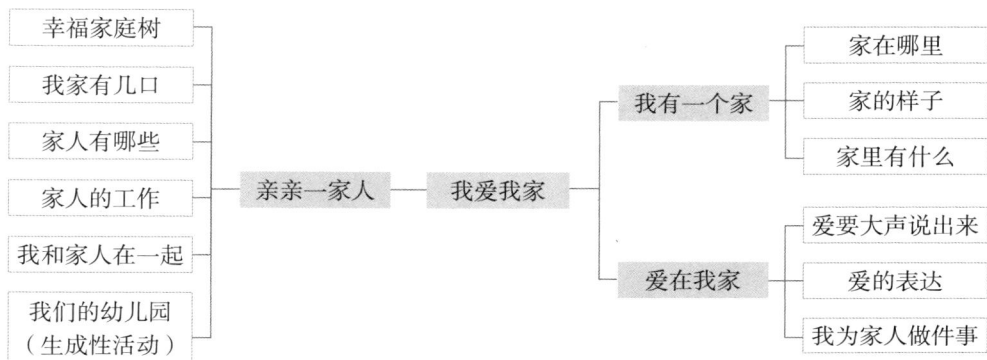

图 1-1 "我爱我家"生成网络图

四、主题实施过程

（一）我有一个家

表 1-1 "我爱我家"主题实施一览表

活动内容	主要目标	支持策略	生成活动	发展领域	年龄班
我有一个家	1.了解家的位置，知道小区的名字 2.了解、观察自己的家、家的布局 3.知道家里有各种家具和电器	教育活动：1.语言活动："我的家" 2.社会活动："家在哪里" 家园互动：留下幼儿在家里和小区的照片 区域活动：建构区用积木为娃娃搭建自己的家，给娃娃起一个名字，了解娃娃家的布局	"我们的幼儿园"区域活动：建构区搭建海颂幼儿园	社会 科学 艺术	小班

1. 家在哪里

在讲述《小鸭子迷路》的故事时，幼儿一方面为小鸭子找不到回家的路而担心，一方面也认识到了知道自己的家在哪，以及知道回家路线的重要性。于是，幼

儿也回去和自己的家人一起认识了自己最熟悉的小家在哪里（图1-2），幼儿园在哪里，从幼儿园回家的路线是什么（图1-3），幼儿在记一记、画一画的过程中不仅知道了自己家的位置，也更愿意跟大家分享自己的家，幼儿的语言表达能力也在慢慢提升。

图 1-2　介绍家的位置

图 1-3　介绍自己的家和幼儿园

2. 家的样子

知道了自己家的位置，那家里面又是什么样子呢？瑞瑞小朋友带来了自己家里的照片，介绍家里的布局和各个房间。在介绍的过程中，我们发现幼儿说着："我家也有沙发。""我家有好多玩具呢！""我家里也有个大电视。"……幼儿的分享欲在一点点增强。于是，我们以此为契机，给幼儿提供介绍自己家的机会，幼儿通过照片或视频来介绍自己的家，同时通过简单的涂色活动进一步熟悉家中的一些常用物品。

渐渐地，幼儿在一日生活中认识和熟悉了小班的各个活动室、各个区域的功能，熟悉了班级的一日常规要求。幼儿通过创作一幅幅作品去装饰、点亮班级，通过一件件力所能及的小事去爱护小二班。在此活动中，幼儿在探索中进一步发现了海颂幼儿园这个家，从而自发地生成了"我们的幼儿园"的主题游戏活动。

幼儿通过介绍自己的家，提升了语言表达能力、语言组织能力，在创作的过程中动手能力也得到了提升，幼儿对自己的小家、对小二班都有了进一步的了解（图 1-4）。

图 1-4　介绍家里的房间

（二）亲亲一家人

表1-2 "我爱我家"主题实施一览表

活动内容	主要目标	支持策略	生成活动	发展领域	年龄班
亲亲一家人	1. 认识自己的全家福，初步了解一个家庭的构成 2. 能够通过点数知道家里有几口人，同时能进行初步的分类统计 3. 能够懂得家人对自己的爱体现在生活中的点点滴滴 4. 能够说出家人的外貌特点，通过简单的线条来勾画自己的家人 5. 能够初步表达家人是如何爱自己的	教育活动： 1. 社会活动："幸福家庭树" 2. 艺术活动："我家有几口" 谈话活动： "我的家人" 家园互动： 拍一张全家福的照片 区域活动： 1. 益智区：投放"给全家福找'家'"区域材料 2. 娃娃家：懂得扮演娃娃的家人（爸爸、妈妈、哥哥、姐姐等），知道怎么照顾娃娃 3. 美工区：画一画我的家人		社会 科学 艺术 语言	小班

1. 幸福家庭树

我们利用家园互动的方式，收集了每名幼儿的全家福，并通过开展相关的教育活动，让幼儿观察、了解、比较家人的外形特点，并将家人之间的关系以树状图的方式呈现出来，使得幼儿有直观的了解，引导幼儿初步了解一个家庭的构成。

2. 我家有几口

幼儿在了解自己家人的基础上进行点数活动，知道自己家有几口人。通过开展"我家有几口"的教育活动，幼儿知道了自己家庭成员的数量，会手口一致地点数，比较是多、是少还是一样多，同时能进行初步的分类统计。通过本次活动的开展，幼儿对自己的家人有了更加细致的了解，同时通过点数了解了家庭成员的数量。与此同时，在每天早上的点名环节，教师也会带着幼儿进行手口一致地点数自己班级的人数，了解这个大家庭的人数。

3. 我的家人

全家福让我们了解了一个家庭的构成，为家长和幼儿提供亲子交流的机会，

幼儿深入了解每一位家人,学会用简单的句子介绍爸爸妈妈的工作、用彩色的线条画一画我眼中的爸爸妈妈、说一说我和爸爸妈妈之间的趣事。在活动中幼儿逐渐了解家人之间的爱就在点点滴滴的小事之中,进一步巩固亲子关系。在班里,幼儿对自己的老师、伙伴越发熟悉,我们也变成了相亲相爱的一家人(图1-5、图1-6)。

幼儿进一步了解了自己的家,包括家的具体方位、家里的各个房间,找到了家里属于自己的小天地,知道了家人的特点、工作等,感受了家庭的温馨,体会家人对自己的爱。在元旦的时候,班里举办了联欢会,在活动中,幼儿唱歌、跳舞、表演才艺,班级氛围非常愉快。彼此在这个大家庭中既感受了温暖,又有了宝贵的回忆。

图 1-5　最喜欢和爸爸拼图

图 1-6　和爸爸妈妈一起画画

（三）爱在我家

表1-3 "我爱我家"主题实施一览表

活动内容	主要目标	支持策略	生成活动	发展领域	年龄班
爱在我家	1. 能够大胆地说出自己对家人们的爱 2. 愿意制作礼物送给家人们 3. 愿意为家人做一些事情,懂得感恩爱自己的家人	教育活动: 1. 语言活动:"爱的表达""猜猜我有多爱你""家人对我说" 2. 社会活动:"我为家人做件事" 家园互动: 1. 引导家长们录制爱的祝福 2. 引导幼儿在家里做力所能及的事情 区域活动: 1. 美工区:制作爱的礼物 2. 娃娃家:能够通过不同的形式照顾娃娃,并用语言表达出对娃娃的爱		社会 科学 语言	小班

1. 爱要大声说出来

爱都体现在日常小事之中,借此机会,我们把爱大声说出来,鼓励家长为幼儿录制爱的祝福视频,并在班级进行播放,在班级中幼儿认真倾听家长的语音,安安静静地观看家长录的视频;通过"猜猜我有多爱你""爱的表达"等活动,让抽象的"爱"具象化,使幼儿懂得爱别人或被爱都是一种幸福。

2. 爱的表达

幼儿在班级里为家人准备爱的惊喜（图1-7）,制作爱的礼物——感恩之花,大声表达爱,录制爱的表达。

家是每个人温馨的港湾,每一个幼儿都喜欢自己的家,因为家里有疼爱自己的家人,有漂亮的家居布置等。家里的每一样东西对他们来说既熟悉又陌生。通过这个主题活动,幼儿知道了身边的家人,了解了自己的家,并让他们学会了爱家人、爱自己的家,感受家的

图1-7 送给妈妈的裙子

温暖。

五、主题收获

在"我爱我家"主题活动中，无论是幼儿还是教师都有了新的认识和感悟。这一活动让教师收获了幼儿太多的惊喜和感动。还记得刚开学，幼儿哭着喊着找妈妈，到了学期末，他们已经可以给最爱的家人送礼物，表达爱了。这一学期，我们为幼儿的成长欢呼，为他们学会表达"我爱你们"而感动，也为家人们录制的祝福视频而流泪，所有的幸福感都是幼儿带给我们的。

班里的铭铭从一开始只会说几个词语，到后来我们录制祝福视频给家长看的时候，他会说"我爱你"了；班里的宸宸，从一开始追在老师后面找妈妈，不愿意和小朋友交流，到后来和爸爸妈妈一起表达爱的时候却出奇地大声；还有不善言辞的贺贺、睿睿站在镜头面前不再怯场，语言表达得流利又响亮……太多的感动瞬间，在我们开始回顾主题活动的时候依然历历在目。幼儿在爱的保护伞下自由探索，学会了很多的搭建方式、学会了和同伴相互合作、学会了如何照顾他人，他们的点数能力有所增强，语言表达有所进步，所有的进步都来自幼儿的坚持不懈。没有幼儿的积极参与，我们的课程不会升华；没有幼儿的奇思妙想，我们的课程不会变得好玩有趣。因此，所有的幼儿都是班级的主人，也是我们主题活动的主人。

作为主题活动的支持者和引导者，教师负责收集幼儿的灵感，进行课程的延伸，真实地记录幼儿的成长点滴，并做成一个个视频感受幼儿的进步。在这次关于"家"的旅行中，我们也收获颇丰：

主题活动的顺利实施让我们对主题的具体开展有了深刻的体会与理解，首先要结合幼儿的年龄特点和兴趣进行选题，在前期做好主题网络的规划和预设，但是在活动进行中要充分尊重幼儿的想法，尽可能捕捉到幼儿的游戏亮点，引导他们进行自主的探索和发现，促使活动的生成。

虽然"我爱我家"是一个常见的主题，但班级特点不同，开展的情况也不尽相同，由于是小班第一学期开展活动，部分幼儿还存在分离焦虑的情况，因此在活动开始前，我们做了大量的准备工作，特别是开学初在环境创设方面，通过参考优秀的环创设计，学习色彩搭配，环境布局能力有所提高；在准备的同时，我们也更加

明白了主题活动中幼儿的主体地位，要结合幼儿的经验，也深刻地体会到小班年龄段的幼儿大部分是以具体形象思维为主，因此要借助可操作的事物来实现主题目标，如在本次活动中，如何让幼儿理解"家"这一抽象的概念，以及学会爱"家"是本次活动的重中之重。在活动开始前，我们通过谈话活动，了解幼儿对"家"的认知，后期我们借助"房子"这一具体化的形象引导，幼儿理解"家"对每个人的意义。

怎样变得好玩？怎样让幼儿喜欢参与？怎样在讲解"爱"这个深奥的词语时让幼儿听懂并且学会表达？我们本次在实践中不断摸索，站在幼儿的角度去思考主题活动的设置，我们也会思考在教育教学过程中用儿童的语言和幼儿沟通交流，我们还把"爱"这个词融入一日生活的各项活动中。

"我爱我家"主题活动只是暂时告一段落，在这次富有意义的旅行中，我们不仅收获了专业上的成长，更加收获了幼儿带给我们的感动与惊喜。

★ 附件1：主题墙饰

图1-8 活动展示

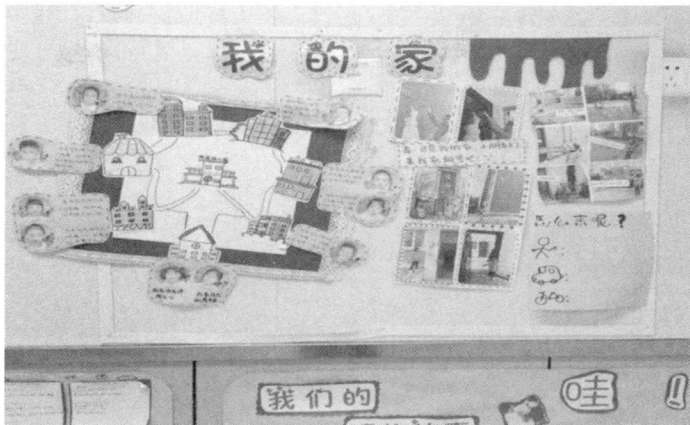

图 1-9 至图 1-11　活动展示

★ **附件 2：主题游戏活动**

活动一 小班社会活动：蜜蜂筑巢

【使用材料】

无纺布、KT 板。

【游戏过程】

将六边形的色板分别放到各自的"家"，确保颜色和图片上的颜色是相对应的。

【活动目标】

1. 培养细心观察的能力。

2. 锻炼排序能力。

3. 通过给蜜蜂找家的形式，进一步理解家的重要性。

图 1-12 活动展示

活动二 小班社会活动：给全家福找"家"

【使用材料】

打印的全家福照片、数字卡片 3—6、四个贴有数字的纸盒。

【游戏过程】

幼儿通过点数自己全家福有几个人，将全家福投放到相对应的数字纸盒里。

【活动目标】

1.通过投放照片做到数、物对应，锻炼幼儿的点数能力，有助于提高幼儿的数学思维能力。

2.增强幼儿对于家庭的归属感和幸福感。

活动三 小班社会活动：爸爸的新发型

【使用材料】

塑封过的没头发的"爸爸"画纸、各色水彩笔。

【游戏过程】

幼儿用各种颜色的水彩笔给爸爸设计漂亮的发型，可以有直发、卷发、长发、短发等各种发型。

【活动目标】

1.观察、了解爸爸的相貌。

2.利用不同的线条来表现头发的样子，增加幼儿的绘画经验，提高绘画能力。

3.通过给爸爸设计发型来表达对爸爸的爱。

活动四 小班社会活动：娃娃家

【使用材料】

小朋友的旧衣服。

【游戏过程】

角色扮演，给小宝宝换衣服、叠衣服。

【活动目标】

1.通过投放幼儿小时候穿的衣服，幼儿可以给娃娃换衣服、叠衣服，增强幼儿的自理能力。

2.在游戏中体验父母的角色，体会做长辈的不容易，从而更加体贴父母，理解父母的辛苦。

活动五 小班社会活动：我们的幼儿园

【使用材料】

积木、薯片桶、酸奶盒。

【游戏过程】

结合自己眼中看到的幼儿园的样子以及玩具材料,搭建我们的幼儿园。

【活动目标】

1.知道自己幼儿园的样子。

2.愿意尝试自己搭建,把自己的想法表现出来。

3.通过搭建幼儿园,增加对幼儿园的归属感,热爱自己的幼儿园。

★ 附件3：主题实施教育活动

活动一 小班社会活动：幸福家庭树

【活动目标】

1.学会观察、比较一家人在外形特点上的相像,进而了解家庭成员有着亲密的血缘关系。

2.进一步了解家族关系。

【活动准备】

家庭树、一家三代人的照片。

【活动重难点】

活动重点:学会比较家人外形的特点,知道家人之间的关系。

活动难点:表达对家人的热爱之情。

【活动过程】

(一)一家人团聚

1.出示东东头像。

教师:东东告诉我今天他特别开心,因为爷爷、奶奶、姥爷、姥姥要来看他了。

2. 出示图片一，引导幼儿观察。

教师：图上哪位是爷爷？哪位是奶奶？你是怎么看出来的？（头发花白，还有皱纹）

教师：爸爸长得像谁？哪儿像？为什么？（爸爸像爷爷、奶奶，因为爸爸是爷爷、奶奶的儿子）

教师：爷爷奶奶看到我们笑得合不拢嘴，我会怎么和他们打招呼呢？（问好，拥抱他们）

3. 出示图片二，引导幼儿观察姥爷、姥姥的表情，并说一说"我"看到他们会说些什么。

教师：妈妈长得像谁？哪儿像？为什么？（妈妈像姥爷、姥姥，因为妈妈是姥爷、姥姥的女儿）

（二）我长得像谁

1. 引导幼儿说一说"我"和爸爸有哪些相像的地方？我和妈妈有哪些相像的地方？

2. 出示图片三，引导幼儿从容貌上寻找共同点。如我的鼻子大大的，像爸爸；我的耳朵圆圆的，像爸爸；我的头发黑黑的，像爸爸；我的脸型圆圆的，像妈妈；我的嘴巴小小的，像妈妈，等。

3. 出示图片四和图片五，引导幼儿仔细观察、比较画面，说说："我"长得像爷爷奶奶吗？和姥爷姥姥有相像的地方吗？

（三）幸福家庭树

1. 引导幼儿知道家庭成员的关系。

教师：爷爷奶奶的"儿子"是谁？"孙子或孙女"是谁？姥姥姥爷的"女儿"是谁？"外孙或外孙女"是谁？

教师：你的大家庭里有哪些人？你怎么称呼他们？

教师：我们家的每一个人都像一棵树上的叶子，你像我、我像你，这就是我们家的家庭树，一家人在一起的感觉真好。

【活动延伸】

在区域活动时拿自己的全家福向其他小朋友介绍自己的家人。

活动二 小班社会活动：家在哪儿

【活动目标】

1. 初步了解自己家的地址和周围环境的主要特征。

2. 初步理解故事内容。

3. 体验帮助他人的快乐。

【活动重难点】

活动重点：能知道自己家的位置。

活动难点：体会帮助别人的快乐。

【活动准备】

1. 自制一只小花鸭。

2. 准备《迷路的小花鸭》音频。

3. 自制简易的区域背景图，图中需标有幼儿园的具体位置和一些明显建筑物。

【活动过程】

（一）歌曲导入

1. 播放歌曲《迷路的小花鸭》，出示小花鸭，并表现出小花鸭无助、欲哭的样子。

2. 引导幼儿猜猜小花鸭怎么了。

（二）组织讨论

1. 什么是迷路？迷路的小花鸭心情怎么样？为什么伤心？

2. 怎样才能不迷路？迷路了该怎么办？

3. 你知道自己的家在哪里吗？自己家的周围还有哪些主要的建筑物？

（三）绘制地图

1. 出示自制的区域背景图，引导幼儿观察背景图并帮助幼儿找到自己家在图中的所在位置。

2. 指导幼儿在背景图的适当位置画上自家的房子。

【活动延伸】

在自由活动的时候引导幼儿和同伴说一说自己的家在什么地方。

活动三 小班语言活动：爱的表达

【活动目标】

1. 了解动物之间也有爱，不同动物对爱的表达各不相同。

2. 喜欢与同伴、教师互动，愿意表达自己的想法。

【活动重难点】

活动重点：让幼儿大胆表达爱。

活动难点：让幼儿进行爱的延伸。

【活动准备】

1. 相关课件。

2. 背景音乐《思乡曲》《让爱传出去》。

【活动过程】

（一）教师导入故事，感受小动物表达爱的方式

教师：小朋友你们爱自己的妈妈吗？ 为什么？ 那妈妈是怎么爱你们的呢？

教师：你们想不想知道小动物的妈妈是怎么爱它们的宝宝的？ 让我们来听故事《妈妈抱抱我》。

（二）感受不同动物之间不同的表达爱的方式。

1. 感受鸡妈妈的爱。

（出示图片）看看图片上有谁？ 你们猜鸡妈妈是怎么抱小鸡的？

（出示图片）原来鸡妈妈是用翅膀抱它的孩子的。

2. 感受狗妈妈的爱。

教师：听，谁来了？（播放狗的叫声）

（出示图片）原来是狗妈妈和它的孩子。狗妈妈是怎么爱它的孩子的？

（出示图片）狗妈妈用舌头轻轻地舔它的孩子。

3. 了解鸟妈妈的爱。

教师：看看接下来是哪个动物来了？（播放鸟的叫声）

（出示图片）是鸟妈妈和它的孩子，它们在蓝天上玩耍，在大树上搭一个鸟窝睡觉。（出示图片）鸟妈妈在干什么呢？ 原来鸟妈妈用嘴巴轻轻地给孩子挠痒痒。

（三）讨论其他动物妈妈对孩子爱的表达方式

原来妈妈都很爱自己的孩子,它们表达爱的方式都不一样,你们还知道哪些动物妈妈是怎样爱它们的孩子的吗?（幼儿讨论之后,播放课件）

（四）爱的延伸

讨论爸爸妈妈是怎样爱我们的? 老师是怎样爱我们的? 我们应该怎样去爱别人? 怎样去表达我们的爱?

幼儿与家长一起表演手语舞《让爱传出去》。

【活动延伸】

回家以后幼儿与家长一起表演手语舞《让爱传出去》。

第二节　爱在小三班

一、主题来源

幼儿园是幼儿从家庭走向社会的第一个挑战,面对这个陌生而全新的环境,幼儿对幼儿园的各个方面都充满好奇。他们踏入幼儿园的第一步,便是进入班级。从熟悉温馨整洁的班级,到适应充满趣味和关爱的班级生活,再到认识幼儿园、适应幼儿园的生活节奏,这是一个循序渐进的过程,也是减轻幼儿分离焦虑的教育契机。在与教师、同伴温暖的互动中,幼儿逐渐建立归属感,由浅入深地融入集体生活、适应集体生活。在这一过程中,教师应帮助幼儿建立集体生活常规,熟悉一日生活,从而推动幼儿初步萌发爱家园、亲友人的家国情怀,在幼儿园班级的小世界里自在绽放。

二、主题总目标

1. 认识并了解班级的环境、材料等事物,认识班级中的教师与小朋友,能够用自己的话向同伴、家人介绍自己的班级。

2. 深入了解一日生活,逐渐适应班级中的集体生活,熟练使用勺子吃饭、穿脱衣服鞋袜,在教师的提醒下能够注意安全,保持稳定愉悦的情绪。

3. 愿意参与集体活动,对班级中的游戏活动感兴趣,对喜欢的活动注意力集中。

4. 感受班级的温暖,愿意亲近教师、同伴,发现班级中关于爱的小事,愿意用多种方式进行爱的表达。

5. 逐步体验家庭、班级中爱的意义,能够有爱的小小行动,初步萌发爱家园、亲友人的家国情怀。

三、主题网络图

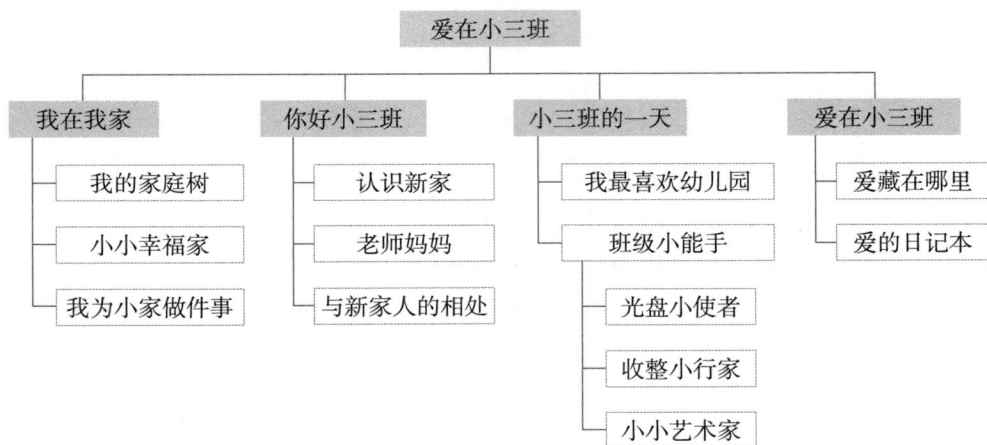

图1-13 "爱在小三班"生成网络图

四、主题实施过程

（一）爱在我家

1. 我的家庭树

在开学前夕，园里组织了小班幼儿的入园适应半日活动，家长与幼儿一起入园，初步体验丰富多彩的幼儿园生活。在这一天，有了爸爸妈妈的陪伴，幼儿愿意感受、参与集体生活，分离焦虑的情绪逐渐淡化。但是在开学的当天，即使幼儿有了前一天的体验活动，仍然表现出了害怕、难过等消极情绪。

"妈妈是不是不爱我了？"志远安静地坐在小椅子上。他不像其他幼儿长时间哭闹表达自己不安的情绪，志远总是自己默默地流泪。关注到幼儿的情绪后，我们为幼儿讲述了许多有关家人的绘本，如《我爱妈妈》《我爱爸爸》等。在讲述的过程中，幼儿一起讨论了我的家人、我的家、家里的好朋友、我对家人的爱等。于是，我鼓励幼儿带一张自己的全家福，这些小朋友可以通过照片与大家分享自己和爸爸妈妈相处的有爱瞬间，谈及家人，小朋友们的情绪明显有所缓和，平时不爱说话的小朋友宛玉更是主动和大家分享自己在家里最好的朋友是哥哥。这也表现出我

的家庭成员不仅只有对爸爸妈妈的依恋，幼儿对祖父母、哥哥姐姐也有着自己的依恋，这让幼儿与家人的爱不断向四周延续、伸展，由爱支撑，成长为茂密且丰富的幸福家庭树。

2. 小小幸福家

我家在哪呢？到底什么是家？为了更加深入地了解"家"的概念，我通过抛出一个个问题，引发幼儿对"家"的思考。首先是生活的家，"我家住在海颂幼儿园！""爸爸每天都来送我上学！""奶奶骑自行车载着我来！"关于"我家在哪里？"的问题，幼儿都能根据每天的出行方式进行初步的判断，纷纷说着自己的家住在哪，自己在家的趣事，那"家"还有什么含义呢？

"家是我们每天生活的地方！"

"家里有爸爸、妈妈、爷爷、奶奶、姥爷、姥姥！"

"我每天都回家！"

"家就是我们一家人都在一起！"

"家就是我最喜欢的地方！我爱我的家！"

在幼儿的一言一语中，逐渐厘清了家到底是什么，家的意义是什么。家对幼儿来说不仅是一个房子、一间屋子、一张小床，更是家人间温暖的互动、语言的支持、相互的陪伴，这样充满爱的地方才叫做家。

3. 我为小家做件事

家是心灵的归宿，是美好的港湾，家在幼儿心中是爱的代表。家给予了我们安全与温暖，那我们要如何做才能回报家庭呢？"妈妈说爱我，我也爱妈妈！"仅仅只是语言上的表达吗？幼儿带着疑问，首先寻找了"家"对我们的爱体现在哪些方面——有温暖的小床、心爱的玩偶、干净整齐的房间，还有家人带来的爱——爸爸的肩膀、妈妈的怀抱、爷爷的自行车、奶奶的可口饭菜……

幼儿欣喜地发现，爱不仅体现在语言的表达里，更藏在家人的关怀里，藏在日常生活的点滴中，幼儿找到了爱，更要学着如何去表达爱。关于爱的小任务——"我为小家做件事"就此展开。在家长群里发放通知，请家长们以照片或者视频的形式，记录幼儿的小任务。在家长的反馈里，可以看到幼儿尝试帮助爸爸妈妈叠衣服、擦拭小桌子、给爸爸妈妈捶背等，大家都出色地完成了这次的小任务。通过家

园共育的形式,幼儿不仅学会通过生活周围的小事感知到家人的爱,还学会感恩,在平凡的小事中理解爱、发现爱、表达爱、传递爱。

（二）你好小三班

1. 认识新家

在开学一个月后,幼儿的分离焦虑逐渐稳定下来,也逐渐融入了幼儿园的集体生活中。对于幼儿园的第一个记忆点就是班级,这是来到幼儿园后,一日生活的所在地,幼儿对班级也更加熟悉。每个幼儿都知道自己是小三班的小朋友,那小三班里都有什么呢?哪些是和我们小朋友本身相关的呢?我组织了"我与班级合张影"的活动,幼儿找到了班里的许多事物——我的桌子、我的椅子、我的衣柜、我的玩具、我的画笔等。

2. 老师妈妈

有一次,好久没来的小朋友可心哭着说:"我想妈妈了。"志远听到后,马上过来轻轻拍拍她的背说:"别哭了,在幼儿园里老师就是妈妈呀!"恒恒也说:"要是想妈妈了,就抱抱老师!"在与教师的拥抱中,幼儿感受到了温暖与踏实。在幼儿的话语中,我们可以清楚地发现,幼儿对班级的归属感增强了,在寻找新家的过程中,幼儿发现小三班也是家,自己就是这个家的主人。而且在这个家里,有许多新家人,有亲切的伙伴,更是有妈妈一样温暖的老师。

3. 与新家人的相处

在与伙伴的相处中,幼儿开始学着怎样交朋友,在这一过程中也有不顺利的时候,例如喜欢同一件玩具,或者与小朋友出现了小小的摩擦、矛盾。这时候该怎么办呢?我们还是朋友吗?什么是好朋友呢?小朋友们有着自己不同的发现。蔚蔚说:"对我好的人是好朋友!"团团说:"和我一起分享的就是好朋友!"宁宁说:"互相帮助就是好朋友!""那怎么去交朋友呢?"教师说,幼儿大声地说着:"要主动分享!""还可以抱一抱!握握手!""不开心了就要说出来。"大家你一言我一语地总结出交朋友的方式,也给出了遇到问题的方法,原来在与伙伴的相处中,语言的沟通和暖心的行为就是交到好朋友的关键。

（三）小三班的一天

1. 我最喜欢幼儿园

幼儿对幼儿园日渐熟悉，逐渐融入了幼儿园，每天早上都能看到幼儿开心的笑脸。小三班的一天都做些什么呢？对幼儿园不再陌生的幼儿，在自己的视角下，逐一细数一日生活的环节。"每天都要早起，来幼儿园做早操！""回班吃早餐，还有午饭、晚饭！""我们还要睡午觉！""我们还有画画、唱歌、做游戏。"小三班的一天在幼儿的一言一语中逐渐丰富起来，大家一起梳理了小三班一天的活动。

我将幼儿梳理出来的结果以图片的形式在主题墙上呈现出来，幼儿指着一张张照片说："这是我在喝水呢！每个小朋友要喝半杯水！""这是蔚蔚在漱口，他以前可不爱漱口了。"幼儿在一点一滴的生活小环节中，述说着生活常规要点，在不知不觉中养成良好的习惯。

2. 班级小能手

（1）光盘小使者

10月16日正值世界粮食日，教师带领幼儿一起认识了一位对中国甚至全世界都很重要的老人——袁隆平爷爷。他一生扎根于稻田之间，攻克了世界难题，让上亿人摆脱饥饿。于是我们又为幼儿讲述了"一粒米的诞生"，这一颗小小的种子变成一颗米粒需要多少时间，那我们盛在碗里的米粒又要多少时间呢？"要好多好多时间，好慢好慢！"志远

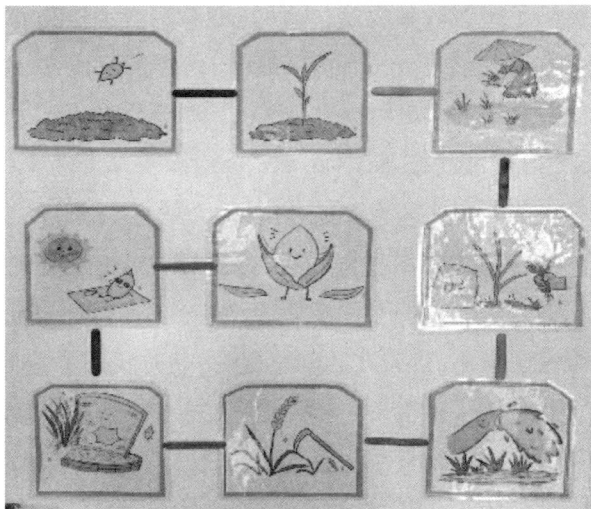

图1-14　活动展示

掰着手指头说着，幼儿讨论着、商量着："袁爷爷好厉害呀！"小朋友们感叹着。袁隆平爷爷将自己对祖国的爱结成了一串串饱满的稻穗，稻谷渺小但撑起的却是一国之食，因为袁隆平爷爷让中国人牢牢端稳了"中国碗"，让"中国碗"里装满

了粮食。

我们每一日每一餐的饭桌上都会见到、吃到袁爷爷带给我们的巨大贡献,我们不用饿着肚子,可以在幼儿园或家中和小伙伴、家人幸福地饱餐一顿时,背后正是万万千千像袁爷爷一样的科学家,他们用一生的研究与努力默默守护着我们。所以我们要珍惜粮食,践行光盘行动是我们对袁隆平爷爷最好的纪念。当幼儿听到袁爷爷的故事后,纷纷说着:"我以后每顿饭都吃光,我就是光盘行动小能手。""我以后也要当科学家!"在这一个个愿望的背后,也藏着小朋友们的小小行动。于是我组织了"光盘行动小能手"活动,幼儿参与的积极性很高,纷纷在班里比赛谁是"光盘小使者",在家中也会拍照打卡发在家园共育群中,幼儿用自己的实际行动表达对粮食的珍惜、对袁爷爷的尊敬之情。

(2)收整小行家

经过一段时间与班级环境的熟悉,幼儿已经逐步适应了幼儿园的生活,自理能力也逐渐提升,比如能自己穿脱衣服鞋袜,具备初步的收整能力等。基于此,我们组织了班级收整大赛,为幼儿提供了展示自我的平台,每次比赛结束后,小朋友们都会对收整进行点评。在自评、他评的过程中,幼儿信心十足,收整能力也在一次次实践中得到巩固提升。

(3)小小艺术家

随着园所艺术节的开展,幼儿的艺术表现力逐渐丰富,我们从幼儿的兴趣中拓展出的艺术领域教育内容也更加多样化,如涂色、手工折纸、剪贴画、折纸等。幼儿的艺术表现能力逐渐增强。结合元旦,我们开展了迎新年的主题艺术活动,一起探索了新年习俗,在活动过程中,幼儿制作了手工黏土《我们的年夜饭》《晒腊肉》《糖粘子》《小雪人》、剪贴画《龙》《小灯笼》、绘画剪纸《年年有鱼》《窗花》,同时我们也与家长紧密联系,呼吁家长们参与到艺术活动中来,幼儿纷纷将更多的亲子作品带到幼儿园,家长们的加入让小三班的艺术节变得更加多姿多彩。

(四)我爱小三班

1.爱藏在哪里

"我们俩是好朋友!"志远搂着恒恒的肩膀说道。时间飞逝,通过一学期的相处,幼儿之间有了自己的好朋友,我们小三班也逐渐成了真正的一家人。什么是好

朋友呢?我们之间有怎样的爱呢?幼儿一起去寻找,发现"喜欢"就是一起玩:与好朋友一起玩,与老师一起玩,与爸爸妈妈一起玩。而在伙伴之间乐于分享、勇于表达、轻声安慰的行为里藏着爱;在与老师的温暖拥抱、言语关心等细节中也藏着爱;甚至在发生矛盾后,伸出手的拥抱也藏着爱。原来爱就藏在这样的瞬间里,幼儿将自己找到的爱绘制成了一幅幅可爱的画,在一幅幅画里也藏着对小三班的爱。

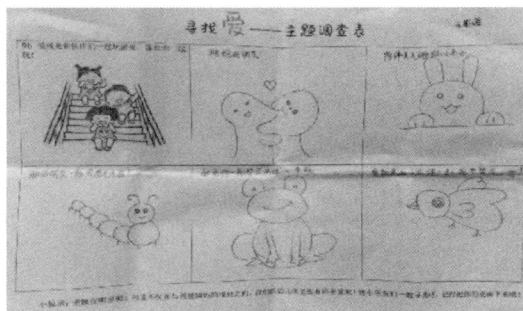

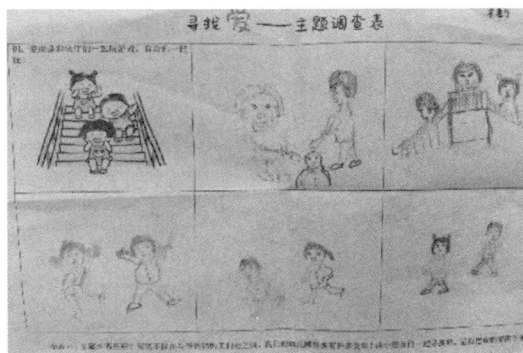

图 1-15A 至图 1-15B　寻找爱

2. 爱的日记本

找到小三班的爱后,我欣喜地发现幼儿更愿意去表达自己的爱了。幼儿在小三班这个新家中收获了许多,怎样去表达爱呢?幼儿自发地讨论着,爱不仅表现在与老师、同伴的相处,也表现在爱护班级里的桌椅、玩具等无声的成长中,幼儿动手制作了的"喜欢卡""温暖的小袜子"等爱的小礼物,这份喜欢里不仅有老师和自己的好朋友,也有玩具的身影。

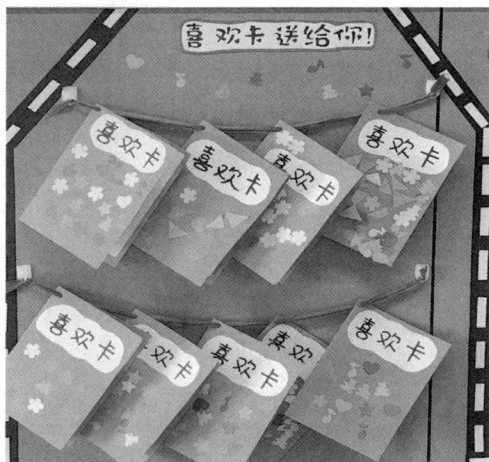

图 1-16

因为生病请假的原因,有的小朋友好久没有见到自己的好朋友了,我鼓励幼儿运用绘画肖像的方式制作小三班的全家福,并且将这一份爱的行动记录下来,也将这一份关于爱的记忆留存下来。在这个过程中,幼儿感受到班级的温暖,与班里的老师、同伴更加亲近,会用多种方式进行爱的表达。逐步体验家庭、班级中爱的意义,并且自发地出现了爱的小小行动,幼儿初步萌发爱家园、亲友人的家国情怀。

家国情怀对于幼儿园小班的幼儿来说很难全面透彻地理解,从知道爱家人、爱班级、爱幼儿园等简单、可接受、可理解的内容再逐渐深入爱家乡、爱祖国等内在情感。家国情怀教育应从小做起,学前期是幼儿情感发展的关键期,小班幼儿初入园,处于高级情感、道德认知发展的萌芽阶段,教师要结合幼儿年龄阶段,解析家国情怀家园共育途径及策略,通过层层递进的培养方式逐渐深化幼儿家国情怀,同时结合园所的自主游戏,多途径由小及大地帮助家长深入了解幼儿品德发展,同时进一步推进幼儿主动探索、提高学习兴趣、拓展认知范围,从小形成良好的思想品德与行为习惯,在中华传统文化熏陶下树立正确的价值观,进而培养全面发展的新时代好儿童。

五、主题收获

幼儿的家国情怀教育不仅在于幼儿道德方面的培养,我们还要注重培养其人

际交往能力、情绪管理能力、解决问题能力等。在主题活动开展的同时，生成的主题活动以游戏方式都会培养幼儿各个方面的品德素养，如诚实守信、乐于分享、理解尊重他人、初步的责任感等，我们要帮助幼儿养成良好的行为习惯。主题活动中家长的支持、家园的互助，达到了教育的连贯性和持续性，提高了幼儿的品德素养，塑造了幼儿良好的人格特质，促进了幼儿的综合发展，提高了其社会适应能力和自我管理能力。

六、主题反思

家长是幼儿成长过程中最重要的伙伴和引导者。通过参与主题教育活动，家长可以更好地了解幼儿园的教育活动，熟悉幼儿的在园表现，与教师建立更紧密的联系。在主题教育中，家庭和幼儿园形成了紧密的合作关系，共同为幼儿提供优质的教育环境，同时增强了家长的参与感和责任感。家园共育是幼儿园开展家国情怀教育的重要合作途径，想要开展良好的家国情怀教育也需要加强幼儿园与家庭之间的互动合作，提升家国情怀教育的家园合力，在开展活动的过程中也需要更多家长参与进来，共同合作，促进幼儿爱党、爱国、爱社会主义的良好品德发展。

★ 附件 1：主题墙饰

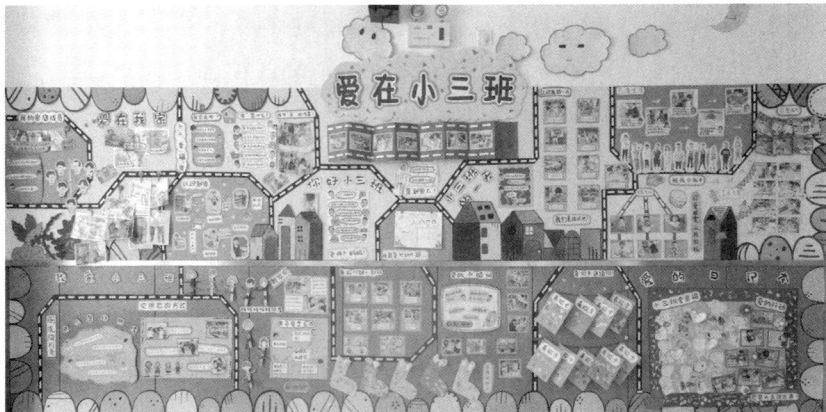

图 1-17　活动展示

图 1-18 活动展示

★ **附件 2：主题游戏活动**

活动一 **共享游戏：娃娃家**

【活动目标】

1. 幼儿喜欢参与角色游戏活动，对游戏活动感兴趣。

2. 围绕"娃娃家"主题开展游戏，能用语言、动作再现爸爸、妈妈照顾小朋友的情景，反映自己对所扮演的家庭成员中各个角色的认识。

3. 建立并遵守游戏规则。

4. 学习使用礼貌用语，养成良好的文明行为习惯。

【活动过程】

围绕"娃娃家"主题开展游戏，了解娃娃家的物品并掌握使用方法。

【活动材料】

1. 炊具（煤气灶、锅、铲、勺等）、餐具（碗、盘子、茶壶、杯子、小勺等）、食品（面条、鱼丸、饺子、各种饼干等）。

2. 布置若干娃娃家的环境。

活 动 二 体育游戏：送娃娃回家

【活动目标】

1. 能够进行双脚跳，动作协调。

2. 体验同伴合作的重要性，对运动游戏感兴趣。

【活动过程】

2 名幼儿为一组，一组两个圈，分为 3 组进行比赛。比赛开始，一个圈前一个圈后，一名幼儿跳入前面的圈，另一名把后面的圈拿到前面跳过去，以此类推，直到结束，哪组最快哪组胜利。

【活动材料】

彩色跳圈若干、布偶娃娃若干。

活 动 三 建构游戏：小三班的小家

【活动目标】

1. 感知地垫等材料，学会地垫的拼接方式。

2. 感受游戏中同伴交往的乐趣，能够团结一心搭建小家。

【活动过程】

运用地垫等材料选择多种方式搭建小三班的小家，小家中包括地板、墙壁、屋顶等。

【活动材料】

彩色地垫、塑料碗若干、小球若干。

★ 附件3：主题实施教育活动

活 动 一　小班艺术活动：亲亲伙伴

【活动目标】

1. 大胆介绍自己及同伴，并通过抱一抱、握握手等方式表达与同伴间亲密友好的关系。

2. 学会使用蜡笔画画，能够按照绘画步骤自己完成作品。

3. 体验艺术创作的乐趣，愿意与伙伴们一起活动。

【活动重难点】

活动重点：学习大胆介绍自己及同伴，并通过抱一抱、握握手等方式表达与同伴间亲密友好的关系；学会使用蜡笔画画。

活动难点：能够按照绘画步骤自己完成作品；体验艺术创作的乐趣，愿意与伙伴们一起活动。

【活动准备】

绘图纸、油画棒、勾线笔、课件、图片。

【活动过程】

（一）游戏活动

"我的朋友在哪里"让幼儿感受同伴间表示友好的方式。

1. 播放歌曲《我的朋友在哪里》，找一找好朋友。

教师：请小朋友随着音乐一边唱歌，一边找自己的好朋友。想想他叫什么名字？找到后想用什么方式表达你对他（她）的友好呢？

2. 游戏重复进行，提醒幼儿多找几个好朋友，给予幼儿大胆表达的机会。

（二）请幼儿说说是怎样与好朋友建立友好关系的

1. 通过让幼儿自己表达，知道如何与同伴建立亲密的友好关系。

教师：你找到的好朋友叫什么名字？你们是用什么方式表示相互间的友好的？

2. 请幼儿说一说、做一做，同伴之间交流表达友好的方式。

（三）出示绘画作品《友爱的小鸟》，讲述绘画步骤

1. 出示作品，引出小鸟间的友情。

教师：有这样一群小鸟，它们都是好朋友，它们表达爱的方式是抱一抱！这样可爱的小鸟也可以画出来，我们一起来看看是怎样创作的！

2. 教师讲述步骤。

（1）用彩色蜡笔分别画出小鸟的形状（不同大小的圆形）。

（2）用手指把边缘搓一搓，搓出毛绒感（每一个小鸟都要搓一搓）。

（3）把小鸟眼睛形状的白纸贴上去。

（4）给每个小鸟加上眼睛。

（5）加上细节和小脚。

（四）分发材料，幼儿自主创作，教师分组指导

（五）教师点评，幼儿介绍作品

【活动延伸】

鼓励幼儿回家与爸爸妈妈讲一讲自己的小伙伴，一起尝试创作。

活动二 小班艺术活动：喜欢卡送给你

【活动目标】

1. 愿意用多种方式向他人进行爱的表达。

2. 感受朋友间的温暖，喜欢交朋友。

3. 在美工区尝试制作喜欢卡。

【活动重难点】

感受朋友间的温暖。

在美工区尝试制作喜欢卡。

【活动准备】

剪刀、彩纸、贴纸、胶棒等。

【活动过程】

（一）谈话导入，激发幼儿的学习兴趣

讨论家人照顾自己的方式，激发幼儿的学习兴趣。

教师：平时家里都是谁在照顾你呢？他们怎么做的？

（二）播放多媒体课件，幼儿寻找爱的瞬间

幼儿观察图片，教师进行提问。

教师：在家里我们会得到很多的爱，小三班里，我们依然有很多的爱，爱藏在哪里，你能找到吗？

（三）制作喜欢卡

提供材料，共同制作喜欢卡。

教师：原来这些爱都藏在一些小事里，可以将爱的故事画出来，制作成喜欢卡，送给你爱的人。

（四）制作完成

分享交流，大胆表达。

【活动延伸】

制作结束后，鼓励幼儿与画中的主人公说一说这些小事，分享自己的喜欢卡。

第三节 我上幼儿园

一、主题来源

对于刚入园的幼儿来说幼儿园也是一个家，是他们从小家走向社会的第一个"大家"，是他们真正踏入的第一个社会环境。滑梯、爬笼、教师、同伴……幼儿园的种种对他们而言皆充满新奇。他们将在这个新的环境中进餐、午休、游戏以及学习技能。为了帮助幼儿更好地适应幼儿园生活，教师们将与幼儿一同探索幼儿园的诸多奥秘！

二、主题总目标

1. 幼儿通过进一步了解幼儿园，从而更加懂得爱幼儿园，爱幼儿园的教师和所有为幼儿园工作的人。

2. 能够对幼儿园有进一步的了解，如名字、位置、园标、吉祥物等。

3. 能够发现幼儿园里的各个环境和设施、各个角色都是必不可少的，从而理解"幼儿园有不同的人和设施，都在发挥着不同的作用"。

4. 通过接触同伴，关注同伴，并逐渐了解同伴，了解集体生活的基本规则，能适应集体生活。

三、主题网络图

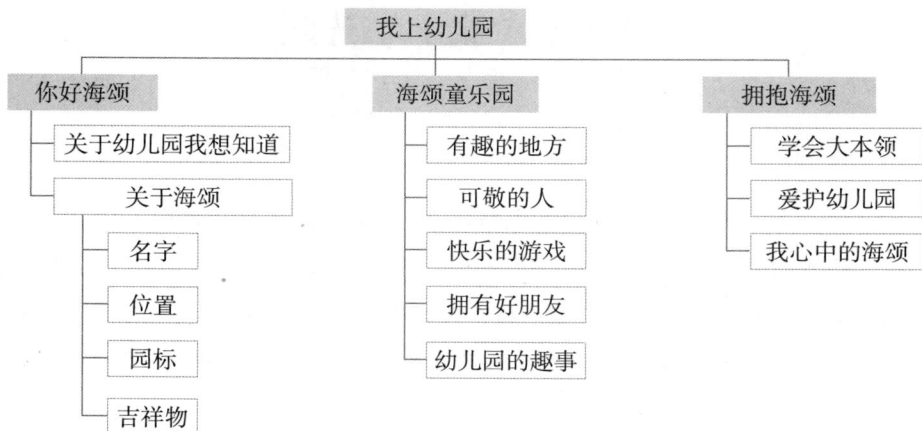

```
                          我上幼儿园
         ┌──────────────────┼──────────────────┐
      你好海颂              海颂童乐园           拥抱海颂
   ┌── 关于幼儿园我想知道    ├── 有趣的地方      ├── 学会大本领
   └── 关于海颂            ├── 可敬的人        ├── 爱护幼儿园
       ├── 名字           ├── 快乐的游戏       └── 我心中的海颂
       ├── 位置           ├── 拥有好朋友
       ├── 园标           └── 幼儿园的趣事
       └── 吉祥物
```

图 1-19　"我上幼儿园"生成网络图

四、主题实施过程

（一）你好，海颂

表 1-4　"我上幼儿园"主题实施一览表

活动内容	主要目标	支持策略	发展领域
你好，海颂	1.初步了解自己的幼儿园 2.能够初步表达自己对幼儿园的喜欢 3.尝试用完整的语言表达对幼儿园的喜爱之情 4.能够初步理解幼儿园的位置	教育活动： 1.我爱我的幼儿园 2.我的幼儿园 3.幼儿园的位置 家长工作： 1.填写问卷调查 2.引导家长提供废旧材料 区域活动： 美工区：投放不同颂颂、园徽的涂色卡和勾线卡，各种彩色纸张 建构区：搭建我的幼儿园 谈话活动：说一说你理解的园徽 环境创设： 将幼儿的调查表分类整理展示在主题墙上 建构区创设"'哇'时刻"的墙饰 空白墙面创设"海颂轮船"	语言 艺术 社会 科学

1. 关于幼儿园我想知道

幼儿园是幼儿较为熟悉的乐园,相信在幼儿的心中一定有自己对幼儿园的理解。因此,为更好地了解幼儿的前期经验,提升幼儿的能力水平,教师设计了《关于幼儿园,我想知道》的问卷调查（图1-20）,通过问卷调查,我们了解幼儿在幼儿园最感兴趣的事情。后期,通过分类整理将其展示在主题墙上。

图1-20　调查展示

2. 关于海颂

"小朋友们,我们幼儿园的名字叫什么呀？""海颂幼儿园！""幼儿园的位置到底在哪儿呢？""在海颂园小区里面呀！"原来幼儿园还有园徽,园徽上面的每一部分都代表着不同的意义,幼儿园的吉祥物是善良可爱的小海豚——颂颂,教师为幼儿提供了丰富的材料,他们可以尽情进行艺术创作（图1-21）,幼儿也提出幼儿园每个角落都有颂颂,只有班里没有,于是我们在墙上创设了"海颂号"（图1-22）,海颂号"载着"幼儿的作品,我们一起乘着"海颂号"扬帆起航、快乐成长！

图 1-21 幼儿作品展示

图 1-22 环境布置

（二）海颂童乐园

表1-5 "我上幼儿园"主题实施一览表

活动内容	主要目标	支持策略	生成活动	发展领域
海颂童乐园	1. 能用完整的话介绍幼儿园的功能教室及自己在幼儿园的生活 2. 能用完整流利的语言和大家分享自己喜欢幼儿园的哪些地方,理由是什么 3. 能够初步表达自己与朋友相处的方式方法,知道朋友之间的相处礼节	教育活动: 1. "认识时间" 2. "幼儿园有趣的地方" 3. "有趣地点名" 4. "我会采访" 5. "祖国真辽阔" 6. "拥有好朋友" 7. "找朋友" 8. "我笔下的朋友" 9. "丢手绢" 区域活动: 美工区:描绘自己的好朋友 创意画《有趣的地方》 建构区:搭建我的幼儿园 搭建梅花桩、地下停车场、滑梯 日常活动:跟随伴奏唱《找朋友》 《我的朋友在哪里》 日常活动: 幼儿园的每一天 你最喜欢幼儿园哪里呢? 你最喜欢幼儿园的谁? 其他安排: 邀请厨师到班里介绍食堂的工作 谈话活动: 1. 我和朋友那些事 2. 我最爱玩的游戏 3. 玩游戏时要注意什么 环境创设: 主题墙	幼儿园的趣事 1. 我是小小运动员 2. 六一巡游展 艺术:制作巡游作品 《坦克》《红色记忆》 谈话活动: 说一说我们的巡游作品	健康 语言 社会 科学 艺术

在幼儿园这个大家庭有很多我们值得探索的奥秘,幼儿园里到底有什么呢?带着这个问题,教师和幼儿开始了下一步的探索:幼儿园有趣的地方、可敬的人们

以及幼儿自发生成的幼儿园趣事……

1. 有趣的地方

幼儿忽然发现原来幼儿园有趣的地方除了他们熟悉的教室、操场还有共享游戏区、绘本长廊、趣工坊。在操场上，他们能尽情地挥洒着快乐的汗水，追寻滑梯、梅花桩、爬笼的秘密："梅花桩是高高低低的，为什么滑梯那么好玩，爬笼怎么爬才最安全呢……"

2. 可敬的人

幼儿园里除了朝夕相伴的三位教师，还有很多可敬的人们，幼儿们会好奇园长妈妈每天在忙什么呢？保安爷爷为什么那么厉害？通过邀请他们来班里开展活动、对幼儿进行简单的采访，以及日常生活中引导幼儿进行细心的观察，对幼儿心中对这些可爱的人们有了更多的了解，在幼儿的心中也充满了大大的感激，他们送上一句贴心的问候："老师，谢谢您，您辛苦啦！"开展活动时正值五一劳动节，幼儿又送上了自己精心制作的徽章，以表达对教师的感恩之心。

3. 幼儿园的趣事

在这一部分结合园里开展的大型活动也相继开展了"我是小小运动员""巡游作品我来说""红色故事展演"的活动。在炎热的夏季，幼儿坚持刻苦练习，意气风发呈方阵队形迈向主席台；六一巡游展，我们一起讨论制作了《坦克》《红色记忆》大型巡游作品（图1-23），并请幼儿进行介绍，提升幼儿的表达力、表现力。在"红色故事展演"

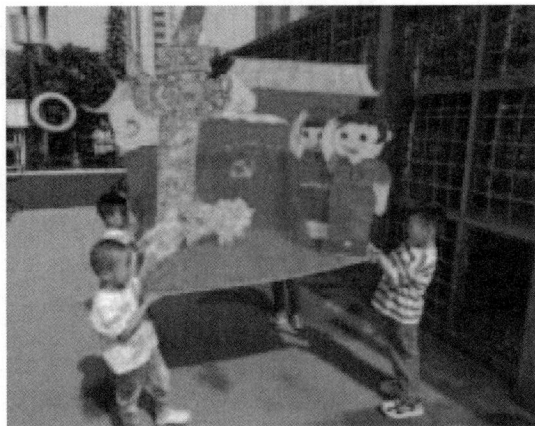

图1-23 小朋友准备巡演

中，我们一起商讨决定了《小英雄雨来》的剧本，感受雨来面对敌人英勇无畏的精神，将红色精神传承下去。

4. 拥有好朋友

幼儿园不仅是有趣的乐园更是有爱的家园，这一部分贯穿主题始终。在这个

充满爱的环境里,幼儿拥有了自己的好朋友,与好朋友相处的每一天里,他们更加懂得了朋友的含义和相处的方式方法,知道了朋友之间的相处礼节:懂得与同伴友好相处、共同游戏,和朋友相处要热情大方、互相帮助。

（三）拥抱海颂

表 1-6 "我上幼儿园"主题实施一览表

活动内容	主要目标	支持策略	发展领域
拥抱海颂	1. 能大胆想象,说出自己心目中的幼儿园是什么样子 2. 知道幼儿园是小朋友学习和生活的地方,要好好爱护幼儿园 3 知道爱护幼儿园的方式方法 4. 会用自己的实际行动爱护幼儿园,愿意参加爱园清扫活动 5. 能根据自己的想象绘画心目中的幼儿园	教育活动: 健康 "袋鼠跳跳" 区域活动: 美工区:绘画自己想象的幼儿园 建构区:搭建我想象的幼儿园 谈话活动: 1. 心目中的幼儿园是什么样的 2. 梦想幼儿园有什么 3. 什么是本领 4. 我的本领大	健康语言社会科学艺术

1. 学会大本领

在这个有爱的幼儿园,幼儿学会了很多本领,自己吃饭、穿衣服、脱衣服、叠衣服……每一个小朋友都有大大的本领,都是了不起的孩子,幼儿园的爱是无处不在的。

2. 爱护幼儿园

有了前期 "我爱我家" 的主题经验,幼儿自觉发起了 "爱护幼儿园" 的活动,我们还进行了爱园清扫活动,帮助幼儿园的小树浇水,共同探讨了爱护幼儿园的多种方式,幼儿们集思广益,进行分类整理,形成班级公约,共同约定用自己的行动爱护幼儿园。个别幼儿出现破坏行为会有其他幼儿主动制止并寻求解决办法,充分发挥了幼儿的主观能动性,他们用一言一行诠释着对幼儿园的爱与感激。

3. 我心中的海颂

我心中的海颂幼儿园是这样的——它有地下停车场、它像城堡一样……幼儿大胆发挥着自己的想象力和创造力建构自己心目中的幼儿园,画出自己心目中的

幼儿园,尽情畅想幼儿园里有哪些好玩的,大胆在集体面前表达自己心目中的幼儿园是什么样的(图1-24)。这一部分主要集中在区域活动区、建构区和美工区。在建构区,幼儿搭建自己想象的幼儿园;在美工区,幼儿自主地画出自己心目中的幼儿园,充分展现了幼儿可爱的一面,有的幼儿画了"玫瑰花幼儿园",有的幼儿画了"钢琴幼儿园",画中有鲜花、有音乐,把浪漫发挥到了极致。还有幼儿设计了"昆虫幼儿园""荷花幼儿园"……毕加索曾说过:"每个幼儿都是天生的艺术家。"在这部分教学活动中,教师为幼儿提供轻松愉快的创作环境,引导幼儿大胆展开想象,构建幼儿心目中的幼儿园。

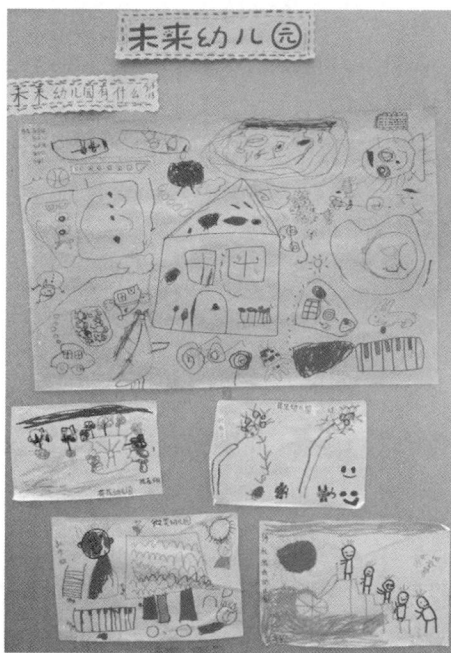

图1-24 设计的幼儿园

六、主题收获

一个学期悄然而逝,耳边仿佛响起了动听的歌声"我爱我的幼儿园,幼儿园里朋友多……"这学期,幼儿在幼儿园里收获着成长、自信和快乐。

为了让幼儿对海颂有了更深入的了解,幼儿园中的滑梯、爬笼、梅花桩……这

些地方每天都发生着有趣的事情，幼儿通过这些熟悉的事物展开了他们深入的探索：梅花桩有几个？为什么是高高低低的？为什么沙水区的水会变颜色？在这个过程中，幼儿的兴趣愈发浓厚，他们解决问题的能力得到提高。

班里的建构区每一天都热闹非凡，幼儿由最初只使用单一的砖块搭建，这学期开始用不同的材料搭建，同时他们能够以物代物；从一开始只是简单地围拢、拼接，这学期他们自己动手垒高、架空、封顶，搭建的技能得到了很大的提升，在区域评价环节，他们的表达也愈发地流畅和完整。

他们在社会交往方面，更加懂得了如何和朋友相处，出现意见不统一时，他们慢慢懂得了相互谦让；在语言表达方面，大部分幼儿能够连贯地进行表达，一些性格内向的小朋友也愿意站在集体面前表达他们的想法；在数学方面，他们对月、日、星期有了进一步的了解，每一天他们都是点数小能手，手口一致点数的能力得到提升；在健康安全方面，在"探索幼儿园有趣的地方"这一部分，随着幼儿对这些地方有了更深的了解，教师提出了一些需要注意的安全小知识，让幼儿在幼儿园里安全、快乐地进行游戏。

我爱我的幼儿园，幼儿愈发地了解为幼儿园工作的人们，他们为幼儿园默默地奉献着，他们的爱无处不在，正是这些爱让幼儿们在这个大家庭里无忧无虑地快乐成长，让他们更加懂得感恩与珍惜。作为陪伴幼儿前行的教师，也是收获满满：

第一，游戏的主导权交还给幼儿，让幼儿真正成为游戏和学习的主人。首先，让幼儿成为游戏和学习的主人，并不意味着教师不需要发挥作用，而是要注重发挥作用的时机与方式；其次，不再做儿童游戏的导演，创设"有准备的环境"，让教育目标和内容隐含在材料之中从而与幼儿产生互动。

第二，学会智慧的支持，在幼儿的主题游戏中客观、真实、全面地观察记录幼儿的游戏过程，而不是凭空解读幼儿的游戏现象，运用好《3—6 岁儿童学习与发展指南》，尽可能科学地进行分析和解读：幼儿在游戏中获得了哪些学习与发展，学习与发展水平是怎样的？他们获得这些学习与发展的过程、方式是怎样的，展现了哪些珍贵的学习品质以及水平如何？教师要更加了解幼儿的年龄特点，回答以上问题，做好下一步的准备。

第三，重视集体讨论的重要性，更加懂得了游戏和集体之间并不是相互替代的

关系,在集体中通过幼儿的讨论,教师要帮助幼儿进行总结、梳理和提升经验,达到促进幼儿向更高发展水平迈进的目的。

第四,教师在实践、反思中要坚定地相信儿童,教育不是灌输而是点燃火焰,相信幼儿的力量,要不断反思我们提供的材料与创设的环境是否能有效引发和支持他们的主动探究,同时我们要相信他们的学习潜能。

★ 附件 2: 主题墙饰

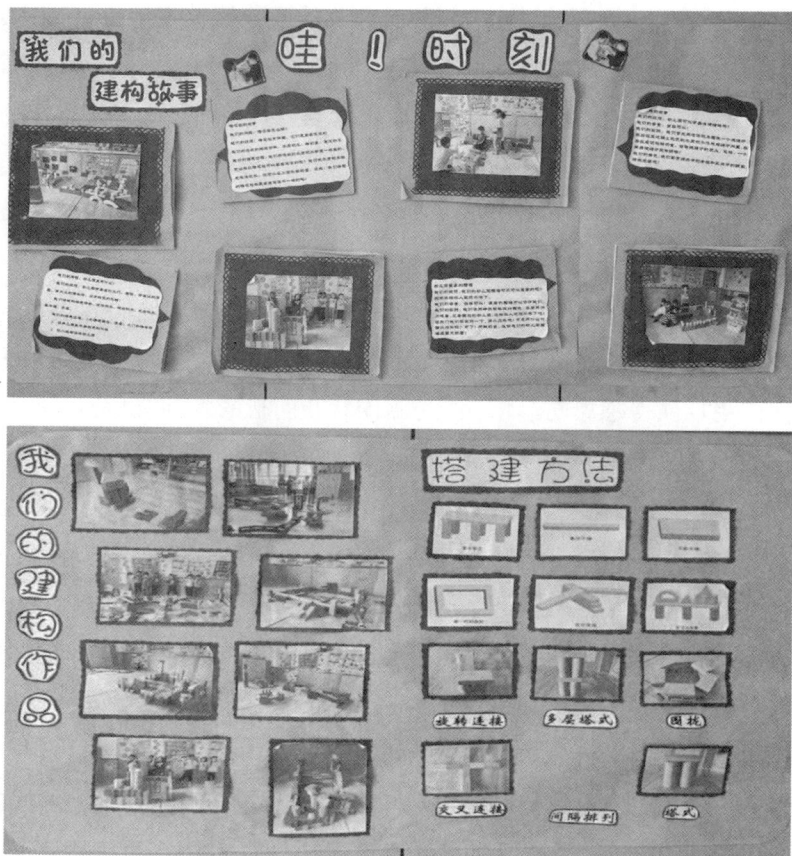

图 1-25 至图 1-26　活动展示

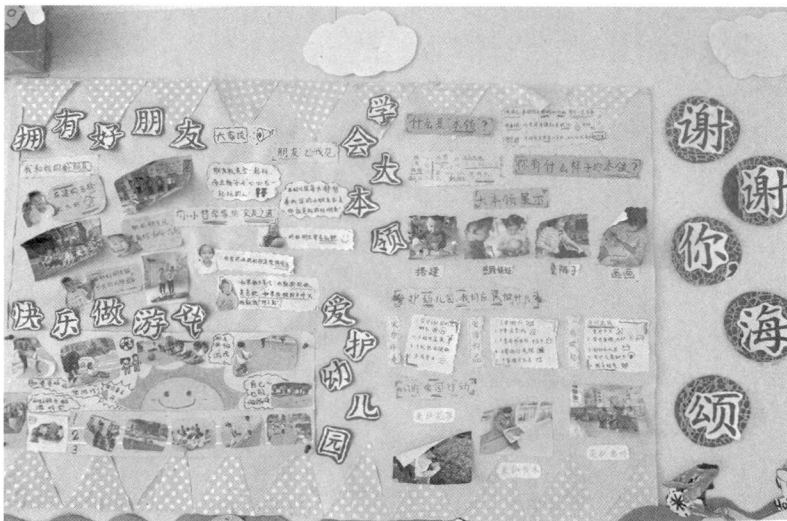

图 1-27 至图 1-28　活动展示

图 1-29 至图 1-30 活动展示

★ 附件 3：主题游戏活动

我们在图书区、美工区、建构区投放了有关材料，创设了主题诱导区，帮助幼儿在与同伴游戏的过程中增强对幼儿园的认识，引导幼儿全面了解幼儿园，认识幼儿园的名字、位置、园标的构成、吉祥物颂颂等。通过对颂颂的点数，提升了幼儿

的手口一致点数能力；通过美工区的活动，再现幼儿园的人文风情；通过建构区的游戏，构建幼儿心中的理想乐园。

（一）图书区

我们开展了"阅读之星"活动，旨在锻炼幼儿的语言表达能力，让幼儿敢于表达，在众人面前不再害怕表现自己。配合此次活动，我们在图书区墙面布置了"阅读之星"，将每个幼儿的表达和表现以文字、图片的形式呈现在墙面上。除此之外，我们还设计了"阅读之星"记录表，将每个参加活动的幼儿表达的内容记录下来。

我们还在图书区投放了与幼儿园有关的书籍，让幼儿在阅读中爱上幼儿园。

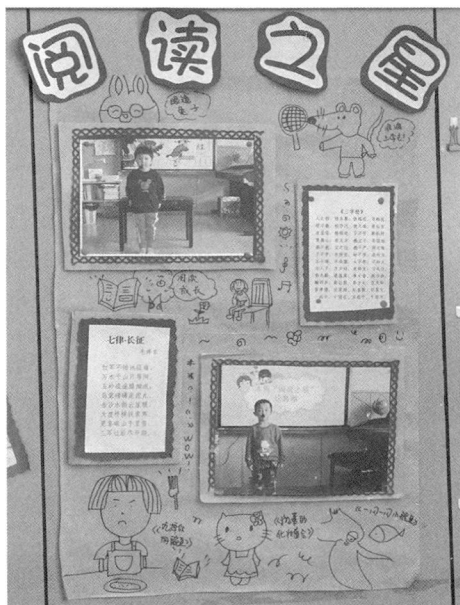

图 1-31　活动展示

（二）美工区

我们在美工区投放了海颂幼儿园的吉祥物颂颂、园标的涂色纸，园标和颂颂的勾线卡，幼儿通过对颂颂和园标的涂色装扮，加深了对幼儿园文化的印象，更好地了解海颂幼儿园文化的构成，对于园所开展主题活动很有帮助。幼儿在涂色的过程中，了解了幼儿园文化，充分发挥了他们的想象力和创造力，每一名幼儿给颂颂、园标涂的颜色都不一样，他们对于自己的作品都有自己的解释权，有自己独特

的考量方式。

除了涂色纸和勾线卡,教师还投放了不同颜色的纸张,让幼儿在纸上建构自己心里梦想的幼儿园,将梦想付诸笔端。我们看到了幼儿内心的七彩世界。

(三)建构区

我们在建构区投放了三张海报,分别是"关于幼儿园我想知道的事情""我们的'哇'时刻""我们的建构作品"。

"关于幼儿园我想知道的事情"上面黏贴了幼儿的主题活动调查表,调查了幼儿对于幼儿园前期经验的储备,对于幼儿园还有什么想探索的内容。

"我们的'哇'时刻"记录了幼儿在建构区的精彩游戏故事,通过照片和文字的形式记录幼儿的建构故事,幼儿通过建构"海颂幼儿园""梦想幼儿园"充分发挥自己的想象力和创造力,在自己建构的幼儿园收获快乐、收获成长。

"我们的建构作品"海报展示的是幼儿的优秀建构作品,在旁边还附有搭建方法供幼儿参考。

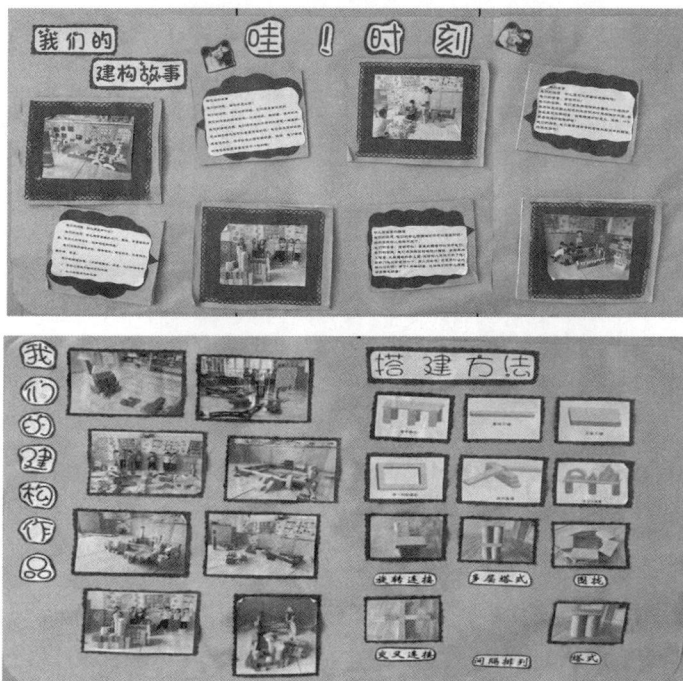

图1-32至图1-33　活动展示

（四）主题诱导区

我们在主题诱导区投放了幼儿园各个角落的照片，让幼儿在翻阅相册的时候加深对幼儿园的了解；投放了画册，用来收集幼儿关于主题的美工作品；投放了幼儿园的文创：钥匙链、帆布包；投放了一个透明盒子，收集幼儿在幼儿园各个角落捡拾的有趣的东西，如沙水区捡拾贝壳、小石子；投放了若干"记者证"，让幼儿在诱导区玩耍的时候可以自己进行设计创作，带着记者证采访幼儿园的其他小朋友。

图1-34 至图1-35　活动展示

★ 附件 4：主题实施教育活动

（活）（动）（一） 小班语言活动：认识我的幼儿园

【活动目标】

1. 了解幼儿园的名字、位置并可以说出来。

2. 知道幼儿园的园标和吉祥物是什么。

3. 可以用自己的行动爱幼儿园。

【活动准备】

幼儿园园标、吉祥物图片、幼儿园环境的图片、自制幼儿园地图一张。

【活动重难点】

活动重点：知道幼儿园的名字、位置、园标和吉祥物。

活动难点：萌发爱幼儿园的情感，知道用实际行动爱幼儿园。

【活动过程】

（一）谈话导入

教师：小朋友们，老师想问问小朋友，你知道自己在哪个幼儿园吗？叫什么名字？（引导幼儿说出海颂幼儿园的名字）

教师：你知道我们海颂幼儿园在什么地方吗？（引导幼儿说出海颂园，拿出自制大地图，通过地图让幼儿更加直观地感受幼儿园的具体位置）

（二）展示园所文化

教师：小朋友们，我们的幼儿园叫海颂幼儿园，那么你知道这个名字都包含什么因素吗？我们一起来看一看。（引导幼儿说出"海"字，从而引出吉祥物"颂颂"）

教师：说到海，你们可以说一说海里有什么动物吗？没错，海洋里有海豚，我们的幼儿园的吉祥物就是海豚，海豚是一种温顺善良又聪明的动物，老师希望你们来幼儿园也可以学习知识，交到好朋友，做一个善良的人。

教师：那么我们现在知道我们幼儿园的吉祥物是"颂颂"，现在我们来看一看我们幼儿园的标志吧！（出示园标图片，引导幼儿观察园标上有哪些因素）

教师总结：我们的园标上有海豚"颂颂"、白色的浪花、绿绿的草地，还有爱

心,下面是海颂的拼音名字"HaiSong"。园标整体形状是圆形的。

(三)说一说

教师出示海颂幼儿园的图片,提示幼儿说一说是幼儿园的哪些地方,引导幼儿说出"沙水游戏区""跑跳区""绘本长廊"等标志性词语。

(四)想一想

教师引导幼儿想一想,幼儿如何才能爱我们的海颂幼儿园。(听老师的话、好好吃饭睡觉、好好玩游戏,爱护幼儿园的玩具等)

(五)落实行动

教师:小朋友,今天我们认识了我们的海颂幼儿园,相信你们一定更加爱海颂幼儿园了,老师希望你们爱护我们的海颂幼儿园,从现在做起,好吗?

【活动延伸】

请园长妈妈来班级向幼儿讲述海颂文化。

活动二 小班社会活动:爱护幼儿园

【活动目标】

1. 知道幼儿园是小朋友学习和生活的地方,要好好爱护幼儿园。

2. 知道爱护幼儿园的方式方法。

3. 大胆表达自己的想法,感受语言的乐趣。

【活动重难点】

活动重点:知道幼儿园是小朋友学习和生活的地方,要好好爱护幼儿园。

活动难点:知道爱护幼儿园的方式方法。

【活动准备】

幼儿园的图片、小朋友在幼儿园学习和生活的图片。

【活动过程】

(一)通过提问导入活动

教师:小朋友们,我们的幼儿园名字叫什么?你喜欢我们的幼儿园吗?为什么?(总结幼儿答案)

（二）观察图片,总结经验

展示幼儿园的照片,引导幼儿说出照片中是幼儿园的什么地方,是否喜欢这个地方,为什么?

教师:老师这里有一些幼儿园的图片,你可以告诉我这是幼儿园的什么地方吗? 你喜不喜欢这里,为什么?（根据幼儿回答,引导幼儿回忆相关经验,在幼儿园的某个地方发生了哪些好玩的事,和大家分享）

（三）提出问题,总结答案

教师:我们的幼儿园这么好玩,我们应该爱护我们的幼儿园,小朋友们,你们有什么好办法可以爱护我们的幼儿园?（总结幼儿答案,教师补充）

教师:爱护幼儿园是每个小朋友应该做的事,我们要爱护幼儿园的环境,珍惜一草一木,不去破坏它们,还要爱护玩具,用我们的实际行动去爱护,擦擦玩具、给小树浇浇水等,都是爱护幼儿园的好方法,我们还要和小朋友好好相处,懂礼貌,见到教师要问好。

【活动延伸】

带领幼儿参与爱园清扫活动,用实际行动爱护幼儿园。

活动三 小班社会活动：我是小记者

【活动目标】

1. 愿意参与采访成人与小朋友的活动,并尝试记录自己的采访结果。

3. 愿意在集体面前大胆表达。

【活动重难点】

活动重点:愿意参与采访成人与小朋友的活动,并尝试记录自己的采访结果。

活动难点:愿意在集体面前大胆表达。

【活动准备】

1. 观看有关记者采访的录像片段,知道记者采访的方式和需要的设备。激发幼儿当"小记者"进行采访的欲望。

2. 自制记者证及采访、播报所需的道具。

【活动过程】

(一)了解记者的工作

1. 观看有关记者采访的录像片段。

讨论:记者是干什么的?什么叫采访?你见过记者采访吗?他们是怎样采访的?采访时会说些什么?我们在采访老师的时候应该如何表达呢?

2. 自制采访播报所需的道具。

教师:你打算收集哪些材料制作采访需要的道具?

(二)制作活动

1. 开展采访活动。

2. 明确采访对象和目的。

3. 引导幼儿把采访的内容用自己的方式记录下来。

【活动延伸】

将记者证投放在诱导区,创设环境墙饰,采访园里的老师们。

第二章

游天津,知乡情

幼儿园坐落于海河之畔,特有的地理位置为园所开展爱家乡活动提供了丰厚的物质资源。《3—6岁儿童学习与发展指南》(以下简称《指南》)中指出:"运用幼儿喜闻乐见和能够理解的方式激发幼儿爱家乡、爱祖国的情感。"天津海河、天津桥梁等均是幼儿经常可以看到的风貌景观。从身边出发,沿着海河引导幼儿领略天津之美,萌发幼儿对家乡的归属感。

教育目标

1. 了解天津风貌景观和历史文化,感受、发现家乡的变化,丰富对家乡的认识。
2. 能积极大胆地与其他人交流关于家乡天津的所见、所闻。
3. 乐于动脑动手,在亲身体验中感受家乡的特色文化。
4. 建立对家乡的归属感,萌发作为天津人的自豪感,从而生发建设家乡的想法。

第一节 "桥"见天津

一、主题来源

海河之旅给幼儿留下了深刻的印象,幼儿惊喜地发现美丽的海河之上有很多外形和功能各不相同的桥,他们对这些形形色色的桥梁产生了极大的兴趣。《3—6岁儿童学习与发展指南》指出:"运用幼儿喜闻乐见和能够理解的方式激发幼儿爱家乡、爱祖国的情感。"为了引导幼儿进一步地了解家乡,感受家乡文化的丰富多彩,激发幼儿热爱家乡的情感,教师借助"桥"这一具象化载体,开展了本次的特色活动。

二、主题总目标

1. 知道海河上桥的名称、结构。
2. 愿意选择不同材料造桥,尝试自己设计造桥。
3. 能基本完整地讲述自己的所见所闻和经历的事。
4. 能够对造型、结构独特的桥产生兴趣并愿意积极探索。
5. 愿意了解桥背后蕴含的有关天津的历史故事,萌发幼儿自立自强,爱护家乡的积极情感。

三、主题网络图

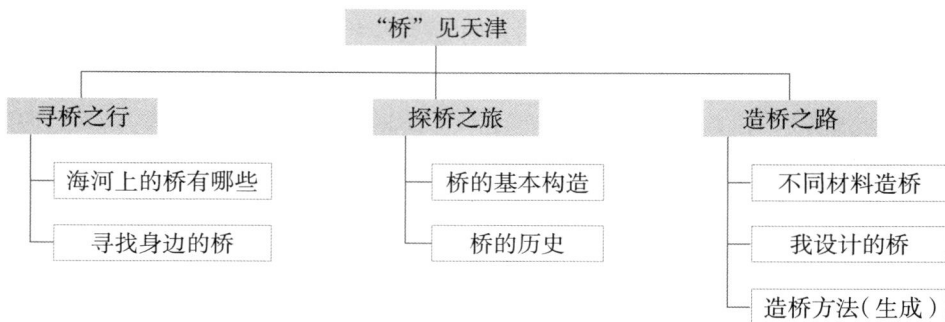

图 2-1 "'桥'见天津"生成网络图

四、主题实施过程

（一）寻桥之行——亲身参与体验发现乐趣

表 2-1　"'桥'见天津"主题实施一览表

活动内容	主要目标	支持策略	生成活动	发展领域	年龄班
"桥"见天津	1. 初步了解海河上的桥，知道名称和外形特征 2. 对海河上的桥充满好奇，愿意动脑思考 3. 大胆设想并用符号来表征自己的发现 4. 具有良好的安全意识，外出活动时知道注意安全	教育活动： 谈话活动："关于桥，我想知道" 家长工作： 亲子一起外出去寻找海河上的桥，观察桥的特点 环境创设： 师幼共同制作、黏贴关于"寻桥之行"版块内容	谈话活动：制订出行计划并分享	社会 科学 艺术 健康	中班

《幼儿园工作规程》中指出："幼儿园应当主动与幼儿家庭沟通合作，为家长提供科学育儿宣传指导，帮助家长创设良好的教育环境，共同担负教育幼儿任务。"在教育教学活动中，既要让家长了解幼儿园开展的活动，又要让家长成为活动的参与者，切身体会活动的意义。在适当的时候，发挥家长的专业资源和优势，支持幼儿园教育工作。

1. 亲子活动——寻找身边的桥

幼儿提出想要实地参观一下海河上的桥，为了满足幼儿的好奇心，教师开展了亲子活动"我来寻桥"。在前期幼儿做了出行计划（图 2-1），幼儿将自己想知道的问题都记录了下来——"海河上的桥有哪些呢？""天津都有什么样的桥？""它们在什么地方？""它们是什么样子的？"在实地寻桥活动中，幼儿在爸爸妈妈的带领下通过看一看、画一画、拍一拍寻找心中的答案。

图 2-2　出行

2. 亲子活动——制作调查表

在实地寻桥活动中，教师鼓励幼儿用拍照、绘画的方式来表达自己的所思、所想、所见、所感。在爸爸妈妈的帮助下，幼儿完成了"桥见天津"调查表（图 2-3、图 2-3）。在调查表中表达了自己找到的海河上的桥，初步感知桥的外形、名称和作用。当教师收到幼儿一份份调查表和照片时，深切感受到一颗颗"爱家乡"的种子已经在他们心中悄悄地生根发芽。

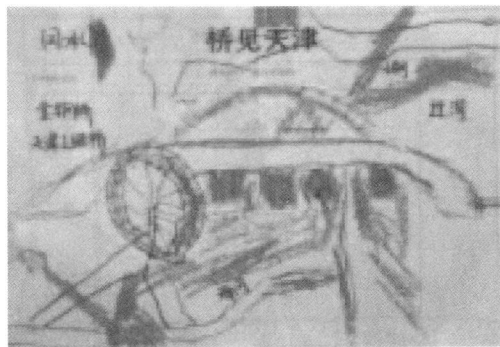

图 2-3　"'桥'见天津"调查表

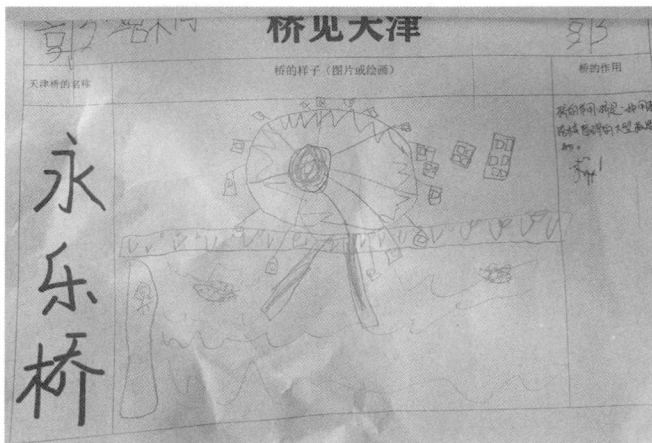

图2-4　"'桥'见天津"调查表

（二）探桥之旅——好奇好问点燃探究欲望

表2-2　"'桥'见天津"主题实施一览表

活动内容	主要目标	支持策略	生成活动	发展领域	年龄班
探桥之旅	1. 能够自主说出海河上的桥的名字 2. 寻找与桥有关的成语，并理解成语的基本意思，尝试用成语造句 3. 了解桥的历史故事，激发热爱家乡的情感 4. 了解海河上的桥的造型和结构特点 5. 能用多种艺术形式展示海河上的桥	教育活动： 1. 科学活动："'桥'，多有趣" 2. 语言活动："'桥'成语故事" 家长工作： 家长协助幼儿搜集与桥有关的成语和故事 环境创设： 师幼共同制作、完善"探桥之旅"的主题墙面	主题播报："'桥'故事"	社会艺术语言	中班

《幼儿园教育指导纲要》中指出："充分利用社会资源，引导幼儿实际感受祖国文化的丰富与优秀，感受家乡的变化和发展，激发幼儿爱家乡、爱祖国的情感。"于是，教师追寻幼儿的兴趣，开始了探桥之旅。

1."童言话桥"播报活动

为了充分满足幼儿的表达欲望，教师组织开展了"童言话桥"的播报活动，请幼儿结合照片讲述自己的观桥体会，他们发现了很多的桥——解放桥、大沽桥、金汤桥、大光明桥等。为了满足幼儿的探究需求，师幼共同打造了"桥这一家子"的科普小天地（图2-5），引导幼儿进一步了解天津每一座桥的奥秘所在。

图2-5　科普小天地

2.探寻桥之秘

通过一系列的活动，幼儿的探索欲被充分点燃，他们对"桥"这一建筑逐渐有了整体的认知，了解到桥是一种架空的人造通道，由上部结构、下部结构和基础三部分组成，还有部分幼儿提出了这些桥的外形有的看起来一样，有的不一样。随着对桥的了解愈加深入，幼儿提出了将桥进行分类。通过和家长网上查询，以及结合绘本《各种各样的桥》，他们根据桥的外形将桥分成了斜拉桥、拱桥、吊桥；根据功能分为固定桥和开启桥。

3.深入探秘——纸桥承重

教师在向幼儿介绍桥的各种造型和结构时，小朋友们的心中产生了这样的疑问："石头、木头、钢材可以造桥，纸也可以造桥吗？"面对幼儿的疑问，教师没有急匆匆地说出"自己认为正确"的答案，而是充分发挥师幼互动、幼幼互动的优势，让大家集思广益。依依提出建议："可以请教家长、查看图片、听讲解、看动画。"淘淘、多多则强烈要求我们做实验试一试。了解到幼儿的需求，教师及时准备了实验所需的材料，组织了一次纸桥承重探秘的科学实验，让幼儿通过直接感知、实际操作的方式获得经验（图2-6、图2-7、图2-8）。

图2-6至图2-8　深入探秘——纸桥

　　用什么来搭桥,怎样搭桥?幼儿选择用纸杯当桥墩,用白纸当桥面,用雪花片来代表重量,简易的平面桥搭好后开始了第一次实验。慢慢往纸桥面上放雪花片,1、2、3……放到第5片雪花时,"哎呀,倒了"。在一片惊呼声中,纸桥面塌下来了。

满满认为是角度的问题,制作了拱形的纸桥,再放上雪花片,1、2、3、4……等放到第7片的时候,明显桥面开始向中间塌陷了;宁宁认为是纸太薄太软了,她想起上次折纸扇装小石子的实验,拿起纸沿长边折成纸扇,再把所有的雪花片都放上,桥面没有塌。宁宁兴奋地告诉同伴,原来桥面的承重能力不一样,波浪形的桥能够承受的重量最多。

幼儿通过大胆猜想、亲身操作来享受实验的过程,记录实验的结果。这样的活动培养了幼儿爱动脑筋主动思考的好习惯,激发了科学探索的兴趣和欲望,专注力、耐力以及解决问题的能力得到大幅提升。

(三)造桥之路——小组建桥深化交往合作

表2-3 "造桥之路"主题实施一览表

活动内容	主要目标	支持策略	生成活动	发展领域	年龄班
造桥之路	1. 愿意与同伴一起合作搭桥 2. 能够自己思考如何造桥,遇到问题尝试解决 3. 大胆分享介绍自己的作品	主题播报: "我来造桥" 主题游戏: "小小造桥师" 环境创设: 师幼共同整理幼儿的造桥作品并展示在主题墙面	科学活动: "搭建大沽桥"	社会 艺术 科学	中班

幼儿对桥的兴趣逐渐过渡到自主游戏中,因为斜拉桥是构建比较简单的一种桥,且外形容易区分。刚开始幼儿运用区域中不同的材料开始搭建斜拉桥(图2-9、图2-10),并且在搭建过程中逐渐产生了造桥计划。幼儿用垫子和薯片桶搭建了永乐桥,以及用身体搭建了大沽桥等。在搭建的过程中,幼儿体会到团结分工的重要性。比如搭建大光明桥时,有的小朋友在运送材料,有的小朋友在搭建桥墩,有的小朋友在搭建上桥的楼梯,还有的小朋友在绘画桥上的雕塑等,他们也会在"到底是用宽一点的积木还是用窄一点的积木搭斜坡"这个问题上进行争论,不断尝试。

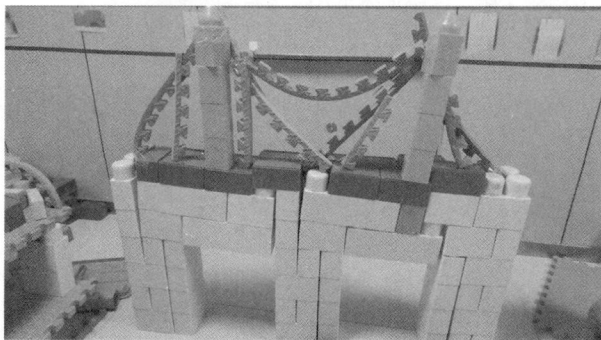

图 2-9 至图 2-10　斜拉桥

后续幼儿开始尝试建造拱桥（图 2-11），从一开始的单一平铺材料，到后面幼儿逐渐学会利用材料，选择材料，通过了解拱桥，找到了拱桥的特点，逐渐完成搭建。

图 2-11　建造拱桥

幼儿在自主游戏的过程中又合作拼搭了开合桥（图 2-12），对于桥的设计以及材料的选择都是不断地去尝试与探索，在一次次的讨论、尝试、互帮互助中，教师愈加感受到幼儿的社会交往能力在不断增强，他们懂得了同伴的重要性，懂得了合作的可贵之处。

图 2-12　开合桥

幼儿对桥的兴趣变得愈发的浓厚，他们回到家里也没有停止探索，一座座天津的特色桥梁出现在了一个个家庭之中，将家乡之爱也散发到更多人心中。

五、主题收获

"桥见天津"的主题活动萌发了幼儿对桥的探索兴趣，也丰富了幼儿对桥的认识，加深了幼儿的爱乡之情。主题活动结束了，教师和幼儿都有了很多收获。在每一次的分享活动中，教师都鼓励幼儿自己去大胆地介绍，培养幼儿想说、敢说、愿意说的语言表达能力，在一次次的分享中，幼儿的词汇越来越丰富，语句也越来越完整，语言表达能力得到了进一步的提升。幼儿在说的同时，倾听能力和专注力也在发展。在活动的过程中，幼儿需要经常回溯画桥，幼儿的绘画作品也从最开始简单的线条勾画表征，到点、线、面、图形的组合来进行创作，幼儿的绘画能力有了较大提升。在小组合作搭桥的过程中，幼儿更加懂得了团结协作的重要性，也愿意和同伴一起合作完成作品。在造桥之路的过程中养成幼儿爱思考的学习习惯，提高

了发现问题、探索新问题、解决问题的能力。

整个过程幼儿和教师都通过了解家乡的特色桥梁和历史,萌发了作为天津人的自豪感,加深了师幼热爱家乡的情感。

★ 附件 1:主题墙饰

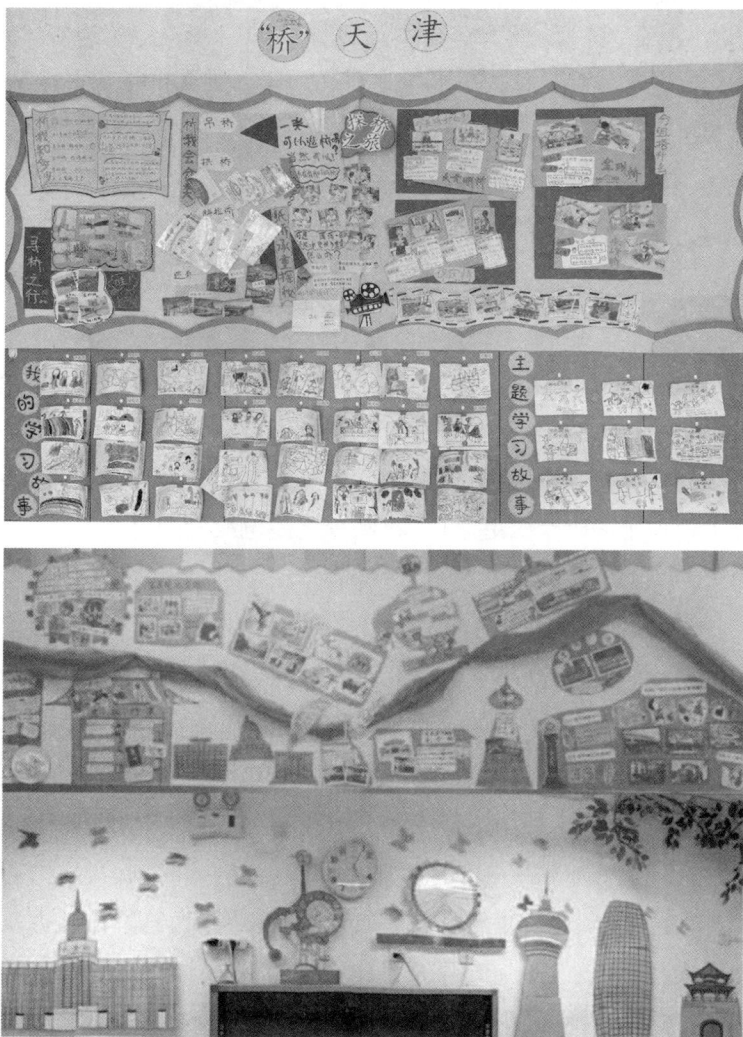

图 2-13 至图 2-14　活动展示

★ 附件2：主题实施教育活动

活动一 中班科学活动：摩天轮

【活动目标】

1. 能主动探索、发现封闭式数数的方法,初步积累封闭式数数的经验。

2. 基本了解摩天轮的构造。

3. 愿意参与小组活动,积极发表自己的看法。

【活动重难点】

活动重点：基本了解摩天轮的构造。

活动难点：能主动探索、发现封闭式数数的方法,初步积累封闭式数数的经验。

【活动准备】

物质准备：不同角度摩天轮的图片、纸、笔、座舱数量为12的小摩天轮图片四张。经验准备：具备数数经验,初步了解摩天轮。

【活动过程】

（一）谈话导入

教师引导：最近咱们班很多小朋友都去了"天津之眼",那么谁来说一说这个摩天轮长什么样子呢?

（二）基本部分

1. 分发摩天轮图片。教师关键提问：请小朋友们仔细观察,它是什么样子的?它上面有什么?

2. 数一数座舱数。

（1）引导幼儿在集体面前点数"天津之眼"摩天轮座舱数。

师幼小结：数数的时候要确定起点,之后再数数。

（2）点数其他摩天轮的座舱数。

（三）结束部分

投放串珠材料,引导幼儿在自由活动的时候点数串珠数量。

【活动延伸】

将串珠投放到区域里,巩固闭合数数的经验。

活动二 中班社会活动:世纪钟

【活动目标】

1. 了解世纪钟的造型和修建的意义。

2. 知道世纪钟的位置、外观。

【活动准备】

世纪钟的图片。

【活动重难点】

活动重点:知道世纪钟的位置、外观。

活动难点:了解世纪钟的造型和修建的意义。

【活动过程】

(一)谈话导入

教师引导:我们一起认识了天津很多著名的建筑,如梁启超纪念馆,知道了它的位置、外观,以及纪念馆里有什么,还知道了梁启超先生是推动中国进步的英雄人物。今天我们接着沿着美丽的海河,探索一下世纪钟。

(二)基本环节

1. 看视频:《航拍中国》(天津篇)关于世纪钟的讲述。

2. 出示世纪钟的图片,引导幼儿观察世纪钟上有什么,并说一说。

3. 教师讲解世纪钟上每个部分代表的含义。

4. 引导幼儿用笔画一画世纪钟。

(三)结束部分

引导幼儿和自己的同伴说一说世纪钟的样子、世纪钟的各个部分代表的含义。

【活动延伸】

请幼儿回家和爸爸妈妈讲一讲世纪钟的有关知识。

活 动 三　中班社会活动："桥"故事

【活动目标】

1. 了解有关海河上的桥的故事。

2. 能够从金汤桥、解放桥的历史故事中了解这些桥的历史、天津的历史。

3. 萌发出愿意保护天津、爱护天津的情感。

【活动重难点】

活动重点：能够从金汤桥、解放桥的历史故事中了解这些桥的历史、天津的历史。

活动难点：萌发出愿意保护天津、爱护天津的情感。

【活动准备】

相关课件。

【活动过程】

（一）导入

出示图片解放桥、金汤桥图片。

教师关键提问：还记得这两座桥的名字吗？它们有什么特点呢？

（二）倾听故事

教师总结：金汤桥与平津战役有着密切的联系。天津，在祖国母亲的带领下才可以发展得越来越好，我们的生活越来越幸福。我们要更加爱护天津、保护天津，珍惜现在的幸福生活，把天津建设得越来越好。

（三）复述故事

引导幼儿初步尝试根据图片，复述故事情节，加深理解。

【活动延伸】

将自己了解的金汤桥的历史故事跟自己的家长说一说，下次我们一起来讲一讲有关解放桥的历史故事。

第二节 遇见海河

一、主题来源

海颂幼儿园坐落在海河之畔,幼儿园的名字也和海河息息相关,在小班"我爱我的幼儿园"主题活动中,就有幼儿产生疑问:"为什么我们的幼儿园要叫海颂幼儿园?""海河!听起来好有趣!我也要让妈妈带我去看看海河!"幼儿的稚言稚语中充满了对海河的好奇和向往。

海河被称作是天津人的母亲河,海河起于天津西部的金刚桥,东至大沽口入海,横贯天津闹市。以海河为主线,贯穿主题课程,带着幼儿了解海河之源、海河流域的人文风貌、文化变迁、海河历史,引导幼儿了解海河对于天津的重要意义,学习保护河流、保护环境,为保护母亲河贡献自己的力量。

二、主题总目标

1. 探寻海河之源,知道海河是天津的母亲河。

2. 通过了解海河的过去和现在,感受天津的历史变迁。

3. 了解海河文化,知道海河对于天津的价值和意义,萌发对海河、对天津的热爱之情。

4. 愿意大胆地表达表现自己对海河的热爱,能够用自己的实际行动保护海河。

三、主题网络图

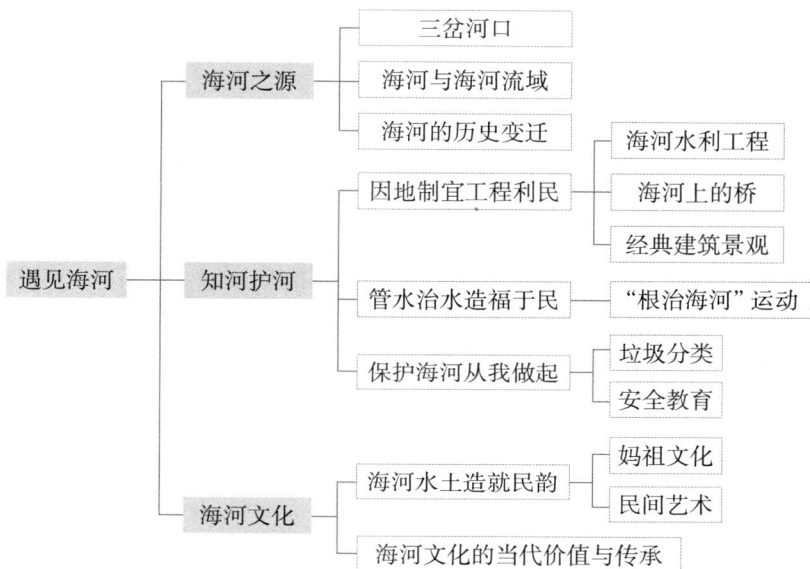

```
                              ┌─ 三岔河口
              ┌─ 海河之源 ────┼─ 海河与海河流域
              │               └─ 海河的历史变迁      ┌─ 海河水利工程
              │                                      ┌─ 海河上的桥
              │               ┌─ 因地制宜工程利民 ───┼─ 海河上的桥
              │               │                      └─ 经典建筑景观
  遇见海河 ───┼─ 知河护河 ────┼─ 管水治水造福于民 ─── "根治海河"运动
              │               │                      ┌─ 垃圾分类
              │               └─ 保护海河从我做起 ───┴─ 安全教育
              │                                      ┌─ 妈祖文化
              └─ 海河文化 ────┬─ 海河水土造就民韵 ───┴─ 民间艺术
                              └─ 海河文化的当代价值与传承
```

图 2-15　"遇见海河"生成网络图

四、主题实施过程

（一）海河之源

表 2-4　"遇见海河"主题实施一览表

活动内容	主要目标	支持策略	生成活动	发展领域	年龄班
海河之源	1. 了解海河的源头，知道海河是天津的母亲河 2. 知道海河流经的区域，主要支流的名称 3. 能运用多种材料，大胆表现海河之美	教育活动： 1. 社会活动"美丽的海河" 2. 科学活动"天津的发祥地——三岔河口" 3. 语言活动"海河的前世今生" 环境创设： 1. 主题墙海河的布置 2. 制作"海河小百科"	主题游戏： 幼儿园里的"海河" 教育活动： 艺术活动"大河之源"	社会 科学 语言	中班

1. 大河之源——三岔河口

三岔河口是子牙河、南运河与北运河的交汇之处,是海河的起点,这里曾是天津最早的居民点、最早的水旱码头、最早的商品集散地,有着"天津摇篮"的美称。因此,了解三岔河口,对了解海河有着重要的意义。

通过教育活动,教师和幼儿一同探索了三岔河口名字的含义、它所在的位置以及对于海河、天津的重要意义。幼儿听了以后十分惊奇,纷纷表示:"三岔河口这么厉害!没有它就没有海河!"

通过布置主题环境,幼儿对三岔河口有了进一步的认识,知道了海河干流自此起步,开启了它蜿蜒不息的流淌。在主题墙的布置上,师幼共同制作了"海河小百科"和"海河好风光"主题环创,与幼儿共同探究海河有关的知识,在海河美丽的风景中浸润幼儿爱家乡的情感。并且,打破了传统的主题墙布局,将海河作为一条主线,带领幼儿沿着海河游天津,使幼儿更深刻地感受到海河对于天津的重要意义。

图 2-16　主题墙饰

2. 大河变迁

通过在墙面张贴地图,幼儿从整体上对天津有了大致的了解,每天都有小朋友来地图前观察。他们对地图有很多疑问:"老师,这条蓝色的线是海河吗?"基于幼儿的疑问,教师及时开展教育活动,和幼儿一起观察海河流经的路线,同时也欣赏了很多好风光。"太美了!"在一声声赞美中,幼儿对海河更加向往了。

海河具有悠久的历史，在漫长的岁月进程中，哺育了一代又一代的天津人，教师适时开展教育活动，和幼儿一起探究海河的历史，了解海河的变迁。活动过后，幼儿兴奋地表示："原来海河已经很老了，因为有了变化的海河，才有了变化的天津。海河真了不起！"

（二）知河护河

表 2-5　"遇见海河"主题实施一览表

活动内容	主要目标	支持策略	生成活动	发展领域	年龄班
知河护河	1.知道海河流域著名的水利工程及其作用 2.知道海河上的桥梁有哪些，能简单介绍部分桥梁的知识 3.了解海河沿岸的经典建筑景观 4.知道保护河流的措施，能用自己的实际行动保护海河 5.知道靠近河边应该如何保护自己	教育活动： 1.社会活动"金刚桥""解放桥""大沽桥""赤峰桥""五大道"等 2.语言活动"于桥水库""海河闸枢纽""'根治海河'运动""保护海河" 3.科学活动"桥的结构""纸桥承重探秘""垃圾分类" 环境创设： 主题墙布置 家园共育：请家长带幼儿实地参观海河及其周围建筑，鼓励幼儿进行主题播报	教育活动： 1.健康活动"防溺水指南" 2.艺术活动"印象海河" 主题游戏： "海河上的天津""一起来造桥" 思乡古诗诵读	社会 科学 语言 艺术 健康	中班

1. 知河——"桥"见海河

教师通过教育活动的方式，和幼儿一起了解了天津著名的水利工程于桥水库、海河闸枢纽，幼儿知道了海河流域的水利工程可以减少灾害的发生，一定程度上会保护周边环境，恢复生态环境。除此之外，教师还跟随幼儿的脚步，从"天津之眼"的所在地永乐桥出发，一起探索不同的桥梁有哪些相同和不同的地方，为什么桥的构造会不一样，不同的桥梁连接了哪里，不断生成新的探究内容。

除了认识各种各样的桥，幼儿还变身小小造桥师，用很多不同的材料搭建了各种各样的桥。从积木桥到纸盒桥、纸牌桥，甚至自己的身体也可以用来搭建桥梁，随着对桥的兴趣越来越浓厚，他们甚至把活动延伸到了家中，和爸爸妈妈一

起搭建各种各样的桥。

图 2-17 幼儿作品

2. 观河——海河之旅

通过前期的经验,幼儿了解到幼儿园就在海河之畔,从幼儿园出发,只需要步行一段距离就可以到海河边欣赏美景。于是利用假期,我们引导幼儿和家长开启一场海河之旅,来到海河,感受海河带来的视觉盛宴。

幼儿兴奋地计划着即将到来的旅程,有的小朋友说:"海河好像离我家有点远,我们可以开车去!"有的幼儿计划去河边野餐:"我们要准备小背包,装一些东西。"当然,他们还有安全意识,知道不能离开大人视线,不能去危险的地方,不要在河边打闹,部分幼儿提到了要注意保护环境,比如不要把垃圾扔到河里等。我们问幼儿:"你们想了解海河沿岸的什么呢?"幼儿的回答五花八门:"我想知道海河沿岸有什么好玩的地方。""海河的水是什么样的?""海河里有鲨鱼吗?"幼儿把自己出行需要注意的地方以及想知道的问题都记录下来,带着问题去实地探索。

当幼儿满载而归,带着发现回到班级的时候,幼儿以"主题播报"的形式分享着自己的游览经历——"这是我在狮子林桥拍的照片,是爸爸妈妈带我去的。""我问在河里游泳的叔叔了,他说河里没有鲨鱼。""我和爸爸妈妈去了津湾广场,从那里就能看到海河。"幼儿去了海河沿线的不同地方,也有着不同的感受。此刻,一颗"爱家乡"的种子在他们心里悄悄地生根发芽。

从计划出行、记录问题到主题播报话家乡等活动,幼儿充分发挥了学习的计

划性、主动性。在这次有趣的海河之旅中,幼儿对家乡有了更进一步的了解,对家乡的感情日渐深厚。

3.护河——从我做起

随着对海河的深入了解,幼儿认识到保护海河是一件十分重要的事情,所以生发了谈话活动,聊一聊怎么样才能保护海河。幼儿畅所欲言,他们认为,不乱丢垃圾、好好学习知识、低碳出行、保护小动物等都是保护海河的好方法。基于幼儿的回答,我们及时投放区域材料,帮助幼儿巩固垃圾分类的知识,并做好家长工作,鼓励外出游玩的时候低碳出行。

(三)海河文化

表 2-6   "海河文化"主题实施一览表

活动内容	主要目标	支持策略	生成活动	发展领域	年龄班
海河文化	1.了解妈祖文化,知道其代表了天津民俗文化 2.知道相声等天津传统曲艺和民俗 3.了解天津泥人张彩塑、杨柳青年画等民间工艺	教育活动: 1.社会活动:"神奇的妈祖" 2.艺术活动:"相声欣赏" 环境创设: 主题墙布置 家园共育: 请家长带幼儿实地参观,了解民俗文化,鼓励幼儿进行主题播报	主题游戏:"彩塑初体验""杨柳青年画"	社会 语言 艺术	中班

海河滋养了天津,也孕育了丰富多彩的海河文化。受海河文化的影响,天津这座城市散发着宽松、自由、乐天的人文气息。

1.妈祖文化

一天,班里的小朋友和教师说:"老师,我出去玩的时候看到了天后宫,那是什么地方?"带着好奇,师幼一起查阅了资料,知道了天津是一座海滨城市,出海的人们会祈求妈祖的保佑。人们为了纪念妈祖,会举办天后宫庙会,在了解了妈祖文化的背景后,教师开展了教育活动,引导幼儿感受中华民族的传统文化,增进文化认同感。

2.天津相声

天津相声代表着天津地方民俗的文化和艺术,它以方言为载体,向世人展现了

天津人独有的"精神气"。天津人的语气、心态、性情、举手投足、处世方法都透露着豪迈直爽的"天津味"。为了引导幼儿对天津相声有进一步了解，教师开展了一系列艺术活动，通过欣赏天津相声，感受"哏"的含义。除此之外，在升旗仪式的活动中，引导小朋友面向全园讲解天津相声的文化价值，鼓励小朋友在未来的日子里把天津的曲艺发扬光大。

3. 民俗工艺

泥人张和杨柳青年画作为天津的民俗工艺代表，依水而生，因河而兴。泥人张彩塑选择方向偏向民间的名著古籍、经典故事传说和民俗风情，将故事情节与艺术融为一体；杨柳青年画源于杨柳青文化，近年来重新焕发了生机。幼儿在游览海河的过程中，注意到古文化街码头附近有泥人张和杨柳青年画的店铺，色彩鲜艳华丽的年画和栩栩如生的泥人，引起了幼儿的极大兴趣。教师根据幼儿的兴趣需要，利用多种形式的艺术活动，引导幼儿感受泥人张和杨柳青年画的魅力，还引导幼儿和家长一起查阅资料，在主题播报的时候向大家讲述泥人张和杨柳青年画的故事。

精神是一个城市以及城市的灵魂，它在影响人民思想信仰的基础上也会改变城市的面貌。天津这座城市受海河影响形成的习俗和信仰从根本上影响着一代又一代天津人，影响了他们的思想、性格、行为乃至生活方式。相信在未来，我们的幼儿也会因为海河文化的影响，会成长得更加阳光、积极、乐观、勇敢。

五、主题收获

在"遇见海河"主题活动开展过程中，幼儿多种能力获得了发展：

在语言表达方面，幼儿更加愿意表达表现，面对疑问，他们会主动询问，和长辈查阅资料，愿意交流分享自己的生活经历和了解到的知识，在主题播报活动中更是大放异彩，发展了语言表达能力。

在健康领域方面，在游览海河的过程中，增强了幼儿的安全意识，知道了如何防溺水，不去野区游泳等知识，懂得了如何保护自己。

在社会领域方面，通过了解海河，增进了幼儿对天津的热爱之情，让他们了解天津的文化、习俗，愿意为建设美丽的家乡而努力奋斗。

在科学领域方面，幼儿知道了河流生态遭到破坏的原因，了解到海河对于天津

生态系统的重要意义。

在艺术领域方面，通过多种形式进行表达，天津的桥、天津的民俗工艺、天津的曲艺文化等，审美能力得到提升。

★ 附件2：主题墙饰

图 2-18 至图 2-20 "我爱我的家乡——天津"主题墙

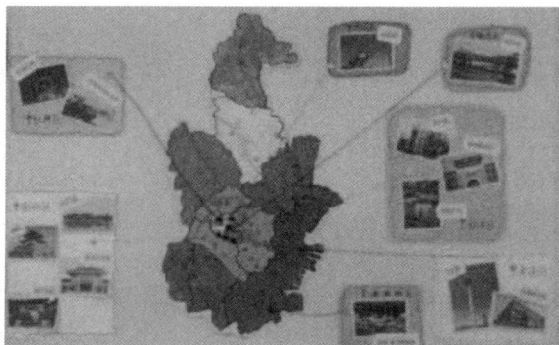

图 2-21 "我爱我的家乡——天津"主题墙

★ 附件 3：主题实施教育活动

活动一 中班科学活动：搭建大沽桥

【活动目标】

1. 知道大沽桥的外观、构造，了解大沽桥的演变。

2. 能利用身边现有的材料搭建大沽桥。

3. 知道大沽桥在国际上享誉盛名，为天津带来了荣耀，增强爱家乡的情感。

【活动重难点】

活动重点：知道大沽桥的外观、构造，了解大沽桥的演变。

活动难点：能利用身边现有的材料搭建大沽桥，通过搭建增强爱家乡的情感。

【活动准备】

1. 大沽桥图片。

2. 相关课件。

3. 各种可供搭建的材料。

【活动过程】

（一）谜语导入

1. 谜语：驼背公公，力大无穷，驼的什么？车水马龙！

2. 解开谜底，引出桥。

（二）讲述大沽桥

1. 引导幼儿观察画面，认一认图片上是什么桥。

2. 观察大沽桥的结构、特点，将自己的观察发现和小朋友们进行交流。

3. 教师根据幼儿的回答进行总结。概括大沽桥的构造、特征，帮助幼儿强化记忆。

4. 帮助幼儿整合经验。

教师：大沽桥是我们的老朋友了，我们上学期说过，大沽桥的大拱和小拱分别代表什么？

小结：大拱面向东方，象征初升的太阳；小拱面向西方，象征月亮。

5. 总结：大沽桥还获得了全球桥梁设计建造的最高奖，为天津带来了极大的荣誉，每一个天津人都因此感到自豪。

（三）分组搭建

教师：我们今天也来做小小造桥师，用我们身边现有的材料尝试搭建大沽桥。

教师讲解搭建要求：和同伴合作完成大沽桥的搭建，区域内任意材料均可使用，在搭建过程中注意桥的稳定性。

（四）集体展示

在集体面前讲解自己的小组作品。请大家评选出最喜欢的大沽桥，并说说理由。

【活动延伸】

在自主游戏的时候选择其他材料进行搭建。

第三节　匠心天津

一、主题来源

民族文化是各民族在长期社会实践中创造和发展起来具有民族形式和特点的文化,是中华民族优秀传统文化的重要组成部分,具有优秀的教育价值。在幼儿园教育活动开展过程中融入当地的民俗文化,有利于丰富幼儿园教学内容,培养幼儿对民俗文化的亲近感,培养幼儿的文化自信心。因此,本主题结合幼儿对天津工艺品的兴趣,深入探索,感受中华优秀传统文化的魅力,萌发幼儿对家乡的喜爱,感受作为天津人的自豪。

二、主题总目标

1. 通过多感官了解天津特色工艺品。
2. 愿意运用多种形式呈现天津民俗特色,学习其执着专注、精心钻研的匠心精神。
3. 能够尝试用完整、流畅的语言跟大家分享天津的特色。
4. 萌发喜爱天津的情感,为自己是天津人感到骄傲自豪。

三、主题网络图

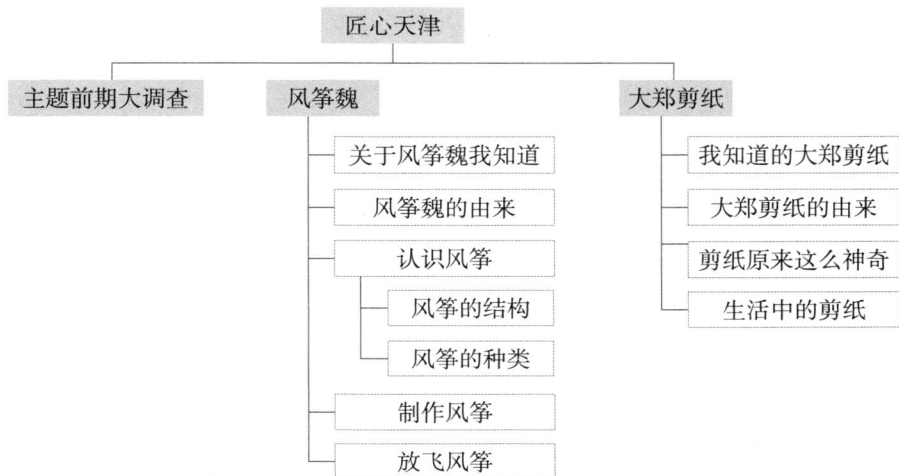

```
                          匠心天津
         ┌──────────────────┼──────────────────┐
    主题前期大调查          风筝魏                大郑剪纸
                    ┌─ 关于风筝魏我知道      ┌─ 我知道的大郑剪纸
                    ├─ 风筝魏的由来          ├─ 大郑剪纸的由来
                    ├─ 认识风筝              ├─ 剪纸原来这么神奇
                    │    ├─ 风筝的结构        └─ 生活中的剪纸
                    │    └─ 风筝的种类
                    ├─ 制作风筝
                    └─ 放飞风筝
```

图 2-22 "匠心天津"生成网络图

四、主题实施过程

"匠心天津"主题活动的开展分为三个部分。

（一）主题前期大调查

兴趣是幼儿最好的老师,为了更好地了解幼儿对天津工艺品的认知,萌发幼儿对家乡的喜爱,教师在前期开展了"哏儿都特色知多少"的主题调查。

当幼儿在集体面前讲述着自己的调查结果时,能感受到他们正一步步走进这座魅力文化之城,爱家乡的种子也开始在他们心中悄悄萌芽。通过调查统计,幼儿对风筝魏的兴趣最为浓厚。因此,教师以风筝魏为起点,追随幼儿的兴趣开始了探索天津特色之旅。

（二）风筝魏

1. 风筝魏我知道

天津是著名的风筝之乡,"风筝魏"也被誉为天津地方工艺美术品的三绝之一,具有明显的地域文化和民间艺术特色。为了让幼儿进一步了解风筝魏,我们在

前期开展了问卷调查。通过调查得知,幼儿对风筝魏的由来非常感兴趣,但是对此知之甚少。幼儿对如何让风筝飞得更高有自己的想法,他们还想知道关于与风筝有关的故事、古诗等。通过本次调查,教师对幼儿的前期经验有了清晰的了解,师幼一起走进风筝魏,感受风筝艺人坚持不懈、用心钻研、精益求精的匠心精神。

2. 风筝魏的由来

根据幼儿的兴趣,教师和幼儿先去探秘风筝魏是怎么来的。通过查资料、实地参观风筝店等多种途径探究,发现风筝魏的创始人是魏元泰爷爷,而且他在长达70余年的风筝从业生涯中,对天津风筝艺术作出了突出的贡献。此后,风筝魏在第二代传人魏慎行、第三代传人魏永昌、第四代传人魏国秋等魏氏后人的继承和不断创新下,风筝品种已达到1000多个品种,且风筝越制越精。在这个过程中,幼儿深刻地感受到了风筝艺人们几百年专注一件事的钻研精神,纷纷感叹道:"魏爷爷太厉害了! 制作了这么多了不起的风筝。"

借此机会,教师和幼儿一起通过视频了解了风筝制作的八大工艺流程:创意、设计、选料、扎架、彩绘、糊面、试飞、总装。让幼儿再次感受到风筝魏的独特魅力,喜爱之情油然而生。

3. 认识风筝

在了解风筝魏的由来后,幼儿对风筝的结构也产生了兴趣。因此,教师将风筝带到班里,和幼儿一起探索风筝的结构,通过仔细的观察、用手触摸,幼儿发现每一个风筝的中间都有一个"十字"的细条,都有一面很漂亮的风筝图案,还有放风筝的线……在这样一次次探索中,教师和幼儿一起认识了风筝的结构。一个风筝是由骨架、风筝面、飘带、风筝线等部分构成的。为了让幼儿能够时时近距离观察风筝,教师将实物呈现在主题墙上,幼儿常常会走到主题墙边观察风筝,重温风筝结构的奥秘,增强对风筝的深入了解。

随着幼儿对风筝的了解愈发深入,教师和幼儿一起欣赏了各种各样的风筝,通过近距离的看一看、摸一摸,幼儿发现这些风筝的形状、大小各不相同,产生了这样的疑问:"风筝有哪些种类?"于是通过查阅资料以及亲子调查,将风筝分为以下几类:桶形风筝、板子风筝、软翅风筝、串类风筝、硬翅风筝。在此过程中,幼儿的学习经验得到了提升,观察力和想象力得到了充分发挥,对风筝有了更多想法与表达。

4. 制作风筝

通过这次分类，幼儿对造型多变、彩绘逼真的风筝更加感兴趣，萌发了想自己动手做一做风筝的欲望。为了满足幼儿的探究需求，教师在班里提供了多种艺术材料和手工材料，幼儿通过涂一涂、画一画、做一做，再次加深了对风筝的感知与认识。在制作风筝的过程中幼儿遇到了各种各样的问题，比如，黏骨架的时候总是会黏在风筝面上，系风筝线的时候总是系不好等，但是幼儿从没有说过放弃，一遍遍的黏贴、系绳，他们认真的表情，那一刻，让我看到了他们身上专注、坚持的良好学习品质。

5. 放飞风筝

随着对风筝的探究越来越深入，幼儿心中放飞风筝的欲望也愈发强烈。于是，在一个微风习习的下午，教师和幼儿决定去放风筝。在放风筝前，幼儿针对在哪儿放风筝这个问题展开了讨论。璨璨认为放风筝要在宽敞的地方，雨暄认为幼儿园的操场可以放风筝，嘉要认为放风筝的地方不能有树。经过讨论，大家一致决定在操场上放风筝。

原以为放风筝很简单的小朋友们，一开始就遇到很多的问题。他们怎样努力跑，风筝都飞不起来。经过激烈的讨论，幼儿认为：放风筝要有风，而且要不大不小的风。单人放风筝不是随意跑，而是要先找到风的方向才能跑，在风力适合的情况下，才能让风筝飞起来。而双人放风筝需要两个人合作，两人要随着风势，往前跑，并调整线的长度，使风筝借助风力冲上蓝天。

虽然在此次放风筝之旅中，并不是每个小朋友的风筝都能成功起飞，但是在这次探秘放风筝的过程中，每个幼儿用心思考放风筝失败的原因，无数次地试飞，热烈地谈论，大胆地发言，让我再次感受到他们团结合作，不怕困难、坚持不懈的良好品质。

幼儿对风筝的兴趣只增不减，于是生成了"我想开家风筝店"的游戏，从搭建风筝店、制作风筝、买卖风筝等活动中，幼儿关于风筝的经验得到了大幅提升。

（三）大郑剪纸

在风筝魏的探究结束后，我们紧随幼儿的兴趣开展了大郑剪纸的探究旅程。通过发放问卷了解到幼儿想知道关于大郑剪纸的故事，于是教师和幼儿一起了解

大郑剪纸的由来。在此过程中,幼儿了解到传承人都姓刘但是却叫"大郑剪纸"的原因是传承人都来自大郑村。在《大郑剪纸》的视频中,幼儿再次知道了大郑剪纸制作的工艺流程:铺纸、剪齐、磨锋、雕刻、校对、初成、装裱。接下来在亲自动手的过程中,幼儿通过一遍又一遍遍尝试、学习,知道了对称折剪法、三角形折剪法、四角形折剪法。在剪一剪的过程中,遇到问题幼儿会感叹:"老师,好难啊!"但是在想办法解决、相互鼓励后最终剪出成品,幼儿也会开心分享自己的喜悦。特别是为了迎接新年的到来,幼儿用一把小小的剪刀、一张薄薄的彩纸,剪出了一个个形象生动、明艳动人的剪纸:美丽的窗花、可爱的小鱼。当作品被展示出来后,幼儿感受剪纸在生活中代表的美好寓意。

元旦开放活动更是将剪纸的活动推向高潮,家长和幼儿一起拿起剪刀,剪出美好,剪出幸福,也将大郑剪纸的故事传递给每一个家庭,激发大家对家乡的热爱之情。

五、主题收获

幼儿在涂涂画画、说说玩玩中了解了天津特色工艺品。在活动中教师遵循幼儿的兴趣点,一步步挖掘,在多元化的活动中帮助幼儿收获了关键经验,让他们在直接感知、亲身实践等活动中了解、体验了手工艺品,加深了对天津特色工艺品的热爱,充分感受民俗文化的魅力,学习手工艺人坚持专注、用心钻研的匠心精神。

主题活动不是单纯传授学科知识和技能的过程,它还包括在学习中,儿童借助于自我经验和教师影响所形成的态度、价值观及相应的行为方式。我们相信站在儿童立场上,由幼儿和教师共同建构的故事模式,才是幼儿园里的有效教育方式。教师只有追随幼儿的脚步,才能让幼儿真正成为活动的主人。教师也必将成为儿童经验的倾听者、记录者与引导者。

★ 附件 2：主题墙饰

图 2-23 至图 2-25　成果展示

图 2-26 成果展示

★ 附件 3：教育活动

活动一 中班社会活动：天津特色馆

【活动目标】

1. 能够了解天津的一些特色工艺品、美食以及天津特色等。

2. 愿意当小导游，尝试用完整的语言介绍天津的特色。

3. 萌发爱家乡的情感。

【活动准备】

课件、导游证、情境创设。

【活动重难点】

活动重点：能够了解天津的一些特色工艺品、美食以及天津特色等。

活动难点：愿意当小导游，尝试用完整的语言来介绍天津的特色。

【活动过程】

（一）情境导入

1. 情境导入。

教师：最近天津特色馆的工作人员跟我说想在咱们班招纳一批小导游，请他们向游客介绍天津，你们谁愿意去呀？

教师：当小导游我们必须有很强的本领，接下来就让我们通过闯关来增强本领吧！

2. 看一看，观看天津的世界之最和中国之最视频，初步感受天津的魅力。

教师：小朋友们，小导游要有很强的记忆力，所以接下来老师播放一段视频，请小朋友们用心看，视频结束后，跟我分享一下你看到了天津哪些有特色地方，工作人员请我们把它充实到天津特色馆里。

3. 选一选，从三张图片中选出你认为有天津特色的地方。

教师：恭喜小朋友们第一关闯关成功，那么接下来我们就要来考一考你对天津特色的了解啦，请你们从下面的图片中选出你认为的天津特色，并把它放到我们的天津特色馆。

4. 说一说，请幼儿根据图片来介绍天津特色。

教师：刚刚我们了解了这么多天津著名的工艺品、美食、景点等，哪位小朋友尝试当小导游向大家介绍一下天津呢？

教师：现在我们请小朋友们在自己的小组内讨论一下，之后想尝试的可以站在屏幕前向大家介绍。

教师：哇，今天我们发现了这么多的天津特色呀！之后我们就请各位小导游们给园里的弟弟妹妹讲讲我们天津特色，让他们也能感受天津的魅力！

活动二 中班艺术活动：我设计的风筝

【活动目标】

1. 初步了解风筝的由来、演变以及欣赏风筝的艺术美，激发民族自豪感和对民间艺术的兴趣。

2. 愿意探索、设计、制作风筝。

3. 集体放飞风筝，在追、跑、喊、跳中充分享受放风筝的乐趣。

【活动准备】

1. 教师对风筝的历史文化、演变过程、基本结构等有全面的了解。

2. 与幼儿一起，通过各种途径，如互联网、书本、向他人请教等，共同收集有关

风筝的资料、图片、实物等。

3.各种形状的彩色卡纸、记号笔。

【活动重难点】

活动重点:初步了解风筝的由来、演变过程以及欣赏风筝的艺术美,激发幼儿的民族自豪感和对民间艺术的兴趣。

活动难点:愿意探索、设计、制作风筝。

【活动过程】

(一)欣赏形态各异的风筝,感受风筝的艺术美

1.观察实物,自由交流,在看看、摸摸、比比之后,解决问题。

(1)你看到的风筝是什么样的?

(2)你最喜欢哪个风筝,为什么?

2.教师小结:风筝是中国古代的一项发明,现在已经成为世界各国人民喜爱的艺术品。

(1)风筝左右对称的艺术美。

(2)风筝的历史演变过程。

(3)介绍天津的风筝魏,激发幼儿民族自豪感并顺利进入下一环节。

3.二次欣赏实物,总结风筝的基本构造是平衡。

(1)你放过风筝吗? 说说你放风筝的故事。

(2)风筝为什么能飞上天,哪些地方是相同的?

(二)讨论:我想设计的风筝

1.欣赏电脑资料——美丽的风筝。

2.讨论:你想设计什么样的风筝?

(三)制作风筝面

培养幼儿动手能力、想象力和创造力。

(四)放飞风筝

充分享受阳光、运动的乐趣。

【活动延伸】

将材料投放美工区,可继续进行创作。

活动三 中班艺术活动：对称的剪纸

【活动目标】

1. 学习用折、剪的方法剪出对称的剪纸作品。

2. 会用它们大胆地进行艺术表现与创造，喜欢装饰。

3. 能展开丰富的想象，大胆自信地向同伴介绍自己的作品。

【活动准备】

1. 长方形和正方形彩色手工彩色纸、剪刀、铅笔、胶棒、彩笔。

2. 装饰有对称图案的实物和图片。

【活动过程】

（一）欣赏导入

1. 出示具有对称图案的实物和图片，帮助幼儿理解"对称"的含义。

2. 请幼儿欣赏各种图案的对称剪纸作品，请幼儿观察这些作品的图案有什么特点，是怎样剪出来的。激发幼儿对剪纸艺术的兴趣，帮助幼儿理解"对称剪纸"的含义。

（二）剪纸

1. 教师指导幼儿看剪纸图片，并介绍对称剪纸的方法。

（1）将一张长方形的彩纸沿中心线对折，然后用铅笔画出小动物图案（可以画出自己喜欢的图案或设计出其他的图案）。教师提示幼儿对折的边缘要画有连接处，保持图案的连续性。

（2）用剪刀沿着图案的轮廓线，先剪中间部分，后剪外轮廓多余的部分。教师要提示幼儿注意线条的连接处不能剪断，展开即是美丽的对称图案。

（3）把剪好的小动物图案贴在另一张纸上，添加自己喜欢的背景，组成一幅精美的剪纸作品。

2. 请幼儿选择一种图案，学习用对称的方法剪纸。教师提醒幼儿正确使用剪刀，并巡回指导。待熟练后，鼓励幼儿剪出其他图案的对称剪纸。

（三）展示

幼儿的剪纸作品张贴在主题墙上，让幼儿互相欣赏与评价，也可以用剪纸作品

装饰教室的环境。

（四）延伸活动

在手工区提供多种对称剪纸的图示和纹样，供幼儿学习和模仿，鼓励幼儿设计并剪出多种多样的对称剪纸作品。

第四节　地铁游津

一、主题来源

"爱家乡"教育是爱国主义教育的基础以及重要组成部分。习近平总书记在《知之深　爱之切》一文中，谈到自己的故乡之情时指出："要热爱自己的家乡，首先要了解家乡。深厚的感情必须以深刻的认识做基础。唯有对家乡知之甚深，才能爱之愈切。"对家乡是如此，对整个国家更是如此。为此海颂幼儿园结合"家国情怀"主题活动，教师以"地铁上的天津"为主题，使幼儿在活动中深入了解自己的家乡，将对家乡的真诚之爱化作对祖国的崇敬之爱。

二、主题总目标

1. 对家乡的文化、科技具有初步认识，萌发对家乡的认同感、归属感、依恋感和自豪感。

2. 能用记录、统计等方法解决实际生活的问题，感知数学的作用。

3. 了解有关天津地铁基本知识，能主动与他人分享，用语言条理清晰地讲述自己乘坐地铁的经历，萌发幼儿爱家乡、爱祖国的情绪情感。

4. 树立远大梦想，萌发爱祖国、爱家乡的愿望。

三、主题网络图

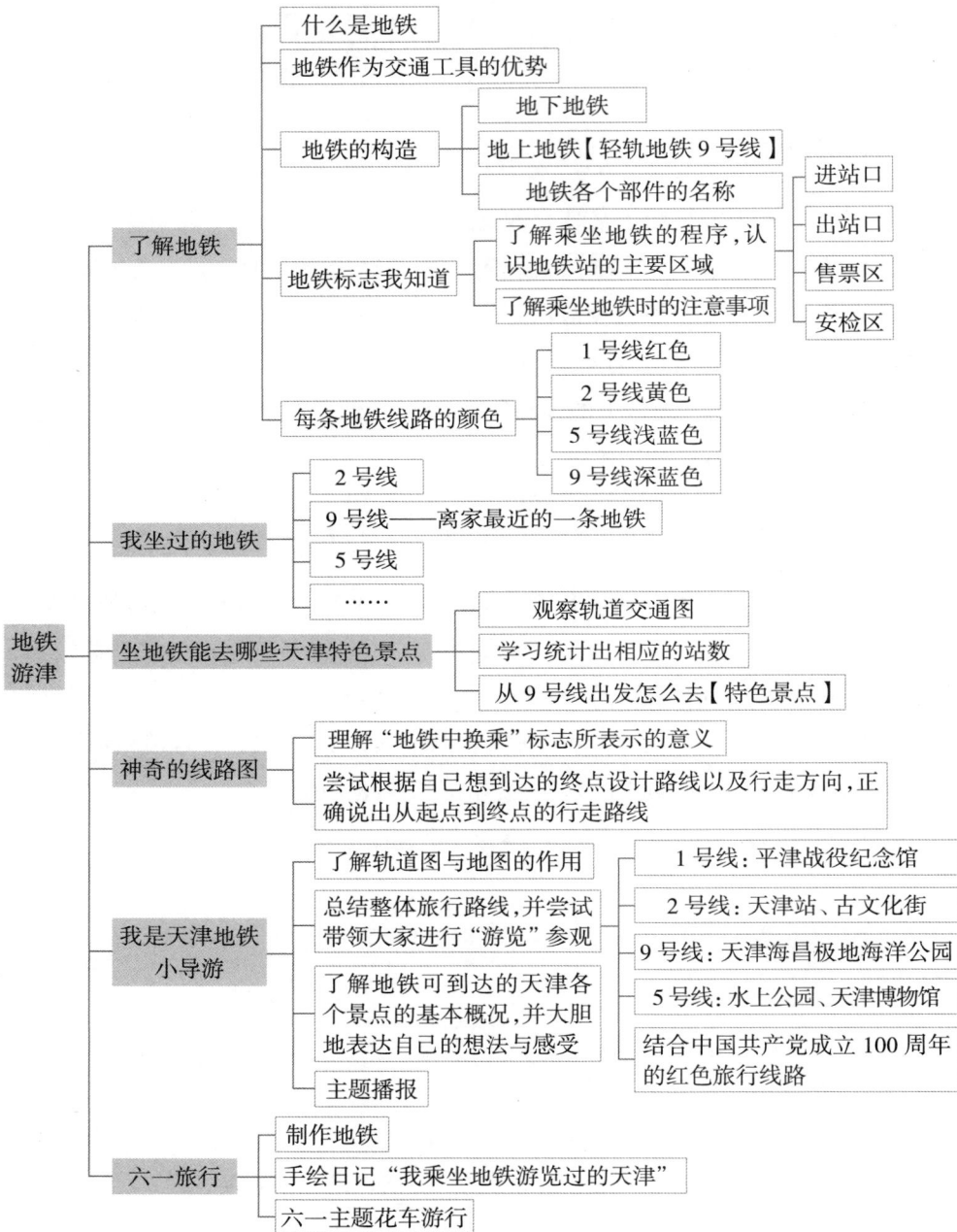

```
地铁                     什么是地铁
游津      了解地铁         地铁作为交通工具的优势

                         地铁的构造 ── 地下地铁
                                     地上地铁【轻轨地铁 9 号线】
                                     地铁各个部件的名称

                         地铁标志我知道 ── 了解乘坐地铁的程序,认 ── 进站口
                                         识地铁站的主要区域      出站口
                                                             售票区
                                         了解乘坐地铁时的注意事项  安检区

                         每条地铁线路的颜色 ── 1 号线红色
                                            2 号线黄色
                                            5 号线浅蓝色
                                            9 号线深蓝色

          我坐过的地铁     2 号线
                         9 号线──离家最近的一条地铁
                         5 号线
                         ……

          坐地铁能去哪些天津特色景点 ── 观察轨道交通图
                                      学习统计出相应的站数
                                      从 9 号线出发怎么去【特色景点】

          神奇的线路图     理解“地铁中换乘”标志所表示的意义
                         尝试根据自己想到达的终点设计路线以及行走方向,正
                         确说出从起点到终点的行走路线

          我是天津地铁     了解轨道图与地图的作用
          小导游          总结整体旅行路线,并尝试 ── 1 号线:平津战役纪念馆
                         带领大家进行“游览”参观     2 号线:天津站、古文化街
                         了解地铁可到达的天津各      9 号线:天津海昌极地海洋公园
                         个景点的基本概况,并大胆     5 号线:水上公园、天津博物馆
                         地表达自己的想法与感受      结合中国共产党成立 100 周年
                         主题播报                  的红色旅行线路

          六一旅行       制作地铁
                        手绘日记“我乘坐地铁游览过的天津”
                        六一主题花车游行
```

图 2-27　“地铁游津”生成网络图

四、主题实施过程

当今社会发展日新月异,地铁已不单是便捷的交通工具,更是传承城市历史、传播城市文化以及展现时代发展的综合平台。天津作为中国内地第二座开通轨道交通的城市,将地铁文化与海河文化相互交融。突出城市文化特色的同时,还充分地展示出天津这座国际化大都市的发展活力。

(一)认识地铁

活动初期,在家长的配合下教师为幼儿准备了问卷调查表(图2-28),让幼儿自己想一想、写一写。整合幼儿坐过地铁哪条线路,去过哪些地方。最终通过简单的统计决定以幼儿乘坐人数最多的9号线入手,并在班级中进行讨论。让幼儿自己说一说想知道有关地铁的哪些问题。结合幼儿提问,"怎么坐地铁?""坐地铁都能去到哪些地方?""为什么地图上地铁颜色不一样?"师幼共同开展主题活动。

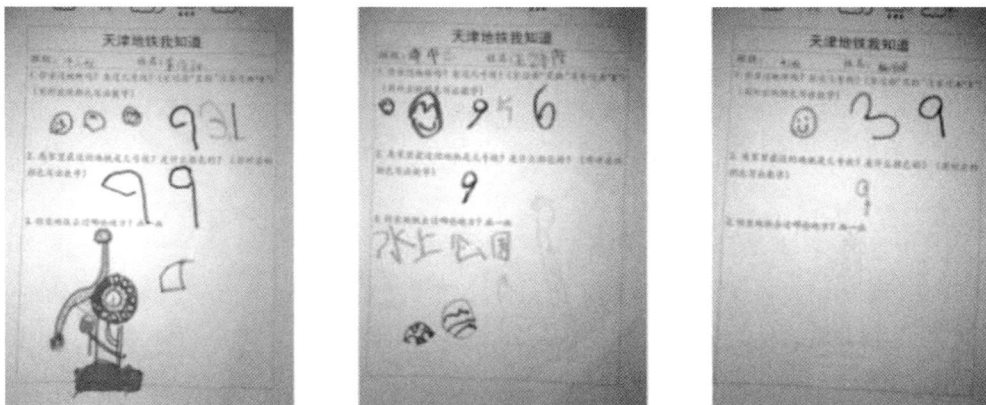

图2-28A 至图2-28C "地铁我知道"调查

教师带领幼儿从了解地铁入手,在班级中放置地铁线路图(图2-29、图2-30)以及等比例模型(图2-31),引导幼儿探索天津地铁共有几条线路,每条线路所代表的颜色是什么,都可以到天津的哪些地方。

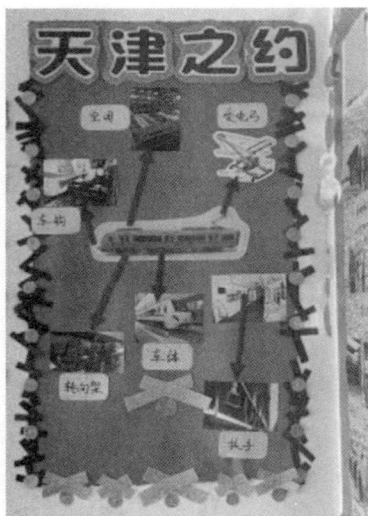

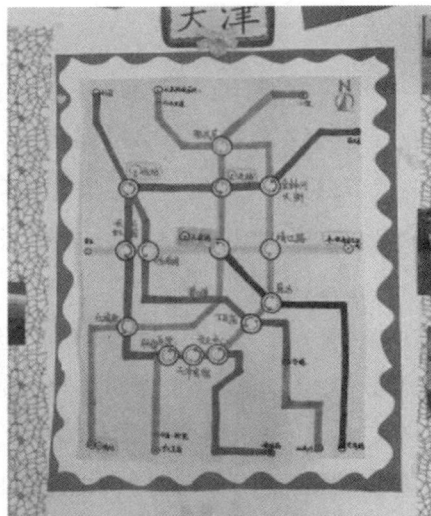

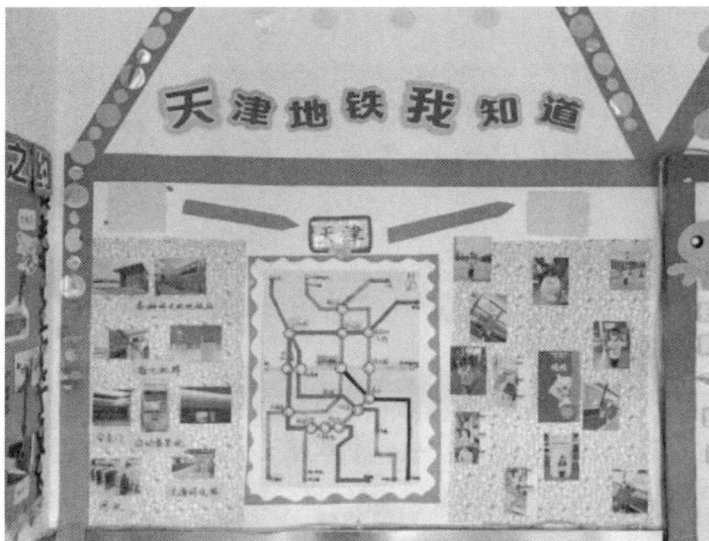

图 2-29 至图 2-31 "地铁"主题墙饰

图 2-32A 至图 2-32C　天津地铁主题模型

鼓励幼儿进行社会实践,亲身体验,感受乘坐地铁畅游天津的乐趣。幼儿乘坐地铁畅游天津的过程中,与家长配合拍照留念,并带着感兴趣的问题回到班级与其他幼儿进行讨论,从兴趣点出发开展主题活动(图 2-33)。

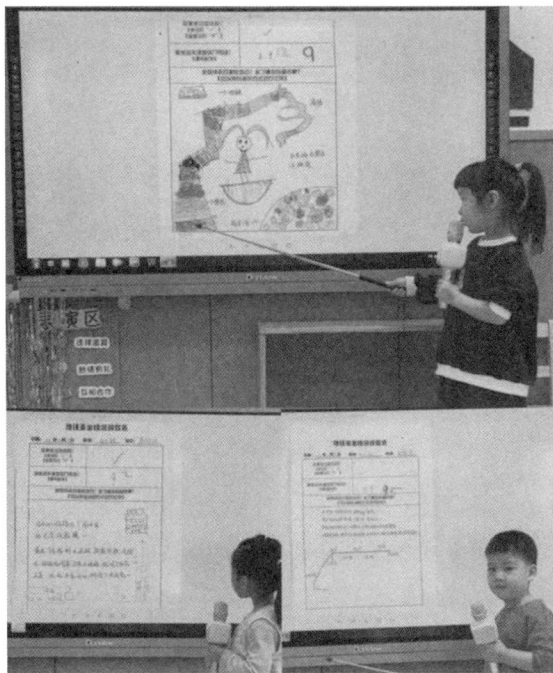

图 2-33　地铁游记

通过活动的开展与实施,幼儿在此过程中了解有关天津地铁的基本知识,如:首条地铁、与其他地区地铁的不同、每条地铁线路的颜色等。幼儿在活动中能大胆发表自己的见解,并且用语言条理清晰地讲述自己乘坐地铁的经历。

（二）地铁标志我知道

地铁站内的标志标识主要分为服务类和安全类,这两种标志分别负责乘客导航、位置指示和安全乘车提示。地铁运输系统有着密度高和准时的特点,一个不经意的危险举动,就会危及乘客自身的安全和客运组织的正常秩序。

为了让幼儿更好地积累社会经验,提高安全意识,组织认识以及了解地铁内的安全标志。教师在活动开展的过程中鼓励幼儿要在家长的陪同下实地探索,通过实际体验与教育活动相结合,帮助幼儿认识一些地铁站的主要标志,如乘车信息指示标志、地铁口周边信息等;了解乘坐地铁的程序,认识地铁站的主要区域:进站口、售票区、客服区、安检区、进站口、候车区、出站检票区;会看指示标志,能根据提示买票、刷卡进站,按照要求候车、听报站、检票出站（图2-34）。

图2-34 地铁标志及班级环境创设

（三）方便的地铁

结合班级环境创设以及记录表（图2-35）,通过观察地铁轨道交通图,尝试使用统计的办法,记录相应的站数,辅助幼儿自主解决问题。幼儿通过直观的点数以及简单的加法来计算路程中需要经历几站,尝试利用数学知识解决问题。在此基础上教师也为幼儿科普地铁乘坐知识,结合语言、社会、科学等领域,引导幼儿了解由离家最近的地铁站出发直至目的地需要经过几站、如何设计路线进行换乘到达目

的地。

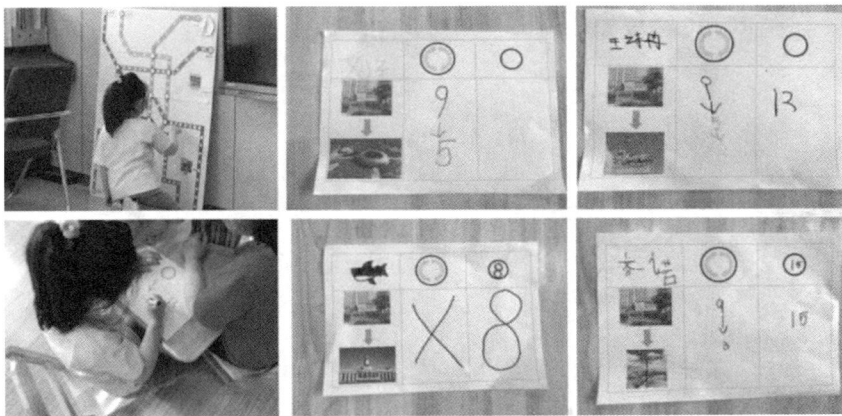

图 2-35A 至图 2-35F　地铁换乘记录表

（四）神奇的路线图

组织幼儿开展调查活动，结合地铁轨道线路图以及班级环创，观察并整理从起点到终点的路线。在谈话活动中鼓励幼儿说一说如果自己从 A 地到 B 地需要如何换乘才能到达终点。尝试根据自己想到达的终点设计路线以及行走方向，正确说出从起点到终点的行走线路。幼儿在讨论中能够大胆地表达自己的想法，并听取同伴的不同意见。（图 2-36、图 2-37）

图 2-36A 至图 2-36C　神奇的路线图

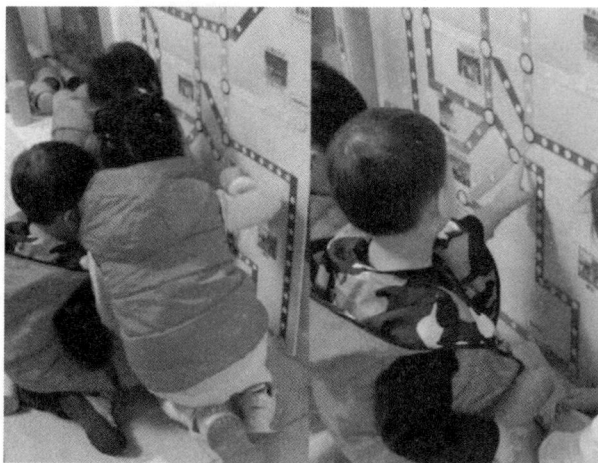

图 2-37 神奇的路线图

从幼儿建构区搭建方式的转变可以看出,随着对地铁线路的熟悉与了解,幼儿的观察力以及建构能力均有所提升。幼儿从开学之初的"平行线路"逐渐拓展可以使用交叠、垒高等方式进行还原(图3-38)。因为真正意义上的建构是基于幼儿头脑中对现实物体的表象记忆,只有熟悉的东西,才能让幼儿有较为清晰的表象,并进行再创造。

图 2-38 多种形式的展现

在活动开展的过程中,幼儿用自己的方式表达自己对天津地铁线路的感受、理解、想象,释放着创造的冲动和愿望。幼儿在对地铁线路的搭建中,感知平衡、对

称、颜色搭配等美学方面的知识；在欣赏作品中感受自己主体精神的体现。幼儿不仅从中得到了美的熏陶，而且提高了审美能力。活动进行的过程中也鼓励幼儿用多种方式将自己对家乡的所知所感运用各种各样的方式进行表达，教师深切地感觉到这次过程，不仅激发了幼儿探索的欲望，加深了对家乡的了解，同时也增强了幼儿的归属感与民族自豪感。

（五）我是天津地铁小导游

随着对地铁线路的了解，我们和幼儿在班级中云端"畅游天津"，根据不同站点所在的位置，结合周边景点设施，与幼儿共同创设"地铁游玩路线"。在"畅游"过程中为幼儿介绍天津特色建筑、历史文化、风俗习惯等（图2-39）。

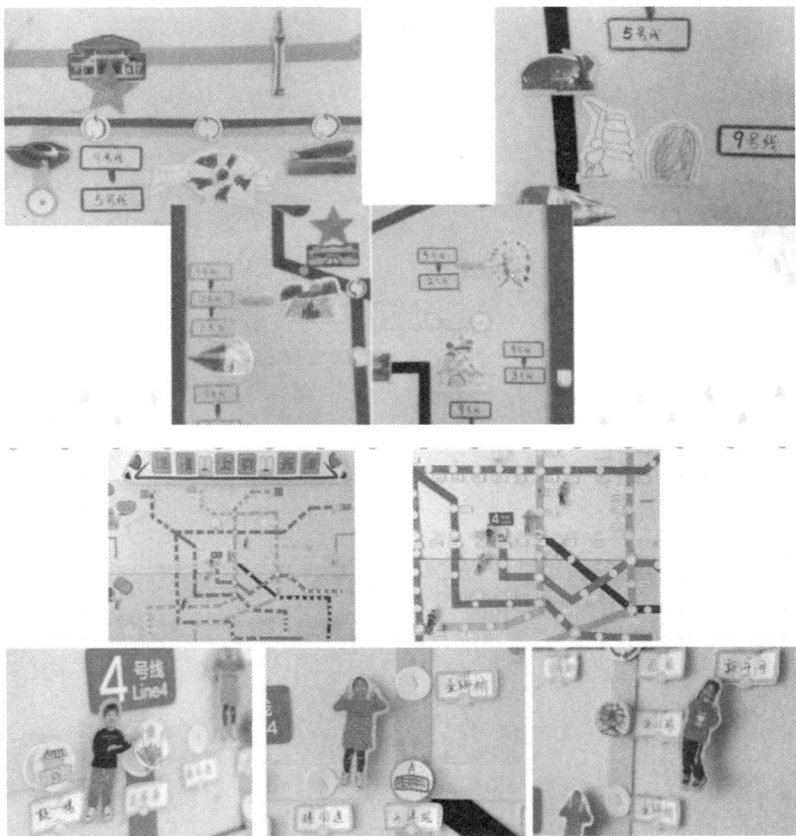

图 2-39A 至图 2-39I　立体墙饰

　　随着对地铁线路的了解,我们和幼儿在班级中云端"畅游天津",结合园所特色"童心向党"活动,增加"红色爱国路线",通过乘坐地铁游览周邓纪念馆、天津文化中心等。幼儿将自己怎样乘坐地铁,去了哪些地方,看到了什么,通过播报的方式和小朋友们一起分享。根据不同站点所在的位置,结合周边景点设施,与幼儿共同创设"地铁游玩路线"。在"畅游"过程中为幼儿介绍天津特色建筑、历史文化、风俗习惯等。

　　我们将主题播报内容做成二维码和"录音盒子"(图2-40),将幼儿乘着地铁游天津的剪影做成明信片(图2-41),装饰在班级内,将知识可视化,这样幼儿可以随时回顾其他小朋友的主题播报内容,加深对家乡的了解,激发对家乡的热爱。

图2-40　主题播报及录音盒子

图2-41A 至 2-41C　明信片

（六）有趣的签到

我们通过开展每日签到活动提升幼儿时间管理能力。时间管理是幼儿自主成长的重要标志，也是幼小衔接阶段幼儿必须掌握的一项能力。基于儿童需要，从入园第一步"晨间签到"开始，结合班级主题开始审视和思考，在幼儿的视角下开展不同年龄阶段的"签到"活动，让幼儿变得更加有序、自主，激发幼儿自主签到的兴趣，通过环境、材料的调整，有目的地实施指导，挖掘"自主签到"中蕴含的教育价值（图 2-42、2-43），让幼儿在不断调整、优化的签到活动中培养自我管理能力，养成良好的生活习惯，体验愉悦的情绪，获得表达、书写等多种能力的发展，真正体现"一日活动皆课程"的理念。

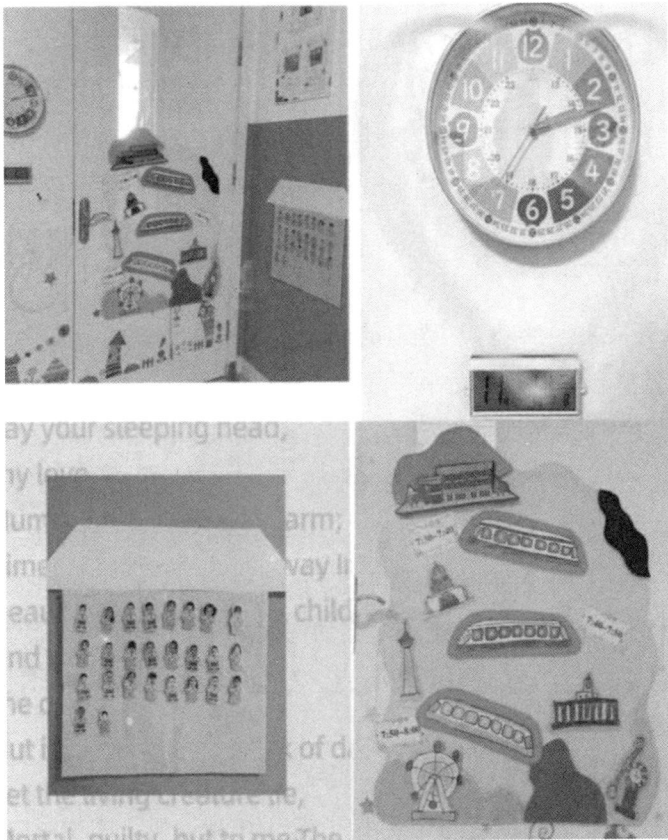

图 2-42A 至图 2-42D　自主签到

图 2-43A 至图 2-43D　自主签到

通过和幼儿一起创设自主签到环境,电子钟、签到板等,让幼儿在园的美好一天从每日的签到开始。签到不仅培养幼儿各方面的能力,增强幼儿的责任感、归宿感、仪式感,还能营造出一种自由、接纳、关爱的环境氛围。巧用签到,让小环节发挥大功能。

（七）地铁上的天津

随着班级开展主题活动"地铁上的天津",幼儿在班级内分享自己坐地铁到过哪些地方。在分享环节幼儿们对平津战役纪念馆的坦克产生了浓厚的兴趣。

在此次游戏中,幼儿根据自己的发现和游戏需求调整材料,运用已有的游戏经验,经过多次商讨,最终决定选择纸筒成为主要搭建材料。由于纸筒结构的特殊性,坦克始终无法稳定。幼儿通过每次游戏结束后的梳理环节,结合绘画记录,分享自己游戏过程中出现的困难,最后利用集体讨论的方式确定解决问题的方法。

活动中幼儿自由选择玩伴,逐步学会如何与同伴交往,促进了幼儿之间主动交流合作,养成良好的行为习惯与创造力,获得了更多的社会技能,增强了自我意识和社会道德感。

（八）地铁棋

综合飞行棋以及班级主题的相关内容,创设出地铁棋（图 2-44）活动,活动中将分为不同难易等级。初级难度,幼儿分别从始发站出发,通过投掷骰子点数前进

相应的步数,直至到达另一终点站,过程中点数、数物对应等能力均在实践中得到锻炼与提升。中级则是固定首发站点为幼儿熟悉的张贵庄站,通过抽签抽取目的地为天津著名景点,通过投掷骰子前进步数,过程中可能会涉及换乘等问题,这时教师鼓励幼儿尝试找出最短路线,也就是换乘站和途径站最少的路线。这一过程中,简单的数的加减也会融入其中。到达目的地景点后幼儿可以介绍天津特色景点内容,让大家更加深入地了解家乡。遇到不熟悉的景点,可以结合班级内的录音盒子进行了解,如果录音盒子内没有相关内容,也可以鼓励幼儿自行探寻,把内容进行扩充。

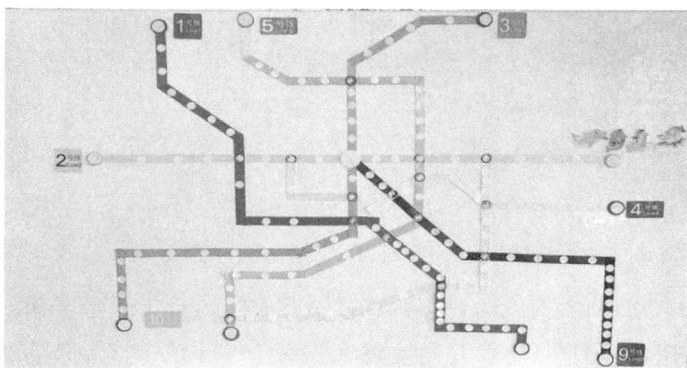

图 2-44 地铁棋

（九）带着颂颂游天津

结合幼儿园五周年园庆,开展系列活动,鼓励幼儿带着海颂幼儿园的吉祥物"颂颂",一起坐地铁,畅游天津。

通过活动的开展与实施,幼儿在此过程中了解有关天津地铁的基本知识,如:首条地铁建成时间、与其他地区地铁的不同、每条地铁线路的颜色等。幼儿可以有条理地讲述自己乘坐地铁的经历,大胆发表自己的见解。

（十）童心向党,快乐六一

1. 班级合唱

恰逢中国共产党成立 100 周年,组织幼儿合唱《歌唱祖国》并进行展演。一声声稚嫩的童音,一颗颗激动的心祝福我们的祖国繁荣昌盛,共同祝愿我们的党生日快乐。

2. 舞台剧《长征路上》

幼儿通过精彩演绎,重现了长征路途中先辈们水深火热的情境。幼儿特别感兴趣,在亲身参演中,深受感动。不仅体会到我们的前辈奋勇向前、坚持不懈的精神,也深深地体会到了我们现在幸福生活的来之不易,感受祖国的发展与强大,增强了对祖国的热爱之情以及树立远大理想的决心。

3. 主题巡展

在主题活动中,幼儿不仅依托天津地铁了解到很多关于家乡天津的文化,还随着"祝融"探测器的升空了解到了中国航天事业的迅猛发展。师幼共同完成了天津地铁以及长征七号、祝融探测器、玉兔探测车的手工制作,将本学期园本活动成果完美地呈现出来。在活动中,充分体现了幼儿爱祖国、爱家乡的家国情怀,也进一步激发了幼儿参与活动的热情。

五、主题收获

(一)教师收获

始终以主题活动作为主线,强调活动性和操作性,各个主题活动要有机地融合健康、语言、社会、科学、艺术五大领域,每一环节目标的制订,都是以促进幼儿和谐发展为根本。

1. 主题的开展,应遵循幼儿的兴趣和需要

以主题作为教育活动组合的载体,每个教育活动都体现各学习领域内容的相互渗透和融合。我们结合幼儿的年龄特点,通过前期讨论、问卷调查等方式,充分融合地域资源,最终选定以"地铁游津"为主题开展活动。我们的家乡天津,有着浓厚的历史文化,园所地理位置毗邻海河,这些都是得天独厚的资源。活动中有幼儿熟悉的场景,幼儿能更快地融入其中。

2. 及时反思,并记录主题开展的情况

回想我们活动的时候,往往率先考虑的只是"我该如何教",从而忽视了"幼儿如何去学"的问题。我们及时改变方向,决定"放手",把游戏"还给"幼儿,更多地让幼儿去感受、去探索。事实证明,幼儿在获得游戏的主动权后,通过自主探究,延伸出了许多活动,并且在进行的过程中没有产生先前兴趣逐渐缺失的情况。在此之

后班级教师及时进行了反思，深刻认识到教师作为知识的引导者，要转变从传统的教师"教"的观念，放手让幼儿主动去探索。当然我们也必须要在实施的过程中衡量这些活动是否适合幼儿，然后进行调整，不断地实践、反思、提炼，逐步形成一个不断变化的，适合幼儿发展的主题。

在实施完"地铁游津"这个主题活动后，我们从各个方面都进行了反思：如材料的准备，每周活动设计活动实施是否得当、合理，是否收到了最大的效益等，力求在今后的活动中不断调整、不断完善。

（二）幼儿成长

幼儿获得了经验的积累、能力的提升、知识面的扩大，如在科学领域活动中，通过换乘站之间的点数进行简单的计算，动手操作、比较分析，探索地铁的秘密，感受家乡文化的丰富多采；在艺术领域活动中，尝试用多种形式表达自己对家乡的理解，以绘画的方式表现家乡的特色建筑与美景，加深对家乡的热爱之情；在语言领域活动中，幼儿介绍自己的地铁出行计划，互相分享表达，拓宽视野、扩充认知，足不出户就能感受家乡的丰富多彩等。

与此同时，幼儿提升了理解和表达能力，在众人面前讲话时越来越勇敢、连贯、清楚，愿意与大家分享感兴趣的事情，大胆表达自己独特的看法。遇到问题能表现出积极的态度，乐于思考也懂得寻求帮助，幼儿在活动中能与同伴分工合作，一起克服困难。增强了责任感和集体荣誉感，主动承担任务，愿意为集体作贡献。

（三）家园合作

在主题开展的过程中，家长的教育观念、参与教育的积极性直接影响了幼儿的教育质量，所以请家长了解并参与幼儿园主题活动是十分必要的。于是在主题开展的过程中，我们及时与家长反馈幼儿的活动情况，并让家长们切身地参与到活动中来。通过日常分享以及家长工作，帮助家长了解活动开展的目的、进程以及对幼儿的发展，并且在沟通与交流的过程中了解幼儿的变化以及需要。

对家长来说，通过参与幼儿园的主题活动，更加了解、支持幼儿园的工作，主动收集与主题相关的资料，参与设计、组织、评价等活动，促进幼儿园、家长、社会的互动与合作，达到切实有效的家园合作。

★ 附件 1：主题墙饰

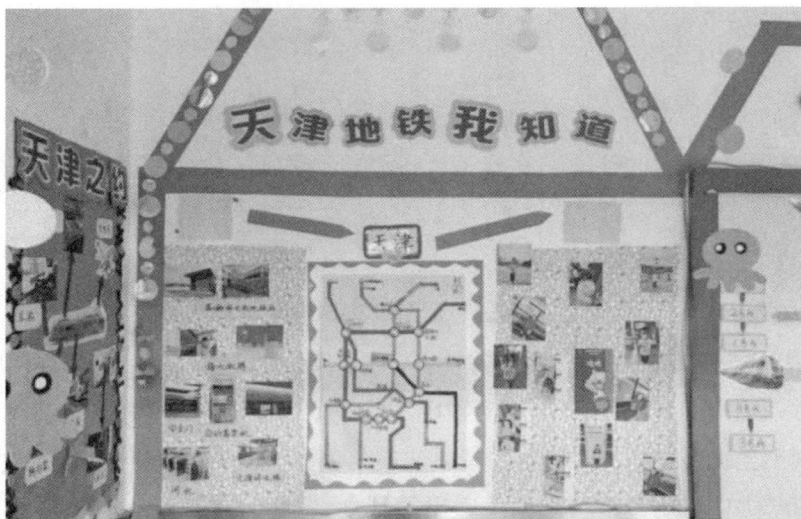

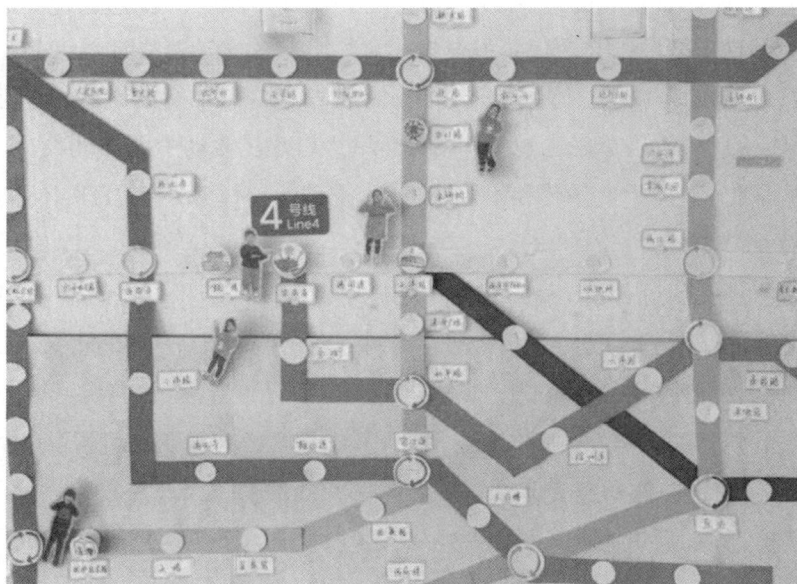

图 2-45 至图 2-46　活动展示

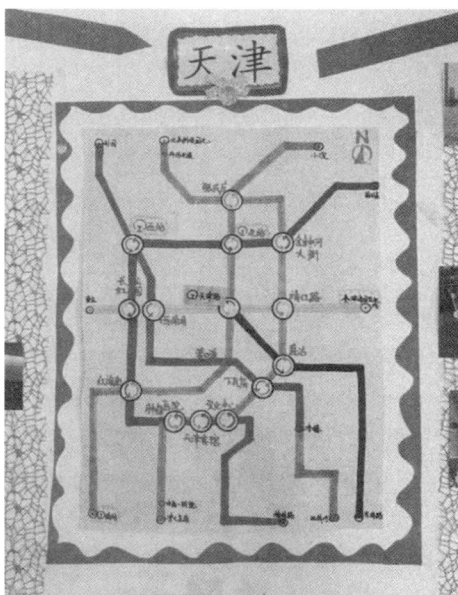

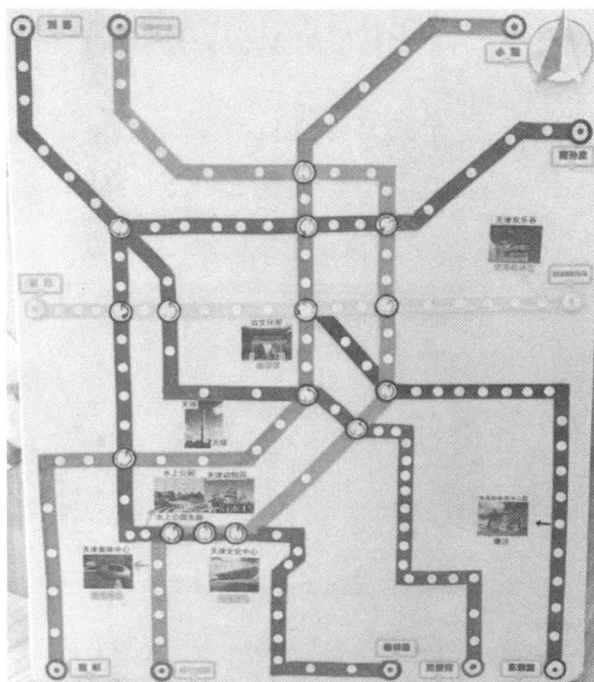

图 2-47 至图 2-49　活动展示

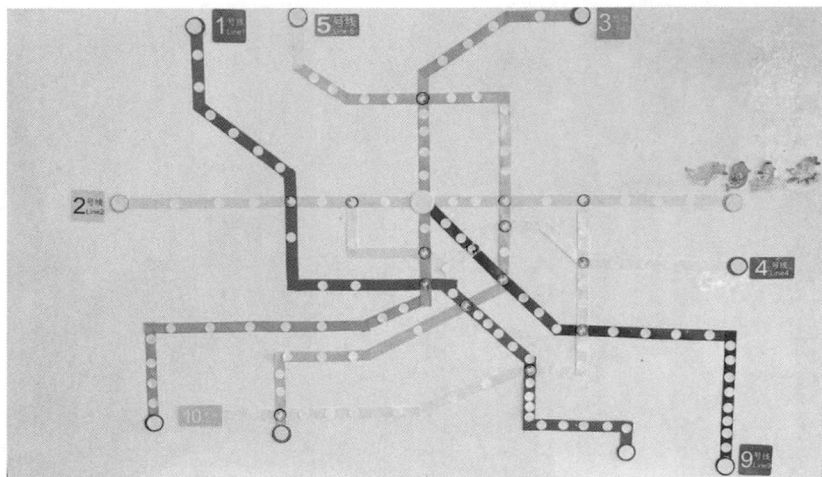

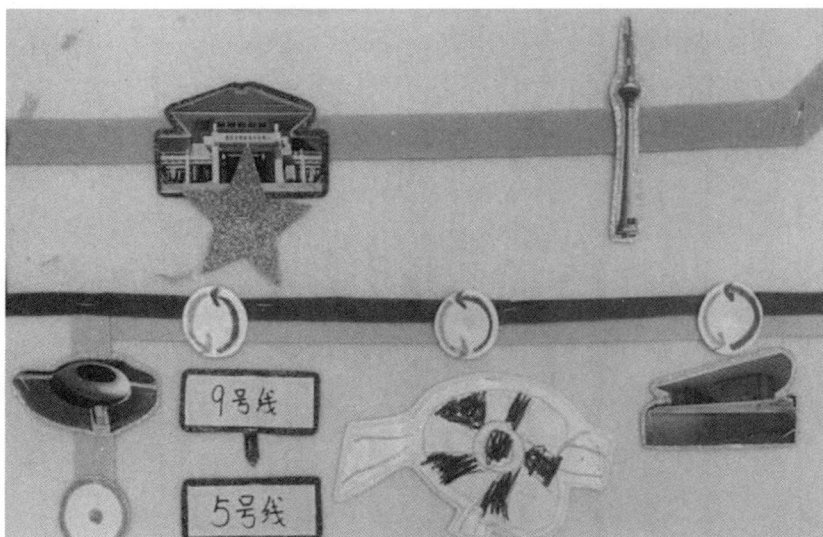

图 2-50 至图 2-51 活动展示

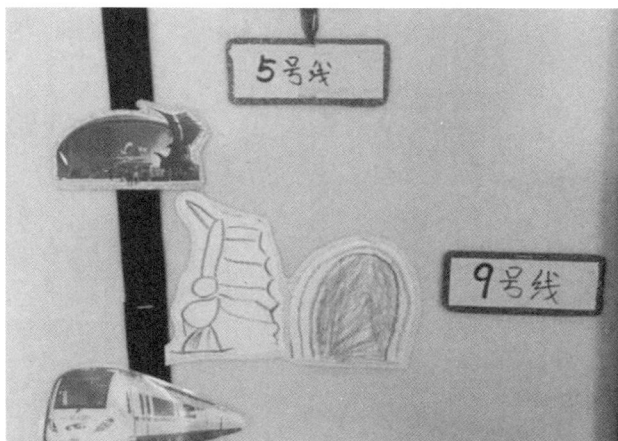

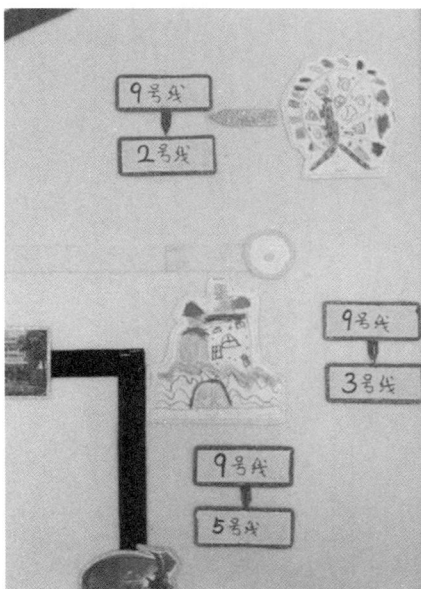

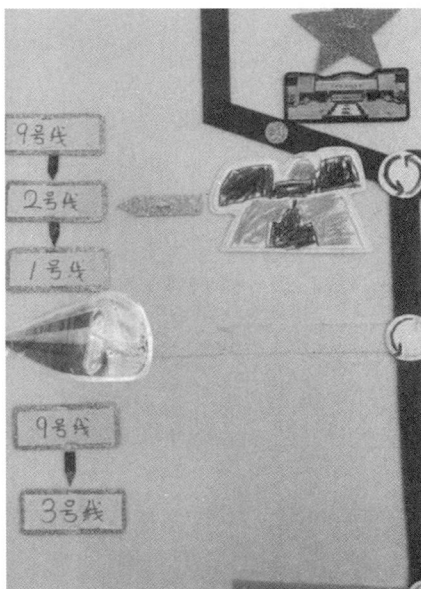

图 2–52 至图 2–54　活动展示

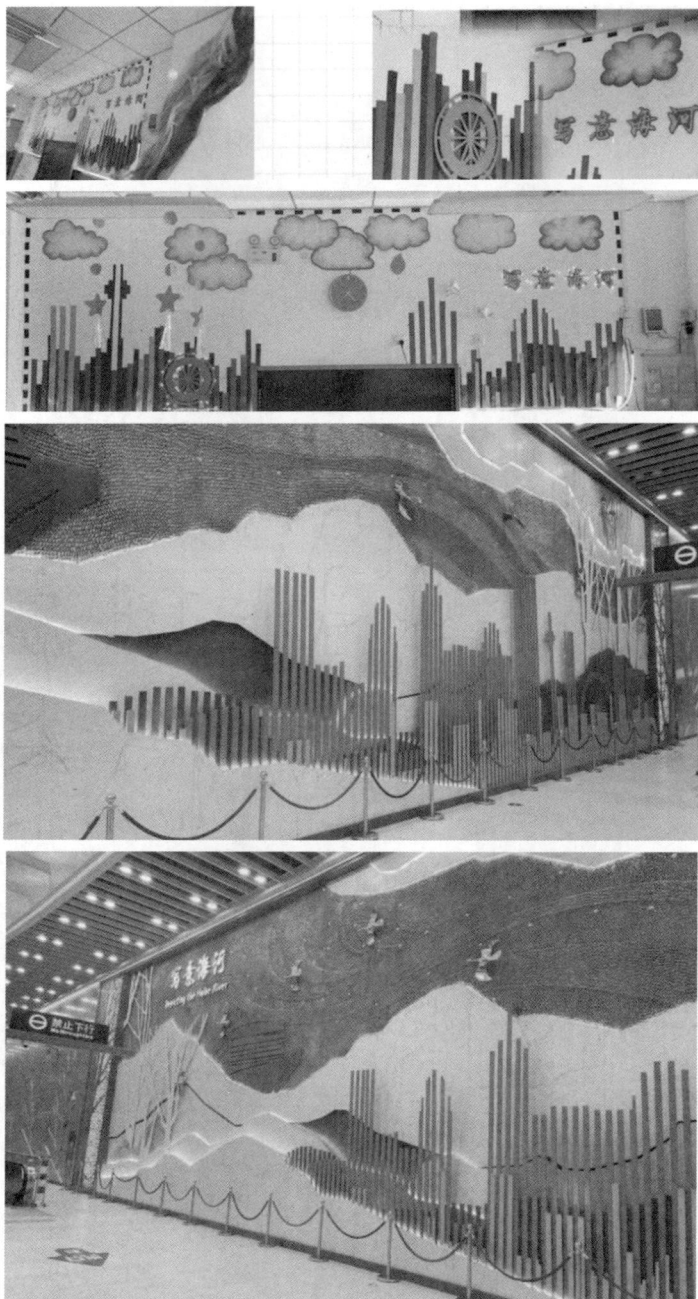

图 2-55 至图 2-57　活动展示

★ 附件 2：主题游戏活动

一、开设情况

结合"家国情怀"主题活动，以"地铁游津"为主题开展了一系列活动。让幼儿在活动中了解自己的家乡，从爱家乡开始，将对家乡的真诚之爱化作对祖国母亲的崇敬之情。区域活动的开展鼓励幼儿按照自己的意愿进行操作和探究。我们在区域活动中提供丰富的材料用以满足不同幼儿的需求，在活动开展的过程中也使幼儿的经验得到积累提升、能力得到提高，让区域活动成为实现主题教育目标的重要途径。

二、主题游戏环境

1. 移动展板

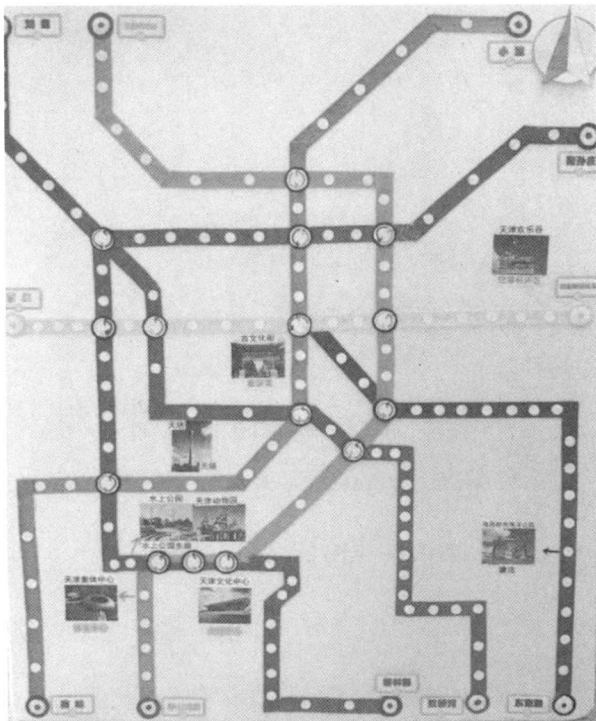

图 2-58　活动展示

2.活动诱导区

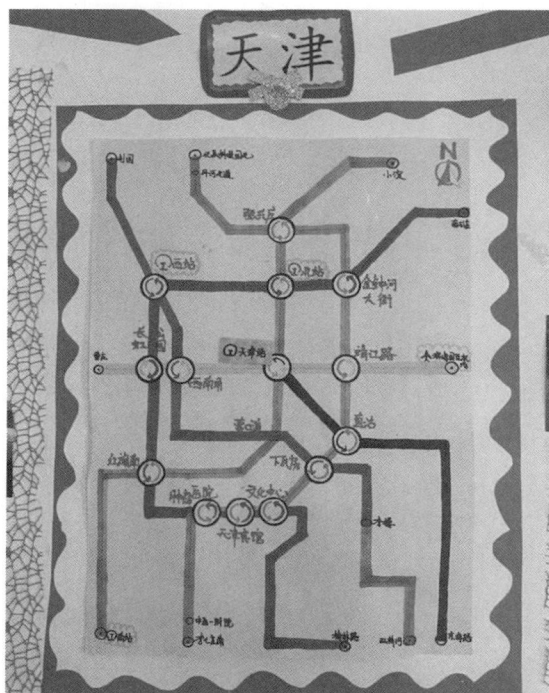

图 2-59 至图 2-61　活动展示

3. 地铁棋

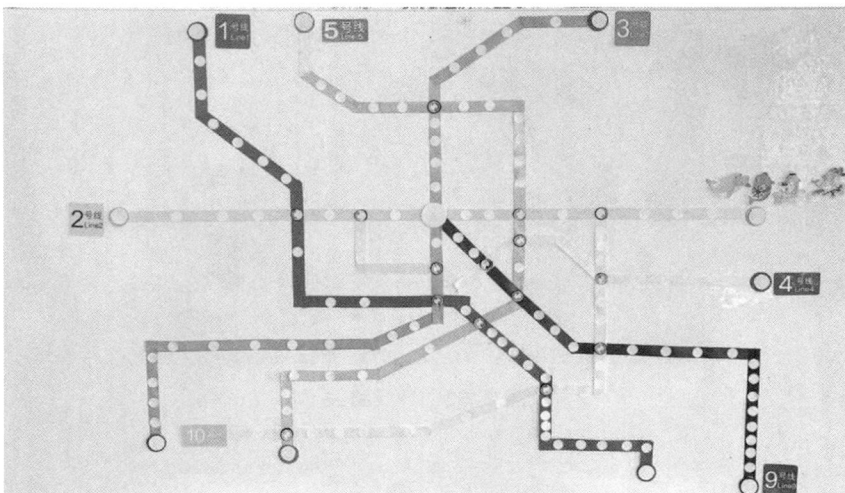

图 2-62　活动展示

三、主题游戏内容

（一）益智区

1. 游戏目标

（1）尝试提问和表达自己的所见所闻。

（2）发展幼儿动手能力和创造能力。

（3）利用玩教具的辅助进行路线设计。

（4）加深对数的理解，结合辅助玩教具进行数字游戏。

（5）尝试运用标记等记录周围事物和现象，知道物体更多的计数方法和读法。

2. 游戏材料投放

3. 游戏内容和玩法

（1）寻找路线：结合准备好的终点站以及地铁图标，尝试为地铁寻找正确的路线。

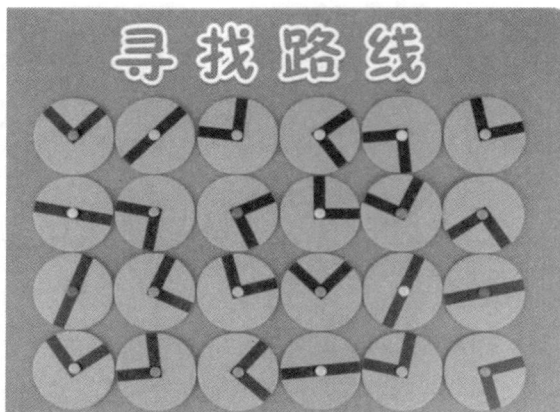

图 2-63　寻找路线

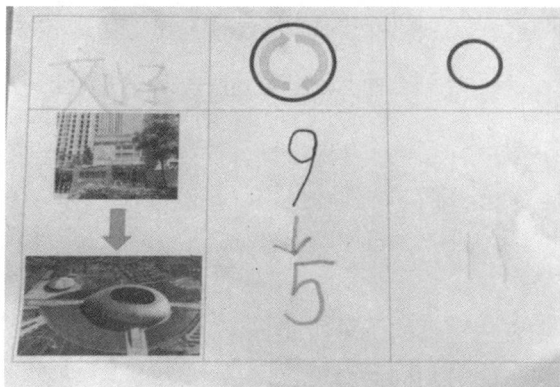

图 2-64　寻找路线

（2）结合移动展板，自行设计路线并进行简单的记录，内容包括：换乘路线、共有多少站。通过点数的方式进行结果的统计并记录。

（二）建构区——自主游戏区

1. 游戏目标

（1）能有意识地选择材料，并进行综合运用进行搭建。

（2）能根据意愿或命题，尝试用平铺、搭建、围合等方法进行有目的的建构。

（3）学会尊重同伴的观点和经验，培养初步的合作意识。

（4）根据建构材料和班级主题，发挥想象，设计出多种多样的结构形态和建筑物。

2. 游戏材料投放

图 2-65　游戏材料

3. 游戏内容和玩法

利用现有材料尝试用平铺、搭建、围合等方法进行有目的的建构，并在梳理总结环节整合所需要的新鲜内容及材料进行补给。

图 2-66　游戏活动

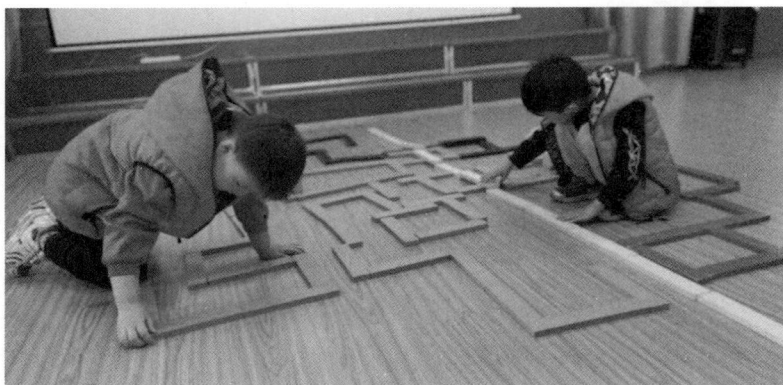

图 2-67　游戏活动

★ 附件 3：主题实施教育活动

活动一 中班科学活动：地铁

【活动目标】

1. 理解路线图上虚线、实线代表的意义,分类统计经过虚线、实线的站台数。

2. 活动中能大胆讲述,发表自己见解。

【活动重难点】

活动重点：理解路线上虚线、实线代表的意义。

活动难点：分类统计经过虚线、实线的站台数。

【活动准备】

教具：多媒体、地铁路线图幻灯片。学具：幼儿人手一份地铁路线图、笔、记录单。

【活动过程】

（一）观察分析地铁路线图

1. 师生共同观察天津地铁 1 号线路线图。

（这是一幅什么图？ 路线上有些什么？）

2. 理解路线图上虚线、实线代表的意义。

（虚线表示地铁站台在地下,实线表示地铁站台在地上。）

（1）路线图上除了有字还有什么？方块是什么意思？站台是什么意思？

（2）你们坐地铁去过天津站吗？天津站在地上还是地下？

（3）营口道站在地上还是地下？为什么？

（二）统计地上、地下车站数量

1.教师讲解幼儿记录单。

2.幼儿统计记录。

（三）活动小结

幼儿大胆地讲述自己的记录结果。

活动 二 中班科学教案：神奇的路线图

【活动目标】

1.理解"↑、↓、←、→"四个不同方向的箭头所表示的意义。

2.尝试根据3条路线图中箭头所指的行走方向，正确画出从起点到终点的行走路线。

3.在讨论中能够大胆地表达自己的想法，并听取同伴的不同意见。

【活动重难点】

活动重点：理解"↑、↓、←、→"四个不同方向的箭头所表示的意义。

活动难点：尝试根据3条路线图中箭头所指的行走方向，正确画出从起点到终点的行走路线。

【活动准备】

自备"↑、↓、←、→"四个不同方向的箭头标记。操作材料。

【活动过程】

（一）初步认识"↑、↓、←、→"四个不同方向的箭头

1.教师出示四个不同方向的箭头。

教师：你们知道这四张标记图表示什么意思？

2.用手指出箭头所指方向。

教师：你能用手指指出这个方向吗？

（二）学习看路线记录表

1. 出示三张路线图

教师：小兔子用这些不同方向的箭头画出了 3 张路线图，路线图上有些什么？路线图中每个格子里的箭头和数字告诉我们什么？你能看懂吗？（箭头表示每一步行走的方向，数字表示第几步）

2. 教师：第一条路线图的第一步往哪个方向走？第二步、第三步又往哪个方向走呢？

教师：我们一起来读一读第一条路线第一步的行走方向。

教师：第一条路线图一共要走多少步？

（三）学习用记录表记录路线

1. 出示迷宫图和空白路线记录表，请幼儿指出从起点到终点的路线。

教师：这里有一张迷宫图，迷宫图上有什么？这 3 只小兔分别要去干什么？

教师：起点和终点在哪里？

教师：接下去第一步往哪个方向走？数字表示什么？箭头表示什么？

教师：第二步朝哪个方向走？画上一条短线。

教师：第三步接着往哪走？谁能接着往下画？

教师：谁能从第四步开始接着往下画出每一步的行走路线。

2. 教师和幼儿共同根据幼儿所指路线走一步用数字和箭头记录一次，最后根据记录表把路线画在迷宫图上。

（四）根据迷宫图设计路线并记录

教师：这里还有两张数字图，请你继续为小黑兔和小灰兔画出一条路线图，可以到天津站。

展示个别幼儿设计的路线图，并请他用语言讲述自己的路线图。

教师：把你们的路线图展览出来，看一看谁设计的路线最长？谁设计的路线最短？

【活动延伸】

设计参观天津地标性建筑的路线。

活动三 中班数学活动：方便的地铁

【活动目标】

1. 通过观察轨道交通图，学习统计出相应的站数。

2. 感受地铁给人们生活带来便捷。

3. 体验数学活动的乐趣。

【活动准备】

轨道交通图课件、天津风景图若干、小兔、小猴、长颈鹿图片。

【活动过程】

（一）引趣——说说坐地铁的好处

1. 出示标志，这是什么标志？你坐过几号线？为什么要坐地铁？

2. 出租车的速度也不慢，为什么要坐地铁？还有什么原因要坐地铁？

小结：坐地铁不堵车、又环保，既能很快到你想去的地方，又乘车便捷。

（二）讨论

1. 这是什么？（轨道交通图）一共有几条线？有几号线？除了数字还有什么方法能区分这些轨道交通？

2. 一个个小圆圈是什么意思？（站头）交叉的地方也有，可是和它们不一样的是什么意思？什么叫换乘？（小圈是停下来的站，大圈表示换乘站。）

3. 是不是所有交叉地方都是换乘站？你们知道离我们幼儿园最近的地铁站叫什么名字？

4. 我知道你们都坐过地铁，现在要考考你们，天津有许多有名的建筑，除了我们居住的地方以外，还有很多景点。这是什么地方？（出示图片）坐几号线可以到达？

5. 现在我要坐地铁去天津站，我从幼儿园出发，张贵庄站上车，去天津站，要坐几号线？坐几站？出发的第一个圆圈要数吗？第一站是出发的不数，谁来重新数一遍？现在我把它记录下来，坐地铁2号线用数字几表示？坐7站用数字7表示。

（三）操作

1. 现在我有几位朋友也要进地铁了，第一位从这里出发？（这是几号线目的地到天津站，能直接到吗？要换乘几号线？还可以怎么换乘？哪个比较快）

小结：如果你想早点到那个地方，数数哪个站少就能更快地去你想去的地方了。

2. 我去天津站接朋友了，它们是谁？（出示长颈鹿、小猴、小兔图片）

3. 它们都想去同一个地方就是天塔，它们从不同地铁站上了车，这些地铁都能帮助它们到达目的地吗？请你们帮它们想想办法好吗？

4. 帮助长颈鹿的怎么坐？小猴呢？怎么坐地铁？怎么换乘？哪个比较方便呢？

5. 现在我来当乘客，你们来当地铁售票员，我要用最少时间到达目的地，谁愿意来做售票员？

第三章

知祖国，感党恩

新时代儿童作为祖国未来、中华民族的希望，应从小厚植爱国情感。通过对风景名胜、著名建筑、独特物产的认知和欣赏，不断激发幼儿对祖国的热爱之情。通过对科技产物、创造发明的了解，激发幼儿的民族自豪感。

教育目标

1. 认识祖国名山大川以及优秀文化，了解祖国的悠久历史以及其中蕴含的中华民族精神。

2. 对祖国艰苦卓绝的发展历程具有初步认识，萌发认同感、归属感、依恋感和自豪感。

3. 知道国家的一些重大成就和了不起的中国人，爱党、爱国、爱社会主义，为自己是中国人感到自豪。

4. 知道自己是中国人，能积极主动地与他人分享自己的经历与认识，主动学习，为成为社会主义的建设者和接班人而努力。

第一节　万里长城

结合本班幼儿的兴趣需要和认知水平,我们选取了以万里长城作为主题开展爱国教育。以小切口,从有实物、可感知、感兴趣的万里长城入手,与幼儿一起探索历史上长城在军事、建筑、艺术等领域的伟大价值,领悟长城沧桑的巨变背后是中国人民热爱祖国、不屈不挠的斗争精神。

一、主题来源

经戈壁、穿草原、跨沙漠……壮阔的万里长城体现着中华民族的力量和坚强的意志,记述着历朝历代的兴亡得失,见证着中华沧桑的变迁。两千年的建筑奇迹,无数的英雄事迹,让中国万里长城所包含的精神内涵超越了民族的局限,成为人类和平的里程碑、人类共同的宝贵遗产、"世界新七大奇迹"之一,为世界各族人民所敬仰、所向往,也成为中国的名片。

我们通过长城重新认识中国,了解中国的历史、文学与文化、建筑等艺术价值的珍贵,长城展现着中华民族自强不息的民族品质和渴望和平安宁的民族情感。

二、主题总目标

1. 了解中国长城,感受民族智慧和团结精神,萌发对祖国认同感、归属感和自豪感。

2. 喜欢操作活动,对于感兴趣、好奇的内容能利用多种方式进行实际操作、亲身试验等进行表征。

3. 能积极主动地与他人分享自己有关的经历与认识,萌发幼儿爱祖国、爱社会主义的情感。

4. 感受现在的幸福生活来之不易,感恩各行各业工作者的辛勤付出和伟大成就。

三、主题网络图

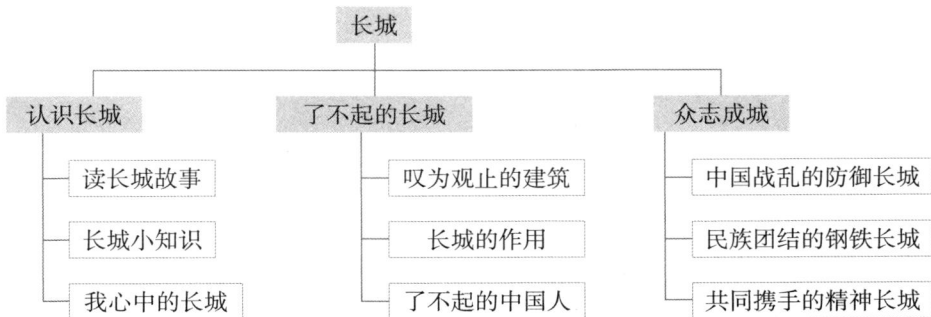

图 3-1 "长城"生成网络图

四、主题实施过程

（一）认识长城

表 3-1 "长城"主题实施一览表

活动内容	主要目标	支持策略	生成活动	发展领域
认识长城	1. 了解长城的基本组成，及抵御外侵的军事防御作用 2. 知道建造万里长城的艰辛 3. 基本了解长城的构造，以及不同部位的功能	谈话活动： "我眼中的长城" 绘本阅读： 《孟姜女哭长城》《长城》《万里长城》《长城小知识》等 科学活动： 长城的作用、长城十三关、长城的建造 艺术活动： 长城上有什么、登长城 环境创设： 长城	主题游戏："彩塑初体验""杨柳青年画"	语言社会科学艺术

1. 认识长城

通过前期的谈话活动，首先让幼儿对长城有宏观的认识和了解，通过创设班级环境、投放相关绘本，将幼儿的学习成果和经验积累充分在幼儿生活的环境中体

现出来,使环境和幼儿形成良性互动,引导幼儿主动学习,激发幼儿对长城的基本结构、构造以及位置的探索兴趣(图1)。

图 3-2　绘本故事《长城》

2. 长城的构造

在了解长城的基本构造后,幼儿自然而然萌发了搭建"长城"的想法,教师并没有直接告诉幼儿怎样做,而是通过幼儿自主探索了解长城的组成结构。在这一过程中教师将长城的城墙、烽火台、关城、城堡、城墙等重要组成部分的细节图贴在墙面上展示(图 3-3),引导幼儿主动观察、模仿。通过观察学习,请幼儿自主地选择材料、工具和方式大胆搭建,将幼儿的作品或搭建成果进行展示,鼓励幼儿之间互相学习。

3. 长城在哪里

在班级中,我们创设了"大美中国"的墙面环境,这是一面长宽约两米的中国地图,每个省份都用不同颜色进行区分。一方面帮助幼儿形成中国省份的概念,另一方面在今后的探索活动中方便将认知的内容形象地展示其中。长城很长很长,那很长是多长呢?幼儿是无法形象感知的,我们通过地图上的长

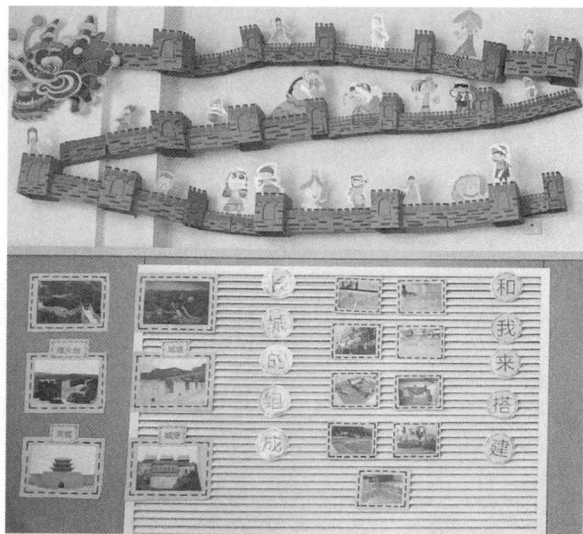

图 3-3　"长城"环创

城,方便幼儿直观感知长城的规模。

（二）了不起的长城

表3-2　　"了不起的长城"主题实施一览表

活动内容	主要目标	支持策略	发展领域
了不起的长城	1. 知道长城是世界上最长的城墙 2. 感受中华民族大团结的力量 3. 感受建造长城展现伟大的民族智慧和团结精神	谈话活动: "我眼中的长城" 调查活动: 多彩的56个民族 教育活动: "鸡毛信""王二小的故事"等 音乐欣赏: 《长城谣》	语言 社会 科学 艺术

1. 叹为观止的建筑

了解长城的宏伟建筑和精妙之处可感受到中国人民的智慧、勤劳、团结和勇敢。这有助于幼儿学习中华优秀品质,增强民族自豪感。随着活动的推进,走进抗战时期,聆听中国人在抵御敌人入侵,筑起一座座血肉长城,进行不屈不挠英勇抗争的故事。

（2）长城的作用

大班幼儿具有了一定阅读经验,可以自主进行阅读活动,我们投放相关科普绘本,鼓励幼儿自主探究、自主发现。另外,我们还诵读有关长城的古诗词,如《出塞》《轮台歌》《走马穿行》《沁园春·雪》《关山月》等。

（3）了不起的中国人

"万里长城万里长,长城外面是故乡……四万万同胞心一样,新的长城万里长。"正如歌曲中吟唱的那样,觉醒的中国人团结一致谱写新的长城故事。还有很多书写长城歌颂祖国的优秀歌曲,通过演唱歌曲,幼儿将爱长城、爱祖国的情感尽情地表达出来。

（三）众志成城

表 3-3　"众志成城"主题实施一览表

活动内容	主要目标	支持策略	发展领域
众志成城	1.感受幸福生活的来之不易,感恩各行各业工作者的辛勤付出和伟大成就 2.知道中国人民奋斗的艰辛且光荣的历史,为自己是中国人感到自豪和骄傲	谈话活动: "我心中的英雄" 社会活动: "了不起的人" 健康领域: "我是安全小卫士" 语言活动: "张伯礼爷爷"等 艺术活动: "长城" 主题环创: 榜样人物	社会 语言 艺术 健康

1.古代战乱的防御长城

幼儿通过阅读绘本《你好,长城》,互相交流"我眼中的古代长城",感知长城的连绵起伏,观察在古代长城上,有战士、战旗、大炮、战马、战火等与战争有关的图像,了解到古代战乱中,长城高大、坚固的城墙,守护一方安全,抵御了敌人的入侵。

图 3-4　美术活动:古代长城

在"古代长城上有什么"的美术活动中(图 3-4),小朋友们创作出的小士兵们,个个神情悲壮、面容忧愁,高高扬起武器和战旗,幼儿充分理解了战争带给人们的痛苦。在自主游戏活动中,幼儿自发搭建长城,安装大炮,相互配合,行军打仗。对比现在的和平与美好,幼儿懂得了珍惜眼前的美好生活,感恩祖国妈妈为我们创造的幸福生活。

2. 民族团结的钢铁长城

生活在和平盛世的我们不用行军打仗,但心中仍然有一座长城,那就是中华儿女共同筑牢的民族团结的钢铁长城。

开展"多彩的 56 个民族"小调查(图 3-5),幼儿通过收集资料、交流分享,了解中国不同民族之间,文化、风俗、生活习惯的丰富和不同。欣赏歌曲《爱我中华》,感受中华儿女团结一心、众志成城的民族精神。

历经两千多年修筑的万里长城,恰恰见证了中华民族融合发展的历史,漫长岁月中,各个民族紧密交流、融合,一起构成了中华民族的坚强力量,大家众志成城、携手共进,祖国才能更加繁荣昌盛!

图 3-5A 至图 3-5C　多彩的 56 个民族

3. 共同奋斗的精神长城

无论面临何种困难，中华儿女总是能响应"一方有难 八方支援"的号召，通过和幼儿共同观看相关视频，孩子们了解到消防员、医护工作者、人民子弟兵等英雄的伟大的逆行出征，以及人民之间相互帮助的事迹。小朋友们感受中华儿女一起携手保护生命、保卫家园，进一步理解了中国人民众志成城的团结精神（图3-6）。

图3-6 中华儿女共铸精神长城

我们今天的美好生活，离不开榜样人物的辛苦付出。组织开展"榜样人物照耀童心"活动，过程中幼儿了解榜样的故事、感受榜样的力量、学习榜样的精神。我们了解了毛泽东爷爷引领新中国走向胜利的革命故事、周恩来爷爷力挽狂澜的外交智慧、袁隆平爷爷的"禾下乘凉梦"、钟南山爷爷抗疫时期坚毅笃定的勇敢逆行、张桂梅校长鼓励山区女孩通过读书改变命运走出大山……他们是民族的脊梁、时代的先锋、祖国的骄傲、我们的榜样，是爱国主义教育最生动、最直接的教材。

五、主题收获

（一）以生动、具体、情景化的语言进行表述，更易幼儿接受

受幼儿能力发展水平和理解能力的逾限，很多抽象化的名词，如家国情怀、伟大理想、自由博爱等，是幼儿在这个年龄段是无法感知理解的，教师应以幼儿化、生活化的语言进行表述。比如讲述《大禹治水》的故事，幼儿就能理解舍小家为大家的情感，但是只说"家国情怀"他们是无法感知和理解的。教师要结合情景化、

贴近实际和生活的方式更容易让幼儿接受和理解。

一方面需要教师对本年龄段幼儿的认知水平有全面的认识,了解幼儿可以理解接受的能力范围;另一方面要甄选适宜的、幼儿喜欢的、可以感知的活动内容和教育形式进行教学。

（二）注重操作和外化表征

爱国教育不是脱离幼儿五大领域之外的教育形式,应该是融于幼儿各领域之中,具有探究性的内容应鼓励幼儿大胆实践、亲身操作、细心求证。绘画、美工作品、搭建、表演等都是幼儿情感外化的表现形式,我们应积极鼓励,努力创设条件。

同时,我们要注重幼儿活动过程性的记录和环境的隐形指导作用,将活动中的探索过程、发现内容、记录材料一一呈现,帮助幼儿加深活动记忆,鼓励幼儿相互学习。

（三）共情共感,注重思想引领

爱国教育活动应注重引发幼儿思想上的共鸣,以及是非观念的引领。身边人的言行举止更易引发幼儿的共情。我们应注意积累幼儿熟悉的同伴、教师、家长的优秀事迹,这些内容更易让幼儿共情。

★ **附件 1：主题墙饰**

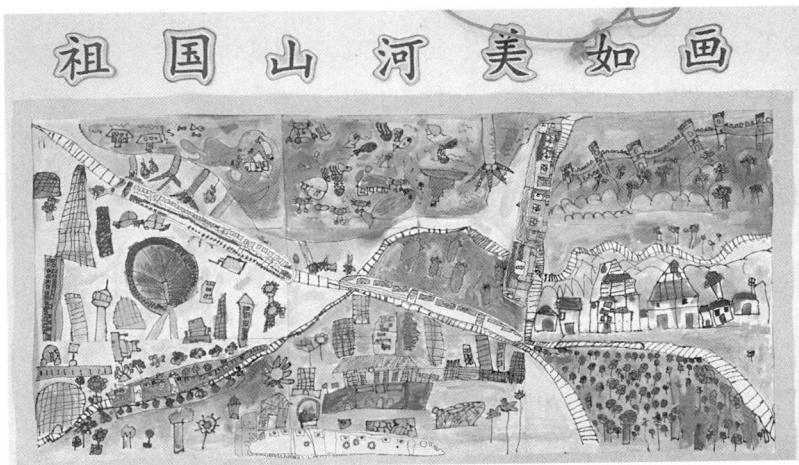

图 3-7　祖国山河美如画

图 3-8 主题墙展示

★ 附件 2：主题实施教育活动

活动一 大班科学活动：长城的结构

【活动目标】

1. 了解长城的结构和历史。

2. 感知长城的雄伟。

2. 萌发对祖国的热爱之情。

【活动重难点】

活动重点：了解长城的结构和历史，感知长城的雄伟。

活动难点：萌发幼儿爱民族、爱祖国的情感。

【活动准备】

长城的结构图片。

【活动过程】

（一）谈话激趣，引出长城

出示从月球上看到的地球的图片，请小朋友们仔细观察，在地球上看到了什么？在月球上看地球只能看到我们中国雄伟的万里长城。

（二）设置悬念，共同讨论

1. 长城是什么时候建造的？长城修筑的历史可追溯到西周时期，发生在首都

镐京（今陕西西安）的著名典故"烽火戏诸侯"就源于此。春秋战国时期，列国争霸，互相防守，长城修筑进入第一个高潮，但此时修筑的长度都较短。秦灭六国统一天下后，秦始皇连接和修缮战国长城，始有万里长城之称。明朝是最后一个大修长城的朝代，今天人们所看到的长城多是此时修筑。

2. 长城都有哪些结构？长城以城墙为主体部分，同关城、墩堡、营城、烽火台等多种防御工事所组成。城墙顶上，内侧设有字墙，高一米余，以防巡逻士兵跌落。外侧设有垛口墙，高两米左右，垛口墙的上部设有望口，下部设有射洞和擂石孔，以观看敌情和射击、滚放礌石之用。

3. 为什么要建长城？长城是古代军事防御工程，高大坚固且连绵不断的长垣，用以限隔敌人的行动。

（三）结束部分

万里长城是历史留下来的宝贵文化遗产，我们去长城游玩要爱护它，不要在长城的墙壁上乱涂乱画。

【活动延伸】

把长城的结构图片打印黏贴在建构区，区域活动时可以参考其创意搭建长城。

活动二 大班语言活动：长城长

【活动目标】

1. 理解儿歌内容，自豪朗诵儿歌，读准"弯、关、担、年"。

2. 运用已有生活经验，根据画面大胆想象。

3. 萌发对祖国的热爱之情。

【活动重难点】

活动重点：理解儿歌内容，自豪朗诵儿歌，读准字音。

活动难点：大胆想象，萌发热爱祖国的情感。

【活动准备】

长城的图片和视频。

【活动过程】

（一）谈话导入

小朋友们好,咱们的祖国地大物博,有很多世界之最,今天我们一起来认识下世界上最长的城墙——万里长城。

（二）活动展开

1.观看长城的图片和视频,感受长城的雄伟壮观,提问:

（1）你们觉得长城像什么?

（2）你们知道为什么要建造长城吗?

2.教师讲述有关长城的历史故事,了解长城的由来及作用。

小结:长城是中国古代的军事防御工程,高大、坚固、连绵不绝,用来限制敌人的行动。长城并不是一道独立存在的城墙,而是以城墙为主体,同大量的城、障、亭、标相结合的防御体系。

教师有韵律地示范朗诵,激发幼儿学习儿歌的兴趣。

4.通过提问,帮助幼儿理解儿歌内容。

（1）诗歌中说长城像什么?两头挑着哪两个地方?

（2）太阳公公挑着又长又重的长城,心里会怎么想呢?

（三）结束部分

启发幼儿自豪朗诵儿歌。

教师:你喜欢长城吗?为什么?雄伟的长城永远屹立在那里,我们朗诵儿歌时要把自己想象成雄伟的长城。

【活动延伸】

回家后和家人们分享儿歌《长城》。

第二节　遇见蔚蓝

一、主题来源

由于幼儿园地理位置临近机场,幼儿在进行户外活动时,注意力经常被天空中穿梭的飞机吸引。然而,在一次户外活动中幼儿发现上空飞来很多不一样的飞机,它们有大大的螺旋机而且飞得越低,声响越大。这一现象引发了幼儿的好奇心和探索欲望。他们开始自发地讨论:"这是什么飞机? 这些飞机有什么作用? 它们从哪里来? 飞到哪里去?"于是"遇见蔚蓝"活动正式开启。

二、主题总目标

1. 对各类飞机和中国空军感兴趣,愿意分享自己了解的知识,乐于表现,大胆表达。

2. 深入了解不同类型的飞机,并对飞行员萌发热爱和崇敬之情。

3. 喜欢科学探究活动,不怕困难,愿意尝试用亲身试验,实际操作的方式验证自己的想法。

4. 热爱祖国,为自己是中国人、为中国的航空航天事业感到骄傲和自豪。

三、主题网络图

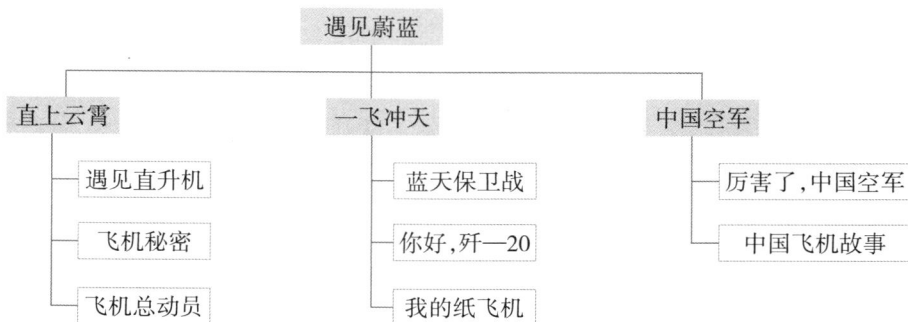

图 3-9　"遇见蔚蓝"生成网络图

四、主题实施过程

（一）直上云霄

1. 遇见直升机

回到教室后，幼儿继续着有关飞机的话题，看着他们意犹未尽的样子，我们组织了一次谈话活动。

教师："你们认识这种飞机吗？"

兜兜："我知道，那是直升机，能直接飞起来。"

乐乐："我在海边玩的时候见过这种飞机。"

"我也见过！"很多幼儿纷纷呼应。

教师："那为什么我们最近经常看到直升机呢？"幼儿开始了大胆猜测，他们决定回家和爸爸妈妈们一起找原因。

在第二天的分享交流环节，很多小朋友都表示我们能看到很多直升机的原因是天津空港在举办第二届中国直升机博览会。这是中国最大规模的直升机博览会，全国乃至全世界的直升机都汇集在此，彼此相互交流、展示。

什么是"直博会"？都有什么样的直升机？它们有什么功能？幼儿有着各种各样的疑惑，我们通过视频和图片，了解不同功能和作用的直升机，观看了精彩的直升机表演。幼儿惊喜地发现，原来直升机有救援、巡航、运输和旅游等作用，配合不同的功能产生了不同外形特征的直升机。幼儿通过画笔结合自己的创意勾勒了不同功能的直升机。

2. 飞机秘密

在初步了解了直升机后，幼儿产生了深入了解飞机的兴趣，但幼儿更关注飞机的外形，"怎样让幼儿深入探究飞机"这引发了教师的思考。于是教师发放了飞机的调查表，请家长和幼儿一起寻找关于飞机的秘密。

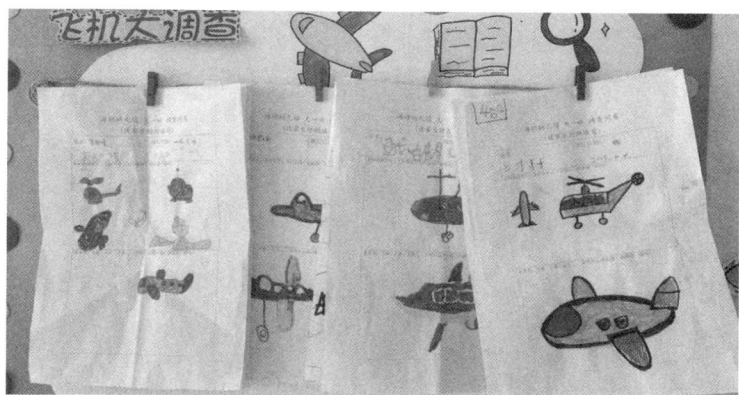

图 3-10　飞机大调查

在爸爸妈妈的帮助下,幼儿对飞机有了更多的了解,在幼儿园里分享着他们的经验,包括:飞机的基本构造、功能和作用等,我们将幼儿的经验进行梳理,并在主题墙中展示。结合幼儿的兴趣我们在主题诱导区投放科普绘本《看,打飞机》《战斗机,起飞》《轰炸机,来了》等,引导幼儿自主探究、大胆表达、相互交流。

3. 飞机总动员

随着活动的深入开展,幼儿知道了飞机有的是军用的,有的是民用的,有的是用来装货的,还有用来载客的。

在教育活动中,小朋友通过看一看、说一说,了解了飞机的种类以及飞机的用途,幼儿用眼观察、用心思考、大胆地进行猜测并将自己的想法与同伴分享。我们将幼儿寻找到的飞机一起进行分类、归纳和统计。

(二)一飞冲天

1. 蓝天保卫战

近期由于天气原因,暂停了幼儿的室外游戏活动。于是一场关于天气的讨论开始了。

轩轩:"今天外面雾好大,我都看不清对面的楼了。"昂昂:"那不是雾,是雾霾。雾霾对人体有害。"博博:"对,就是因为雾霾,今天不能升国旗了。""对,就是雾霾。"很多小朋友都在说。

"小朋友们,你们知道什么是雾霾吗? 雾霾到底对我们有什么坏处?"带着这

样的疑问。我们开始了对于雾霾天气的探究。了解过后,幼儿对雾霾给我们带来的不便与危害很是不满,于是一场"蓝天保卫战"开始了。

我们利用家园合作的形式,请幼儿回家和父母一起查阅资料,寻找减少雾霾天气产生的方法,转天来到班级和大家一起分享,并用绘画的方式将自己找到的方法表现出来。在这一过程中,幼儿感受到了拥有蓝天的快乐和保护环境的意义。

2. 你好,歼—20

幼儿在了解了各式各样的飞机后,不自觉地对中国的战斗机——"歼—20"产生了浓厚的兴趣。通过教育活动,我们从"歼—20"的外形特征、构造以及过人之处,这三部分向幼儿介绍了祖国的最新战机。幼儿在感叹"歼—20"强大的同时也对祖国在飞机制造领域的强大萌生出骄傲和自豪的感情。

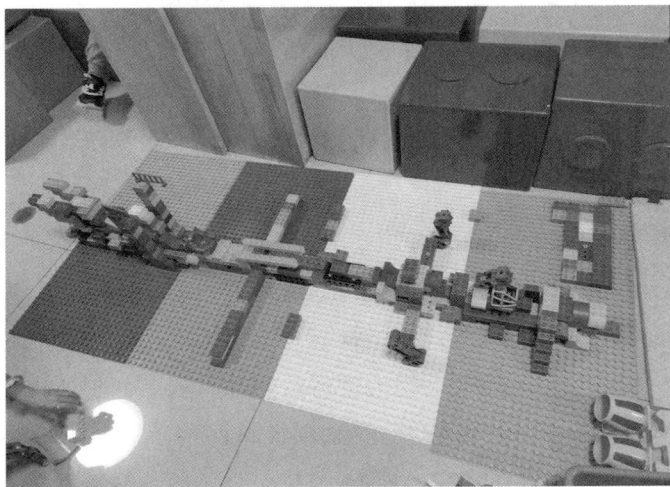

图 3-11　搭建"歼—20"

回家后,幼儿自发地开始寻找"歼—20"的身影,有从电视新闻中找到的,有家里就有"歼—20"飞机模型的,也有幼儿主动带来班级展示分享的……幼儿这样自发的行为,定是心中对中国战斗机充满了喜爱和向往。

幼儿对"歼—20"的兴趣非常浓厚,并在游戏区里进行自主搭建。从最初发现乐高可以拼成飞机的形状,到逐步优化乐高飞机的构造,发现了对称、平衡的秘

密,再到小组合作共同完成"歼—20",在搭建的过程中,幼儿习得了发现问题、解决问题的能力,感受到了合作游戏的魅力。

3. 我的纸飞机

在探索活动中,幼儿从观察纸飞机开始,逐渐感知影响飞机飞行距离的因素,并尝试改变飞机构造,他们了解到飞行距离受飞机自身条件以及外界因素所制约。这样充满趣味性的科学实验活动充分调动了幼儿学习的主动性和积极性,以日常生活中最常见的事物为基础,选择幼儿熟悉并且感兴趣的内容,有目的地指导幼儿观察身边事物的变化及其他事物的关系,启发幼儿大胆想象与提问,并在实际操作中探索、讨论,获得相关经验,寻找答案。

渐渐的幼儿不再满足于对飞机飞行的了解,开始尝试自己制作纸飞机。《3—6岁儿童学习与发展指南》指出:"幼儿科学学习的核心是激发探究兴趣,体验探究过程,发展初步的探究能力。"教师充分保护和发现幼儿的好奇心,引导幼儿通过观察、实验等提高发现问题和解决问题的能力。

（三）中国空军

1. 厉害了,中国空军

在教育活动"整齐的秘密"中,幼儿通过观看国庆节的阅兵式,发现了阅兵式中,解放军整齐的秘密,同时也对空军产生了极大的好奇和崇拜之情。为了满足幼儿的好奇心和探索欲,特开展了"厉害了,中国空军"子主题,请幼儿回家探索中国空军的发展史,在了解到中国空军从最初东拼西凑攒出来一架飞机,到正式确立空军这一军种,到第一架国产飞机首飞成功,再到如今"歼—10"的成功自主研发,中国空军越来越强大。幼儿对中国空军也充满了敬仰、崇拜之情,为中国空军骄傲的同时,也为自己是中国娃而骄傲。

在了解中国空军发展史的过程中,幼儿也了解到了一位特别的英雄人物——王海。在主题播报环节,幼儿也将自己了解到的英雄人物的事迹,分享给全班的小朋友们。空军英雄王海虽已离世,但他的事迹、他的精神代代相传,激励着一代又一代的幼儿发奋图强。

2. 中国飞机故事

撤侨飞机承载着祖国的关怀与牵挂,护送同胞们回家,正是因为祖国的强大,

万里归途,祖国永远是人民坚强的后盾;在疫情期间,我们的飞机承载着希望与温暖,飞越千山万水,为需要的人们送去物资;蔚蓝的天空下,有一群英勇的飞行员,他们用无畏的勇气和坚定的信念,挑战着飞行的极限……中国飞机的背后蕴含了许多感人且励志的故事,我们通过组织幼儿观看优秀的影视作品,增加幼儿对中国空军的崇拜,感受祖国的强大,增强民族自信心与荣誉感。

五、主题收获

在"遇见蔚蓝"主题活动中,无论是幼儿还是教师都有了自己的认识和感悟:

通过"遇见蔚蓝"班本活动的生成,我们看到幼儿身上无数的闪光点,他们好奇好问的天性在活动中得到充分展现。本次主题活动从幼儿发现飞机开启一系列关于飞机的探究活动,整个活动从幼儿的兴趣点出发,通过在实践中亲身体验,使幼儿获得有意义的学习,进而促进幼儿在认知、社会、情感方面的全面发展。相信这样一群爱探索、爱思考的幼儿,一定会发现生活中更多的美好,在自然和谐相处的过程中有更多新的发现,让我们共同期待。

作为幼儿主题活动的支持者和引导者,在这次关于"飞机"的探索之旅中,我们也收获颇丰:

在主题预设方面,我们努力确保内容既符合幼儿的兴趣又能使其能力得到发展。我们通过一系列的教育活动和游戏,使幼儿在玩中学。例如,在自主游戏区,幼儿用乐高拼搭飞机,不仅加深了对飞机构造的认知与理解,更开拓了幼儿思维,锻炼了他们的动手操作能力。

在主题推进实施的过程中,让我意识到,培养幼儿观察力和探索精神的重要性。在观察"歼—20"模型的环节中,鼓励幼儿用眼睛看、用手摸、用脑思考,让他们通过亲身感受来认识世界,这样的教学方式不仅有效激发了幼儿的好奇心,更在潜移默化中培养了其观察力和解决问题的能力。

美感是高级情感之一,培养幼儿的美感体现在一日生活中的各环节。在活动室的环境设计方面,我们做了大量工作,活动开始前,我们通过参考优秀的环创设计,学习色彩搭配,环境布局能力有所提高;在准备的同时,我们也更加明白了主题活动中幼儿的主体地位,调整班内吊饰布局,符合幼儿的年龄特点,让环境教育

随处可见。

"遇见蔚蓝"主题活动只是暂时告一段落，在这次富有意义的旅行中，我们不仅仅收获了专业上的成长，更加收获了幼儿带我们的感动与惊喜！

★ 附件1：主题墙饰

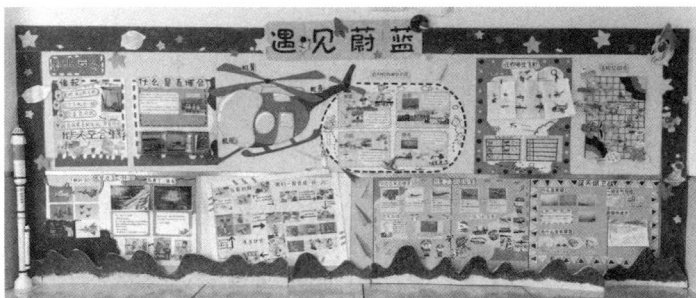

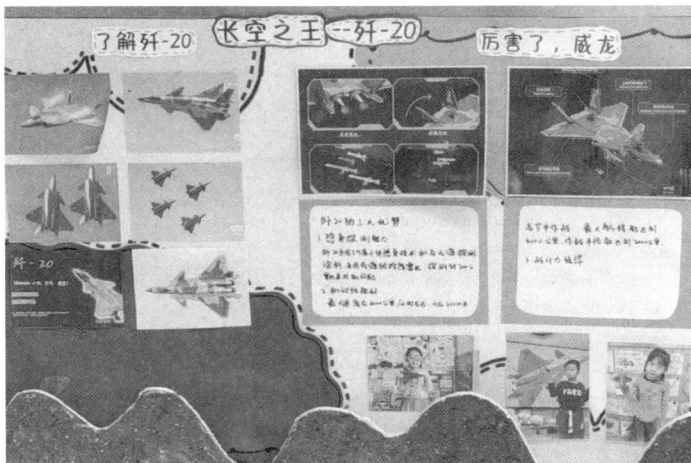

图3-12至图3-13 活动展示

图 3-14 至图 3-16 活动展示

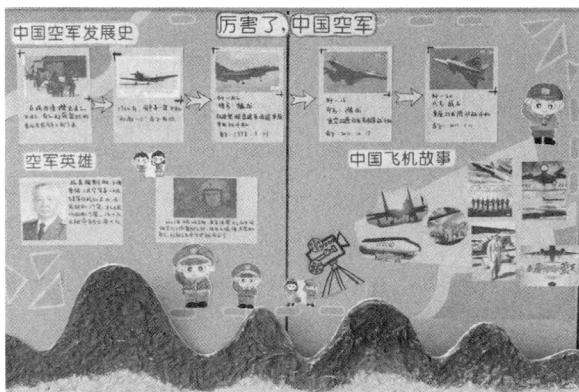

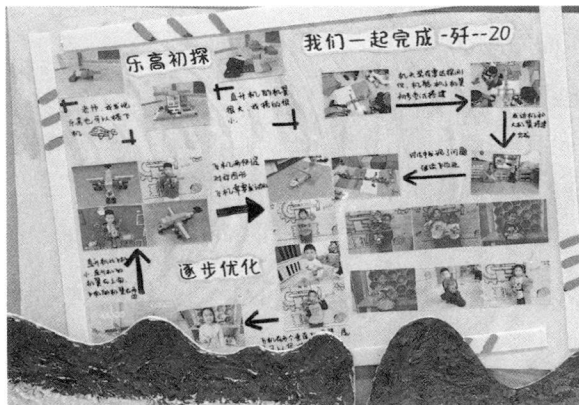

图 3-17 图 3-18　活动展示

★ 附件 2：主题游戏活动

活动一　搭建直升机

【使用材料】

乐高玩具。

【游戏过程】

将不同颜色、形状的乐高积木进行拼插，结合直升机的特点进行搭建。

【活动目标】

1. 愿意细心观察、专注搭建。

2. 在拼搭的过程中,熟悉直升机的构造。

活动二　搭建战斗机

【使用材料】

积木。

【游戏过程】

将不同形状的积木进行搭建,结合战斗机的特点进行搭建。

【活动目标】

1. 能够搭建不同类型的战斗机。

2. 愿意专注地进行搭建。

★ **附件 3: 主题游戏活动**

活动一　大班科学活动: 直升机大揭秘

【活动目标】

1. 了解直升机的种类和特点。

2. 能够说出不同类型直升机的特点。

3. 萌发对航空知识的兴趣和探索欲望。

【活动准备】

各种直升机的图片和模型。

【活动重难点】

活动重点:了解直升机的种类和特点。

活动难点:能够说出不同类型直升机的特点。

【活动过程】

(一)导入,引出直升机

出示直升机的图片,提问幼儿这是什么。

教师简要介绍直升机的特点和用途,如垂直起降、空中悬停等。

(二)展示不同类型直升机

1.展示不同种类的直升机图片和模型,如军用直升机、民用直升机、救援直升机等。

2.讲解不同种类直升机的特点和用途,如运输、侦察、救援等。

3.通过观看视频,展示直升机的飞行和操作过程,让幼儿更加直观地了解直升机的工作原理。

4.鼓励幼儿大胆尝试,说一说不同种类直升机的功能和用途。

(三)我喜欢的直升机

1.请幼儿绘画出自己喜欢的直升机类型。

2.作品分享、展示环节。

【活动延伸】

"我与直升机合张影"请小朋友们找一找身边有哪些种类的直升机。

活动二 大班社会活动:整齐的秘密

【活动目标】

1.学习解放军克服困难、坚韧不拔等品质。

2.大胆表达自己的感受和想法,理解整齐的秘密。

3.萌发热爱解放军、热爱祖国的情感。

【活动重难点】

活动重点:了解整齐的秘密背后是解放军的辛苦训练和坚持不懈的精神。

活动难点:萌发热爱解放军、热爱祖国的情感。

【活动准备】

物质准备:课件、图片若干。

活动前布置亲子任务:找一找解放军阅兵式是如何训练的。

【活动过程】

（一）了解：整齐的阅兵

提问：你们有什么感想？解放军走得怎么样？

小结：统一的服装、整齐的步伐、响亮的口号都给我们留下深深的印象。

提问：你们觉得什么是整齐？

小结：大家像一个人一样，做一样的动作。

（二）初次体验：整齐的困难

教师：我们一起来学一学解放军吧，马上要进行艺术节开幕式，大一班要组建彩旗队。你们想不想参加？

提问：那你觉得要如何举彩旗？

总结：抬头挺胸、手臂伸直、举起一样的高度。

我们试一试举旗子，看看你们能不能坚持一分钟。

提问：你有什么感受？你坚持下来心里是怎么想的？

小结：解放军阅兵的时间会更长，所以他们真的很厉害！

（三）交流：解放军士兵训练的方法

1. 小结：解放军能做到如此的整齐是经过艰苦的训练。

2. 教师：昨天老师布置给你们的任务还记得吗？

提问：请你们来说一说阅兵式的解放军是如何训练的？

教师：教师也准备了几张他们进行训练的照片，我们来看一看解放军是如何训练的。

（1）图片1：用线测量脚抬起的高度。

提问：为什么要这样训练？

小结：抬起相同高度，为了行进中的队伍更加整齐。小腿上的沙袋让腿部更有力量。

（2）图片2：用线测量脚抬起的高度。

提问：这是为什么呢？

小结：枪举起相同高度，为了让队伍更加整齐。

（3）图片3：头部顶砖头。

提问：这样训练是为什么呢？

小结：让头摆得更正。

（4）图片4：背靠十字架。

提问：这样训练是为什么呢？

小结：背挺得笔直,每个人都是一样的动作。

（四）感受：训练内容

1. 教师：腿部夹紧一张纸我们也来试一试吧,我们来坚持10秒钟。

提问：你有什么感受？为什么他们可以做到？

小结：因为他们为了集体的荣誉,努力坚持。

2. 聆听解放军的介绍。

教师：我们找到了很多整齐的秘密,我们一起来听一听解放军是怎么说的。

（五）讨论：整齐的秘密

教师：其实整齐的秘密不仅仅在于训练的方式,秘密还藏在其他一些地方。我们来玩一个"找秘密"的游戏,请四位小朋友一组,讨论图片中解放军整齐的秘密是什么？一会儿请一位代表来说一说。

教师：我们一起来说一说你找了哪些"整齐的秘密"。

1. 解放军战士脸上的虫子。

教师：你发现了什么整齐的秘密？如果是你,你会怎么做？

教师：他会怎么做？为什么？

小结：一个人动了就会影响到集体,解放军心里一直想着集体的荣誉,他坚持了下来。

2. 头上流满了汗水。

教师：你发现了什么整齐的秘密？如果是你,你会怎么做？

教师：他会怎么做？为什么？

小结：遇到困难不放弃,解放军具有坚强的意志。

3. 烈日严寒下的训练。

教师：你发现了整齐的秘密什么？如果是你,你会怎么做？

教师：他会怎么做？为什么？

小结：想着集体的荣誉,他坚持了下来。

4. 受伤。

教师：你发现了整齐的秘密什么？如果是你,你会怎么做？

教师：他会怎么做？为什么？

小结：训练中受伤他们也一直坚持,你退缩了,队伍缺少了一个人怎么办呢？

5. 晒伤的皮肤。

教师：你发现了整齐的秘密什么？如果是你,你会怎么做？

教师：他会怎么做？为什么？

小结：为了集体的荣誉,解放军努力坚持。

6. 湿透的衣服

教师：你发现了整齐的秘密什么？如果是你,你会怎么做？

教师：为什么不去休息？换一换衣服？

小结：汗水湿透了衣服,大家还在坚持训练。

（六）表达：对解放军的敬佩和热爱

1. 观看视频。

教师：我们再来看一遍开始的视频。

提问：你有什么样不同的感受?

2. 教师：除了在阅兵式见过解放军,你还在哪里见过他们呢？（观看视频）

3. 进行总结：如果你在生活中碰到他们,你会对他们说些什么,做些什么？

（七）再次感受：再坚持几秒

再次挑战"坚持"：彩旗队出旗。

教师：我们了解了整齐的秘密,再来试一试举彩旗吧,看看我们能不能完成挑战？

教师：你是怎么坚持下来的？心里是怎么想的？

小结：你们可真棒！户外很冷当你们遇到困难的时候,我们也不要忘了"整齐的秘密"就是坚持下去,好吗？

【活动延伸】

我们在户外再次进行"坚持"挑战,看看会有什么不一样的感受。

第三节　筑梦九天

一、主题来源

2020年12月17日，注定是中国航天史上标志性的一天。探月工程—嫦娥五号返回器成功着陆，标志着我国首次地外天体采样返回任务圆满完成。幼儿怀着激动的心情期盼着嫦娥五号的归来，好奇登陆月球的神奇之旅，同时对中国航空航天产生了浓厚的兴趣，这为我们活动的开展奠定了良好的基础。

第一，开阔视野，激发兴趣。我们通过嫦娥五号与幼儿一起了解神秘的宇宙知识，了解中国航空航天事业蓬勃的发展，诱发出幼儿探索宇宙的热情。

第二，航空发展，融合思政。关注了中国航天事业的发展历程，幼儿自觉萌发了热爱国家航空航天事业、热爱祖国的情感。

第三，动手动脑，探索实践。为满足幼儿乐于探索的需要，幼儿在主题活动中自发生成了"你好，纸飞机"探索活动，活动中大胆实践探索，从而培养幼儿爱好科学、乐于探索的学习品质。

二、主题总目标

1. 对太空科学知识和中国航空航天感兴趣，从而对宇航员、科研工作者萌发热爱和崇敬之情。

2. 愿意分享自己了解探索内容和知识，乐于表现、大胆表达。有做小小航天人的愿望，并能做出相应努力。

3. 喜欢科学探究活动，不怕困难，愿意尝试用亲身试验，实际操作的方式验证自己的想法。

4. 热爱祖国，为自己是中国人感到无比的骄傲和自豪。

三、主题网络图

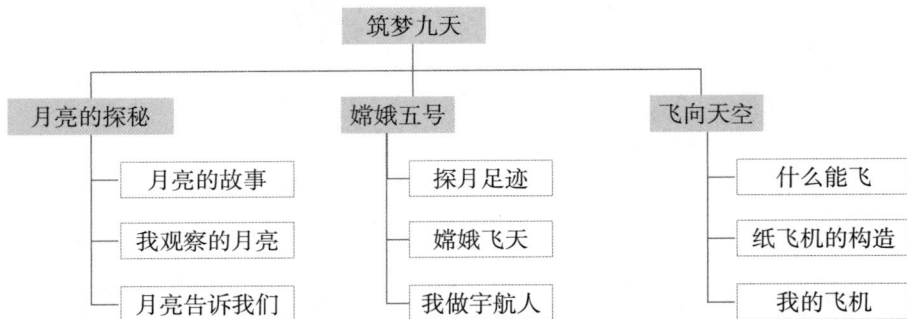

图 3-19　"筑梦九天"生成网络图

四、主题实施过程

（一）月亮的秘密

1.绘本阅读

阅读故事《嫦娥奔月》《月亮的秘密》《月亮不见了》。通过绘本阅读活动，幼儿对天空、宇宙、月球有了浓厚的兴趣，不自觉地萌发了想要了解太空和月球的愿望。

表 3-4　"筑梦九天"主题实施一览表

活动内容	主要目标	支持策略	发展领域
嫦娥奔月	1.喜欢听关于月亮的故事，对月亮阴晴圆缺的变化感兴趣 2.了解从古至今人们对于天空的渴望，有想要观察月亮的愿望	主题诱导区： 相关绘本 环境创设： 月亮主题环创	语言 科学

2. 主题活动："我观察的月亮"

表 3-5 "筑梦九天"主题实施一览表

活动内容	主要目标	支持策略	发展领域
我观察的月亮	1. 能坚持进行月亮观察活动，并通过绘画的方式进行月相的表征 2. 发现特殊的月相以及月相变化的规律与生活中周、月对应的关系 3. 对大海的潮汐和月亮之间的关系感兴趣	家园互动： 完成"我观察的月亮"表格 益智区玩具： "月亮亮晶晶" 主题诱导区： 投放"日历" 谈话活动： 月亮与我们生活的关系	社会科学

开展为期一个月的观察月亮活动，幼儿将观察到的月相进行记录，通过朴素观察法感受月相变化的规律。并与幼儿一起体验月亮阴晴圆缺的变化，以及实际生活中一周、一个月、潮汐之间的关系。

3. 墙饰"月亮的秘密"

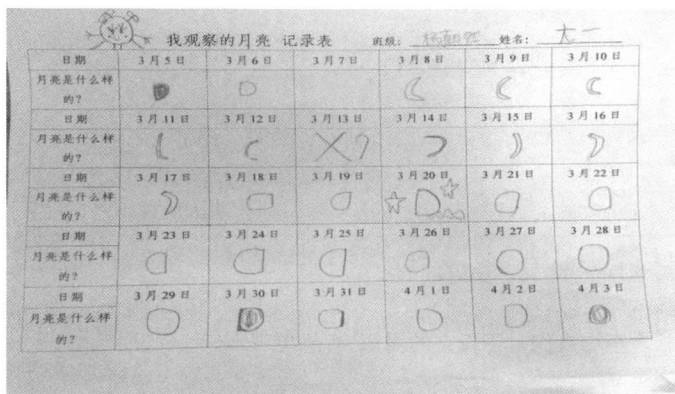

图 3-20 "我观察的月亮"记录

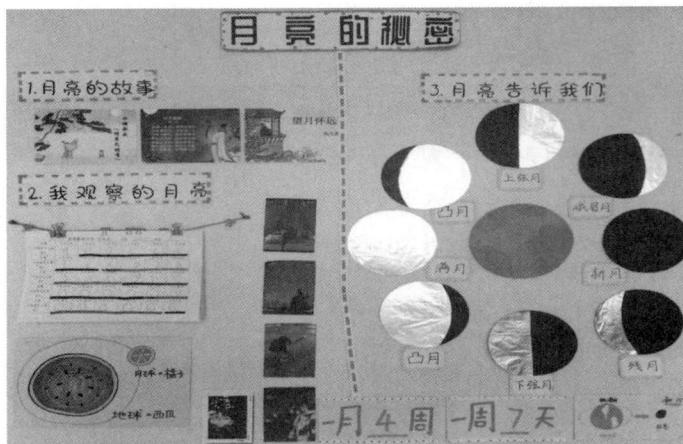

图 3-21　主题墙：月亮的秘密

4. 情绪管理：心情驿站

表 3-6　"筑梦九天"主题实施一览表

活动内容	主要目标	支持策略	发展领域
心情驿站	1. 理解月亮阴晴变化与人喜怒哀乐一样,具有自然的规律 2. 尝试正确看待自己的坏情绪,努力管理自己的情绪	1. 主题绘画 坏情绪转换秘籍 2. 互动墙饰——心情驿站 请幼儿记录影响自己情绪的事情,以及自己管理情绪的小妙招	健康 艺术

（1）主题绘画：情绪转换秘籍

通过对月亮阴晴圆缺变化的理解,幼儿认识到要管理情绪的重要性,并学会管理自己的情绪。

（2）主题墙饰：我的心情驿站（图 3-22）

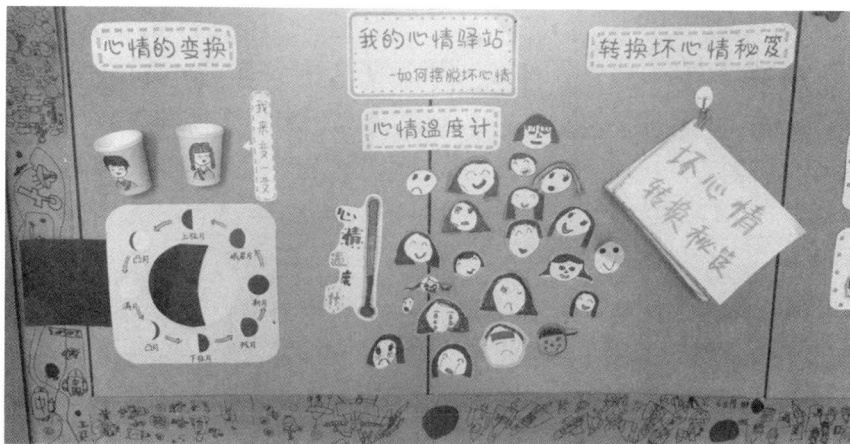

图 3-22　主题墙饰：我的心情驿站

（3）古诗词诵读

诵读《静夜思》《将进酒》《月下独酌》《望月怀远》等。赏析诵读古诗词了解自古人们对月亮的理解和想象，了解月亮令人无限遐想的内涵。

（二）嫦娥五号

1. 探月足迹

表 3-7　"筑梦九天"主题实施一览表

活动内容	主要目标	支持策略	发展领域
嫦娥五号	1. 了解运载火箭、航天卫星的基本结构和功能 2. 喜欢阅读关于航天的书籍，能够运用各种美工、建构材料，大胆表征、自信表达	图书区： 投放相关书籍 建构区： 主题搭建活动 美工区： 主题活动 主题环境创设： 营造主题氛围	语言 社会 科学 艺术

（1）建构区：主题搭建活动

幼儿对运载火箭最感兴趣。教师与幼儿一起了解火箭的基础构造和基本功能，并为幼儿提供表现表征的机会和材料，鼓励幼儿自主进行表征。

（2）主题环境创设（图 3-23、图 3-24）

图 3-23 至图 3-24 主题墙饰

2. 嫦娥飞天

表 3-8　"筑梦九天"主题实施一览表

活动内容	主要目标	支持策略	发展领域
嫦娥飞天	1. 了解中国航天探月发展历程，知道"绕""落""回"三个步骤主要内容 2. 感受航天科研工作者为国家作贡献的伟大家国情怀，萌发憧憬之情 3. 喜欢航天内容，对探索航天感兴趣	教育活动： "钱学森爷爷""嫦娥五号的故事"等图书区 好书推荐《嫦娥探月》等 亲子活动： 参观天文馆 主题播报： "航天知识我知道" 主题环创： "中国航天大事记"	语言 社会 艺术

（1）教育活动："钱学森爷爷"

了解钱学森爷爷一家毅然回国报效祖国的事迹，感受科研工作者伟大的家国情怀，激发幼儿爱国主义情感。

（2）主题播报："航天知识我知道"

幼儿了解中国探月发展史和在其中涌现出来的伟大的航天工作者。幼儿在有一定前期经验的基础上，通过阅读、查阅资料、参观博物馆等将自己搜集来的资料进行"主题播报"活动，大胆表述自由表达，将信息相互分享。

3. 我做航天人

表 3-9　"筑梦九天"主题实施一览表

活动内容	主要目标	支持策略	发展领域
我做航天人	1. 感受中国航天精神 2. 能利用废旧材料制作手工作品，表现我喜欢的航天内容 3. 能够对未来宇宙生活大胆想象，自由表现表达	谈话活动： "如何成为宇航员" 主题拍照板： "我做宇航员" 亲子活动： 利用环保材料制作手工 主题绘画： "未来中转站"	语言 艺术

（1）谈话活动："如何成为宇航员"

教师在了解的基础上，引导幼儿思考航天工作者应该具备什么样的素养，以此凝练中国航天精神。

（2）亲子制作活动：厉害了，中国

亲子共同完成手工，领略中国科技领域的飞速发展。

图 3-25　亲子制作：厉害了，中国

（3）主题环创：嫦娥五号

图 3-26　主题环创：嫦娥五号

（三）飞向天空

1. 什么能飞

表 3-10　"筑梦九天"主题实施一览表

活动内容	主要目标	支持策略	发展领域
什么能飞	1. 寻找日常生活中,有哪些能飞的东西 2. 大胆表述自己的发现,记录自己发现的结果 3. 对记录结果进行简单的统计	户外活动: 放风筝 主题活动: 寻找幼儿园飞行器 统计活动: 记录大家寻找结果,并进行统计	语言 科学

（1）主题活动：寻找幼儿园飞行器

在认识了航天器之后，幼儿也想找一找在幼儿园中有哪些玩具可以起飞。

（2）统计活动

记录了幼儿园的飞行器，幼儿将结果进行汇总和统计，找到了小朋友最喜欢的飞行玩具。

2. 你好，纸飞机

表 3-11　"筑梦九天"主题实施一览表

活动内容	主要目标	支持策略	发展领域
你好,纸飞机	1. 喜欢制作纸飞机,并进行放飞活动 2. 探索飞机不同组成部分导致飞行的变化	亲子制造: 纸飞机 户外活动: 放飞,纸飞机 教育活动: 纸飞机上有什么	科学 健康

（1）亲子制作

纸飞机。

（2）户外活动

放飞，纸飞机。通过寻找能飞的东西，幼儿对纸飞机产生了浓厚的兴趣，举办制作纸飞机、"飞机大比拼"等活动。

（3）集体活动：纸飞机上有什么

与幼儿一起探讨不同纸飞机的材质、构造、设计上的不同，亲手制作自己的纸飞机。

3.纸飞机大比拼

表 3-12　"筑梦九天"主题实施一览表

活动内容	主要目标	支持策略	发展领域
纸飞机大比拼	1.通过观察、对比、实验的方式，改装自己的纸飞机 2.喜欢进行探索活动，大胆讲述	户外活动： 纸飞机大赛 谈话活动： 谁的飞机飞得高 主题活动： 我飞机的变化 主题墙饰： 我的纸飞机	健康 科学

（1）户外活动：纸飞机大赛

在认识纸飞机不同特性的基础上，幼儿萌发了自己操作、比一比纸飞机的愿望。

（2）主题活动：我飞机的变化

通过不断调整自己的纸飞机，探究飞机飞行中的各种因素。

（3）主题环创：飞向天空

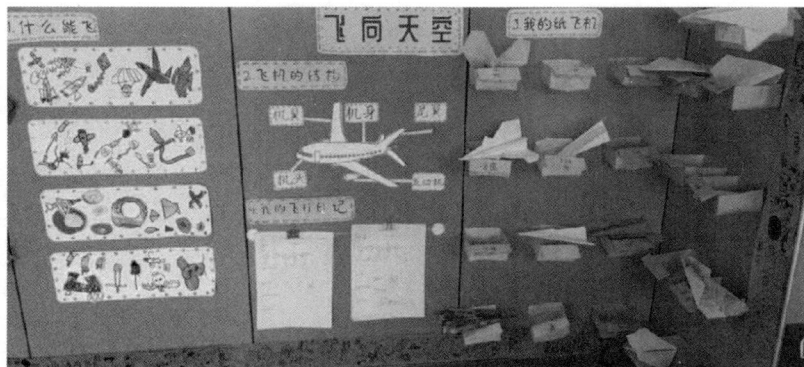

图 3-27　环境创设"飞向天空"

六、主题收获

（一）预设与生成

教师需前期预设活动进行的脉络,注重活动中幼儿的表现,密切把握幼儿在活动中的兴趣方向,随时调整活动内容和呈现方式。关注幼儿在活动中生成内容的价值,活动内容的选择要注意预设与生成相结合。

（二）表征与操作

主题开展不能脱离于幼儿一日生活,它应该是融合于幼儿各领域之中的,具有一定探究性的内容,教师应鼓励幼儿进行大胆实践、亲身操作、细心求证。绘画、美工作品、搭建、表演等都是幼儿情感外化的表现形式,教师应积极鼓励、创设条件。

（三）将思政教育融入其中

中国航天事业的蓬勃发展,充分展示了中国航天人崇高的爱国情感和家国情怀,通过这一教育契机,幼儿更能深刻理解国家对每一个人的重要意义。关注我国航天科技的成就,萌发幼儿自豪感和荣誉感,激发幼儿作为中国人的骄傲和自豪感,促进幼儿树立远大理想,将自己的职业梦想与中国梦紧密结合起来。

科学探索,永不止步,中国航天举世瞩目。每一个时代都需要有一群仰望星空的人,幼儿未来的星辰大海,由你们主宰!

★ **附件 1：主题墙饰**

图 3-28 至图 3-29　活动展示

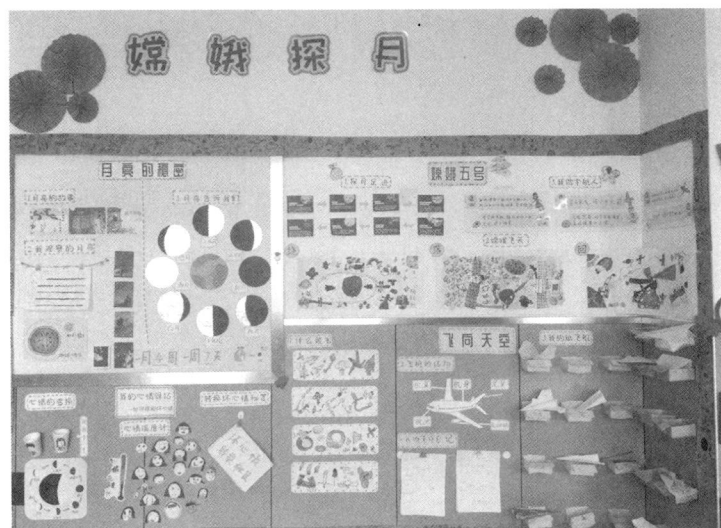

图 3-30 至图 3-32　活动展示

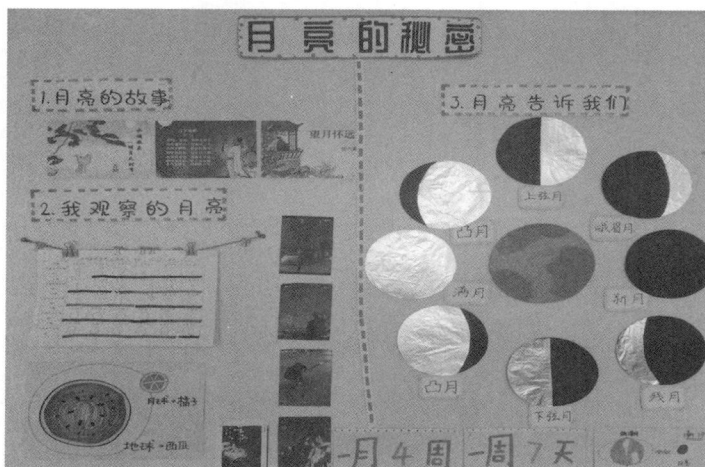

图 3-33 至图 3-35 活动展示

★ 附件 3: 主题游戏活动

一、开设情况

开设主题前丰富区域内容,进行区域内的环境创设,突出环境中隐性价值。为了突出祖国的整体观念,在班级内墙饰中设置中国地图,在对"中华足迹"的认识过程中,将认识的建筑、山川等在地图中体现。方便幼儿感知祖国中的具体事物,对祖国的地貌有全面整体的认识。

在不同的区域中,我们突出幼儿学习的主动性,为幼儿提供自主学习的机会和条件。区域内墙饰体现隐形指导的价值,提供的工具也更适宜幼儿使用和表现,并投放了大量与主题相关的辅助材料、绘本、图书等。区域活动是幼儿自主、自由、自选的活动形式,除了前期预设准备布置的活动区内容,我们也密切关注幼儿在活动中的表现、情绪和兴趣点的变化等,以便随时调整区域的内容,满足幼儿自我发展的不断需要。

二、主题游戏环境

(一)"中华足迹"地图

我们首先呈现了省市分明、轮廓清晰的中国地图。在主题的开展中,随着对祖国航天事业的认识和了解,幼儿一次又一次丰富地图上的标志,如:用引线和文字标明了酒泉、太原、文昌、西昌四大航天发射中心,形象感知我国航天发射场的布局之优化,了解我国航天发射的综合实力;用新闻图片标出了"嫦娥"五号发射和回落的地点。使习得的经验以清晰、具体的形象呈现在地图上,一目了然,易于幼儿理解记忆和巩固深刻。

(二)建构区——筑梦九天

这一板块中师幼合作,用硬卡纸,制作了立体的"长征"五号运载火箭模型,并一起认识了"长征"五号运载火箭的主要结构、组成部分和基本功能,以"模型 + 结构说明"的形式,贴到主题墙,为幼儿建构运载火箭奠定了基础,积累了经验。

后续主题开展过程中,我们组织了艺术活动"我了解的航天知识",幼儿通过绘画、涂色、拼接、粘制等方法,大胆表达自己的想法。有的幼儿画出神话传说

"嫦娥奔月",告诉我们古时候的"嫦娥仙子"是人们虚构的神话传说,但现在我们实现了"嫦娥"五号的真正探月;有的幼儿画出了中国发射的人造地球卫星,卫星会绕着地球转圈圈;有的幼儿画出了美好的未来愿望,希望有一天也可以去外太空旅游。一面绘声绘色的"筑梦九天"主题墙便浮现而生。

（三）好书推荐

在区域中投放好书推荐栏,将近期主题开展内容的相关书籍做相应推荐,如《嫦娥五号》《太空》《高铁的秘密》等,引导幼儿自主阅读。教师在情境下,鼓励幼儿主动学习,自主探索,在书中寻找问题的答案。

三、主题游戏内容

（一）益智区

1. 游戏目标

（1）喜欢了解中国不同城市、著名建筑以及名山大川。

（2）知道中国四大航天发射中心以及嫦娥五号的发射和回落地点在中国的地理位置等情况。

（3）喜欢看地图,会简单认识地图中的标志。

2. 游戏材料投放

中国地图。

3. 游戏内容和玩法

配合主题活动,了解"大美中国"中的山川、建筑等,在地图中标注出来,引导幼儿了解其分布和地域特点。

（二）建构区

1. 游戏目标

（1）了解运载火箭的基本构成,如逃逸塔、整流罩、芯一级火箭、芯二级火箭、助推器等,使用区域内材料进行搭建。

（2）大胆使用各种材料进行搭建活动。

2. 游戏材料投放

布置运载火箭模型和结构示意图。

3. 游戏内容和玩法

（1）引导幼儿观察区域内墙饰，火箭的基本组成以及火箭笔直雄伟的气势。

（2）关注火箭各个组成部分，注意个别引导。

（3）搜集幼儿搭建的作品，进行展示并引导幼儿互相学习。

（三）图书区

1. 游戏目标

（1）了解中国运载火箭、嫦娥五号、中国高铁等相关知识。

（2）在绘本和书籍中，尝试自主探索、寻找、搜集问题的答案。

2. 游戏材料投放

《嫦娥五号》《太空》《高铁的秘密》等航空航天、中国高铁相关绘本故事及书籍。

3. 游戏内容和玩法

（1）设置好书推荐栏。将主题相关的书籍做推荐，引导幼儿自主阅读。

（2）设置相应的问题，引导幼儿在书中寻找问题的答案。

（四）美工区

1. 游戏目标

（1）喜欢美工活动，运用多种材料大胆表现运载火箭、嫦娥五号、中国高铁的基本结构。

（2）能灵活使用各种材料和艺术形式进行表现。

2. 游戏材料投放

素描纸、刮画纸、超轻黏土、乐高积木块等。

3. 游戏内容和玩法

（1）主题绘画活动："中国航天运载火箭""遨游太空""未来中转站""嫦娥探月'绕、落、回'""我心中的嫦娥五号"等。

（2）引导幼儿观察绘画对象，自由选择材料鼓励幼儿大胆创作。

（3）帮助幼儿梳理经验并引导幼儿互相学习，过程中注意作品的呈现方式。

★ **附件 4：精彩赏析**

一、我的心情驿站

通过对月亮阴晴圆缺变化的归纳，幼儿认识到自己喜怒哀乐的情绪变化，并努力尝试用正确的方法，及时疏导自己的坏情绪，懂得管理自己的情绪。

二、未来中转站

通过手工制作活动大胆表现，并发挥自己的畅想，"我做设计师""月球未来中转站"的内容。

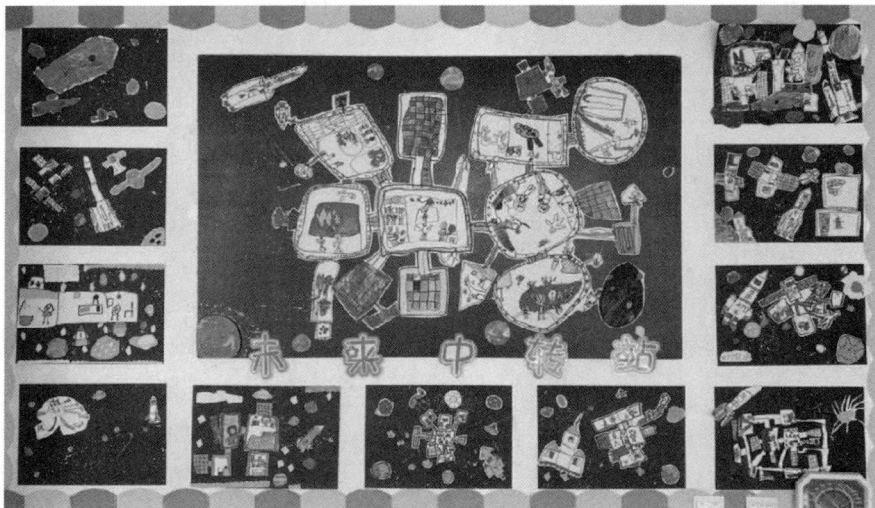

图 3-36 活动展示

★ **附件 4：主题实施教育活动**

（活）（动）（一）**大班科学活动：认识火箭**

【活动目标】

1.初步认识火箭的外形结构特征及作用。

2.初步了解火箭发射升空后的变化步骤。

3.萌发对中国航空航天方面的探究兴趣。

【活动重难点】

活动重点：初步了解火箭发射升空后的变化步骤。

图 3-37 至图 3-38　活动展示

活动难点：萌发对中国航天事业的探究兴趣。

【活动准备】

前期经验的准备：幼儿和家长一起上网查阅关于火箭的一系列相关知识，并收集图片、文字和制作火箭模型。火箭发射的动画课件，火箭模型，发射后的每一个变化步骤的图片。

【活动过程】

（一）谜语导入

1. 谜语引出火箭。

2. 关于火箭自由谈话,梳理火箭特征。

（二）认识火箭的外形特征

1. 出示火箭模型。

2. 提问:这是什么? 它的外形有什么特征?

（这是火箭,身体长长的,圆圆的,头尖尖的,下面有支架）

3. 教师由下往上介绍火箭的每一个部位的结构。（助推器——一级火箭—二级火箭—整流罩—逃逸塔）

4. 请个别小朋友进行火箭模型的分拆和组合的操作。

（三）讨论火箭的用途

1. 重点提问:火箭是用来做什么的?（教师利用人造卫星、宇宙飞船、空间站、宇航员的模型加深幼儿的认知兴趣和印象）

2. 小结:火箭是一个国家的骄傲,一个国家有自己的火箭,就是一个了不起的国家,我们中国就是一个了不起的国家。

（四）了解火箭发射后的变化

1. 提问:火箭是怎么发射到太空的呢?

2. 观看科普视频。

3. 小结:火箭起飞后的变化步骤:助推器分离— 一级火箭分离—整流罩分离—二级火箭分离—飞船展开太阳能帆板。

【活动延伸】

科学实验游戏"火箭飞上天"。

活动 二 大班科学活动:火箭的构造

【活动目标】

1. 初步了解火箭的结构和作用。

2.感受祖国航天事业的伟大成就。

3.对航天工程感兴趣,萌发对中国航天、对祖国的自豪感。

【活动重难点】

活动重点:对航天工程感兴趣,增强祖国自豪感。

活动难点:初步了解火箭的结构和对应的作用。

【活动准备】

视频:《火箭的结构》《火箭模型》。

【活动过程】

(一)谈话导入,激发兴趣

我们中国的航天技术和航天成就非常了不起,值得我们骄傲和自豪。

(二)观看视频,共同讨论

通过观看视频加深幼儿对火箭结构的了解。

1.视频中介绍的是哪个火箭?有什么特点和结构?

2.小结:从顶部到尾部依次为:逃逸塔、整流罩、芯二级火箭、芯一级火箭、四个液体助推器。

(三)探讨作用,加深理解

1.逃逸塔位于最顶端,是发射载人航天器的特殊装置,是航天员的生命之塔。

2.整流罩位于顶端,由高强度、耐高温的特殊材料制成,是蚌壳式的两半结构。

3.芯二级火箭、芯一级火箭、四个液体助推器属于火箭的动力部分,主要有燃烧剂箱、主发动机等部件。

(四)结束部分

请幼儿化身为播报员,向伙伴们介绍火箭的结构。

【活动延伸】

美工区设计自己的火箭并向同伴介绍。

活动三 大班科学活动:月有阴晴圆缺

【活动目标】

1.知道月球本身不会发光,它是反射的太阳的光。

2. 了解月亮围绕地球公转,在公转的过程中形成了月亮阴晴圆缺的变化。

3. 感受宇宙天文探索的神奇,知道科学的进步需要永无止境的科学探索。

【活动重难点】

活动重点:知道月球本身不会发光,它是反射的太阳的光。

活动难点:知道月亮围绕地球公转,在公转的过程中形成了月亮阴晴圆缺的变化。

【活动准备】

月亮变化的图像资料、记录表。

【活动过程】

(一)谈话导入,激发兴趣

你们见到的月亮是什么样的? 月亮每天都不一样,那月亮是怎么变化的?

(二)观看资料,共同小结

1. 月亮在天空中,会显现出各种各样的形状,我们称之为"月相"。

2. 在一个月的时间里,月亮总是在变化,有满月、残月、峨眉月、上弦月、下弦月、盈凸月、亏凸月等,这就是我们常说的"月有阴晴圆缺"。

3. 月球是一个不发光的球体,我们看到的月光是它反射的太阳光。

4. 当月球围绕地球自西向东公转时,阳光总是照射月球面积的一半,地球上观察月亮的角度发生变化,出现各种各样的月相。

(三)游戏练习,加深记忆

幼儿拿着月亮、地球、太阳的图片,按照位置转一转。

【活动延伸】

美工区画一画看到的月亮。

第四节　趣论姓名

一、主题来源

班里转来了三位"新朋友",在进行自我介绍的过程中,细心的小朋友发现,有名字读音是一样的,只是姓氏不同。于是生发出疑问:"两位小朋友的名字长得一样吗?""为什么他们的姓氏不一样?"基于这些问题,教师决定从幼儿熟悉的姓名入手,感受名字的独特性,增强自信心。同时引导幼儿了解家族姓氏的传承,初步感知中华姓氏文化以及文化传承,增强民族自豪感。

二、主题总目标

1.了解名字的独特性和含义,大胆讲述自己名字的故事。
2.能辨认自己或他人的姓名,感受中国姓氏的丰富。
3.对汉字感兴趣,能用多种形式展现自己的名字。
4.感知自己名字的与众不同,体会家长对自己的期望,增强自信心和自豪感。

三、主题网络图

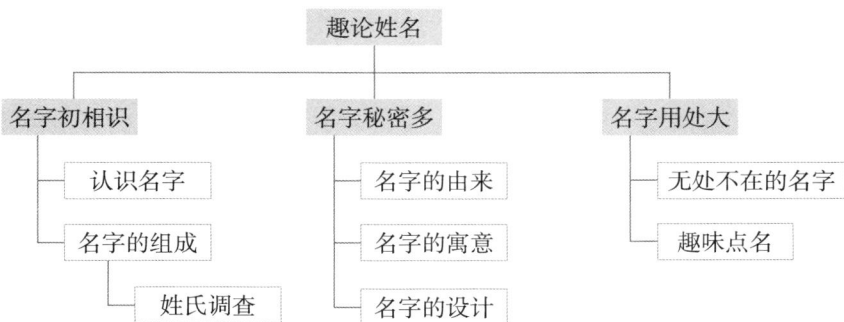

```
                      趣论姓名
        ┌───────────────┼───────────────┐
     名字初相识        名字秘密多        名字用处大
      ├─认识名字        ├─名字的由来      ├─无处不在的名字
      ├─名字的组成      ├─名字的寓意      └─趣味点名
      └─姓氏调查        └─名字的设计
```

图 3-39 "趣论姓名"生成网络图

四、主题实施过程

"趣论姓名"主题活动的开展分为三个部分：姓名初相识、名字秘密多、名字用处大。

（一）姓名初相识

表 3-13　"趣论姓名"主题实施一览表

活动内容	主要目标	支持策略	生成活动	发展领域	年龄班
姓名初相识	1.初步感知汉字的音、形、义，能够知道自己名字是由姓和名组成的 2.感受自己姓名的独一无二，萌发自尊和自信 3.知道家庭姓氏的组成和联系 4.了解百家姓，认识自己的名字 5.通过主题播报家庭姓氏调查和姓名由来，对中华优秀传统文化感兴趣，萌发爱国之情	教育活动： 1.语言活动：百家姓 2.美工活动：我的姓名卡 日常活动： 含有姓氏汉字的古诗词诵读、游戏"撕名牌" 家长工作： 1.引导家长和幼儿讲述自己的姓氏 2.练习写名字 主题播报： 家庭姓氏大调查；我的姓氏故事 环境创设：主题墙的布置	艺术活动：姓氏捏捏乐	社会科学语言	大班

大班幼儿正处于由具体形象思维向抽象逻辑思维过渡的阶段，符号作为抽象思维的工具，越来越受到幼儿的关注，他们对日常生活中常见的符号表现出浓厚的兴趣。

每个人都有一个和自己息息相关且非常独特的名字，它是一个人的标志之一，是幼儿认识自我的一部分。大班幼儿处在读写意识萌发时期，他们不仅对自己的名字感兴趣，也逐渐开始关注同伴的名字。

"为什么有的人姓氏一样？他们有什么关系吗？""我为什么和爸爸的姓氏是一样的？"面对一系列的问题，幼儿开展了"家庭姓氏大调查"活动，通过调查家人姓氏、数量来了解家庭成员之间的关系，感受家庭关系中血脉相承的姓氏文化。

调查的过程不仅使幼儿和家庭成员之间的关系更加密切，也提升了幼儿统计方面的能力。

幼儿在调查的过程中，对班里小朋友的姓氏也产生了浓厚的兴趣，提出了"我的好朋友姓什么呢""我们班什么姓氏的小朋友最多呢"等问题。在这样的问题驱动下，教师和小朋友们开展了"班级姓氏大调查"活动。面对数目众多的姓氏，教师并没有直接告诉幼儿统计的方法，而是将探索的主动权交给幼儿。幼儿经过讨论，决定先分组，在组内统计自己组员的姓氏，再来统计全班所有小朋友的姓氏。在此过程中，他们不仅对自己的姓氏有了更深入的认识，也关注到与自己相同姓氏的同伴（图3-41）。

教师通过带领幼儿对姓氏文化寻根溯源，了解中国姓氏文化代代相传的历史发展，体会蕴含在中国人民血脉之中的集体意识，激发了幼儿对于自己姓名的探索兴趣，助推了主题活动的开展。

图3-40　班级姓氏大调查

（二）名字秘密多

表3-14　"趣论姓名"主题实施一览表

活动内容	主要目标	支持策略	生成活动	发展领域	年龄班
名字秘密多	1.知道自己姓名的由来,感受爸爸妈妈的爱 2.能大方地介绍自己姓名的含义,提升语言表达能力 3.能清楚讲述自己名字的故事,并认真倾听他人的发言 4.通过对名字的解读,体会父母长辈对自己的美好期望,感受中国姓氏文化的博大精深	家长工作: 1.引导家长和幼儿讲述名字的由来 2.练习写名字 主题播报: 我的名字故事 环境创设 主题墙的布置	艺术活动:姓名创意画	社会艺术语言	大班

　　姓名是一个人的符号,幼儿对于名字的探究兴趣愈发浓厚,他们经常谈及"我的名字是怎么来的? 是谁帮我起的? 我为什么叫这个名字"等话题。基于此,教师组织开展家园共育活动,引导幼儿采访自己的爸爸妈妈,了解自己名字的含义和来历。在与同伴的分享交流中,幼儿发现,有的小朋友的名字是爸爸起的,有的是妈妈起的,也有的是爷爷奶奶起的,每个名字都包含了家人对自己最美好的祝福和期望。比如,尘尘说:"我名字里的'海'字是大海的意思,爸爸希望我有大海一样的胸怀。"嘉翙说:"我名字中的'嘉'是很棒的意思,妈妈说希望我以后能成为一个很棒的人。"幼儿在分享自己的名字故事后,不仅对自己有了更深入的认识,也意识到自己名字中的汉字能表示特定的含义,于是对汉字产生了更大的兴趣和热情。教师鼓励幼儿和父母一起制作"我的姓名故事"的画作,通过画一画的方式记录自己姓名的含义,然后带回班级进行集体分享。在这个话题中,幼儿介绍了自己的名字,了解了自己名字的故事,并与同伴进行分享交流。幼儿对名字的结构、名字背后的意义有了初步的理解。

　　在对姓氏有一定认知的基础上,幼儿产生了调查的兴趣,并且能够通过自己的经验以及教师的帮助,制订调查计划表、与同伴协作完成调查任务。在整个过程中,幼儿是积极的、主动的、愉悦的,甚至能够发现新的问题,引发了关于姓氏的深

入讨论和学习，对单姓和复姓也有了一定的认知与了解。

（三）名字用处大

表 3-15　"趣论姓名"主题实施一览表

活动内容	主要目标	支持策略	生成活动	发展领域	年龄班
名字用处大	1. 能够发现名字的重要性 2. 初步了解名字的社会意义，知道名字在生活中的作用 3. 愿意用绘画的方式大胆表达自己的发现和想法	自主游戏： 1. 利用自主游戏材料拼摆自己的姓名 环境创设： 签到台的布置 教育活动： 我的名字	趣味点名	社会 艺术 语言 健康	大班

随着主题活动的推进，幼儿也逐渐学会用各种方式表现自己的名字，所以他们为自己的水杯格、毛巾架、书包格等都制作了属于自己独一无二的姓名贴。在晨间点名环节，教师引导幼儿绘制自己的姓名卡片，幼儿根据卡片的文字意象点名统计。在自主游戏过程中，幼儿用小块的乐高积木、棉签、雪糕棒、吸管、身体部位等多种创意材料拼摆自己的名字，制作姓名图画卡让幼儿猜测是谁的姓名，在玩一玩、画一画的过程中幼儿积累了很多汉字，不仅为后续主题活动做好了铺垫，也为书写打下了坚实的基础（图 3-41）。

图 3-41　幼儿自主游戏

五、主题收获

本活动以幼儿生活中最经常接触到的、能直接感受运用的文字符号为载体，引导幼儿在分享自己的姓名故事过程中，开始关注自己的名字的含义；通过调查统计身边同伴的姓氏，感受姓氏文化的内涵，并逐步过渡到对自己姓名中的汉字的深入探究，包括汉字的部件、字形结构等。活动源于幼儿的生活，追随幼儿的探究兴趣，从关注文字功能、文字形式，最后到文字规则的形成，自然而然地渗透"前识字"核心经验。在参加活动的过程中，幼儿又将习得的经验运用到生活中。

"姓名探究"系列活动借助多种形式，如通过家园共育的方式让幼儿知道自己名字的故事、以幼儿亲身实践调查的形式开展姓氏统计活动等，充分感受中华文化的源远流长和博大精深。

活动调动幼儿多种感官共同参与，在游戏过程中引发幼儿对汉字部件、汉字结构的寻找、发现。同时，教师在活动中支持幼儿大胆表达、自主解决问题，注重幼儿的主动探究性，引导其与同伴合作开展调查统计、分享交流等，让幼儿在活动中真正做到"玩中学、学中玩"。

通过自主游戏拼名字，幼儿的肢体动作更加协调，也发展了幼儿的大肌肉动作、精细动作，对于幼儿的健康发展很有益处。

在名字的探索旅程中，活动感受美、创造美。幼儿通过创意设计自己的名字，绘画、粘贴、整体布局等艺术表现能力得到大幅提升。

★ **附件 1：主题墙饰**

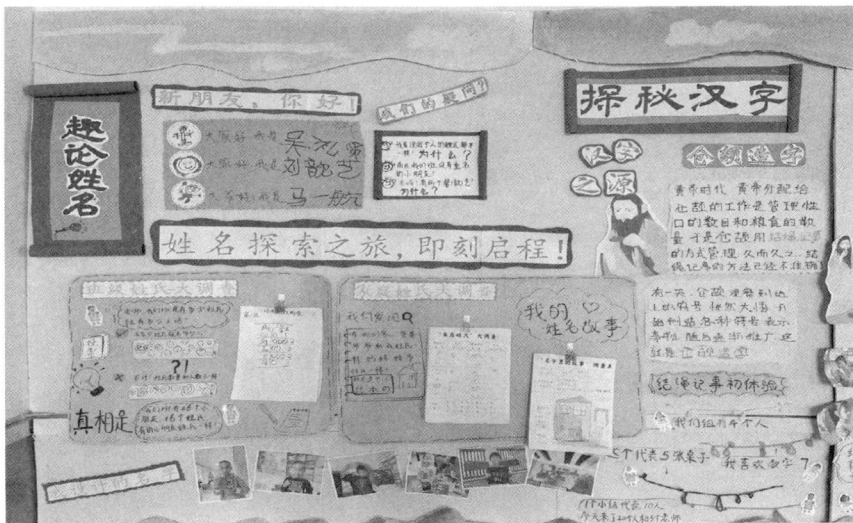

图 3-42　活动展示

★ **附件 2：主题游戏活动**

活 动 一　**名字创意设计**

【活动目标】

1. 能创造性地运用多种材料拼自己的名字，在拼名字的过程中了解汉字的结构。

2. 能大胆讲述自己的游戏过程。

【使用材料】

纽扣、棉签、雪糕棒、扭扭棒、彩色毛线球、吸管、剪刀。

【游戏过程】

请幼儿自主选择游戏材料，设计自己的名字，可以每个字使用多种不同的材料。

★ 附件3：主题实施教育活动

活动一 大班语言活动：我的名字

【活动目标】

1.大胆地讲述自己的名字以及名字背后的故事。

2.能用"我的名字在第几行、第几个,我叫某某"的句式完整表述。

3.愿意书写自己的名字,感受自己名字的独特性。

【活动重难点】

活动重点：大胆地讲述自己的名字以及名字背后的小故事。

活动难点：学习用"我的名字在第几行、第几个,我叫某某"的句式完整表述。

【活动准备】

幼儿事先向爸爸妈妈了解自己名字的写法、含义以及取名字时的小故事。

幼儿每人一张纸、一支笔。

【活动过程】

（一）游戏导入环节

引导幼儿在表格里寻找自己的名字。

1.将幼儿的名字排成四排做成表格在荧屏上展示,并且用数字做好行和列的标记。

教师关键提问：请你们猜一猜这些写满字的表格上写的是什么？引导幼儿观察。

你能找到自己的名字在哪里吗？幼儿寻找,互相说说自己的名字在第几行、第几个、叫什么。

2.集体交流,以开火车的形式引导幼儿用"我的名字在第几行、第几个、我叫某某"句式来介绍自己的名字和位置。

（二）集体讨论,说说自己的小名

教师关键提问："你还有其他名字吗？谁会叫你的小名？大家叫你小名的时候你有什么感觉？"引导幼儿互相说说关于自己小名的情况。

（三）集体交流"我的名字"的故事

1. 以钱钟书的姓名故事导入，激发幼儿分享自己的姓名故事的欲望。

教师关键提问："为什么爸爸妈妈给钱钟书取名叫'钟书'呢？你的名字有什么故事吗？"引导幼儿相互说说自己名字的故事。

2. 集体交流自己名字的故事

教师总结：我们每一个人都有一个非常独特的名字，每一个名字都有一定含义，寄托了爸爸妈妈对我们的期望和美好的祝愿。

（四）尝试画一画自己的名字

出示签名簿，幼儿逐一在签名簿上画下自己的名字并相互欣赏。

【活动延伸】

投放相应的材料，引导幼儿自主游戏。

活动二 大班艺术活动：漂亮的名字画

【活动目标】

1. 体验装饰名字的乐趣，能大胆表现。

2. 尝试用图形、线条、颜色等对自己的名字进行装饰。

【活动重难点】

活动重点：体验装饰名字的乐趣，能大胆表现。

活动难点：尝试用图形、线条、颜色等对自己的名字进行装饰。

【活动准备】

1. 幼儿能够书写自己的名字。

2. 艺术家的装饰"字"几张，教师设计的名字画几张，图片制成电子白板课件。

3. 幼儿每人一份操作材料：绘画纸、勾线笔、油画棒、水彩笔等。

【活动过程】

（一）观察欣赏、激发兴趣

1. 出示多幅汉字组成的装饰画，引出主题，激发幼儿兴趣。教师关键提问：这些画有一些特别，请小朋友们仔细看一看，画里面都有什么。每幅画里面还藏着一

个小秘密,你们能发现吗?

教师小结:原来每幅画里面都藏着一个字,这些艺术家们把我们的汉字变成了一幅美丽的图画。

2.出示教师的名字装饰画,引导幼儿观察,激发幼儿想象和创作的欲望。

教师关键提问:请你们猜猜我画的是什么内容?

教师小结:原来是老师的名字,我把我的名字变成一幅漂亮的画了,这就是漂亮的名字画。

（二）介绍自己名字的意义

幼儿在集体面前分享名字的意义。小结:我们每个人都有自己的名字,名字伴随着我们的一生。爸爸妈妈花了很多心思为我们取一个好听的名字,目的是希望小朋友以后拥有幸福、快乐的生活。因此,名字包含了家长对小朋友的深深祝福和爱。

（三）拓展思维、激发创作欲望

1.引导想象。请一个幼儿把自己的名字写出来,师幼一起开动脑筋,用一些好看的图形装饰他的名字。(在电子白板上演示)

2.建立自信、激发创作,教师巡回指导。教师巡回指导:小朋友都学会写自己的名字了,今天我们也来打扮自己的名字,让自己的名字变成一幅美丽的图画吧。如果你已经有想法,可以把名字中的每个字都进行装饰,如果你觉得自己名字有些复杂,也可以选择你名字中最喜欢的一个字进行装饰。

（四）评价幼儿作品

选择自己喜欢的作品,并分享自己的理由。

第五节　字字不倦

一、主题来源

《3—6岁儿童学习与发展指南》中指出："幼儿的语言学习需要相应的社会经验支持，应通过多种活动扩展幼儿的生活经验，丰富语言的内容，增强理解和表达能力。"中班阶段，幼儿已开始对文字产生好奇。在学习古诗时，一句"百川东到海，何时复西归"引发了幼儿的思考，有小朋友提出，这个里面的"海"就是海颂幼儿园的"海"，也有小朋友认为这是不是也是海河的"海"。

进入大班后，幼儿对于汉字的兴趣逐渐增强，汉字不仅是幼儿了解和传承中华优秀文化的重要途径，也是培养他们语言发展、前阅读和前书写技能的重要工具。于是结合幼儿兴趣，在大班我们继续追随幼儿的兴趣点，对于中国博大精深的汉字文化开启探秘之旅。

二、主题总目标

1. 了解汉字的起源和发展，感受中华文明历史以及中华文化的博大精深。

2. 探索汉字奥秘，热爱中华民族文化，对中国文字感兴趣。

3. 了解有关的书写工具及使用方法，乐意与同伴进行交流合作，在活动中发展语言表达能力和社会交往能力。

4. 初步了解文房四宝，对我国传统文化感兴趣，增强文化自信，提高文化认同感。

三、主题网络图

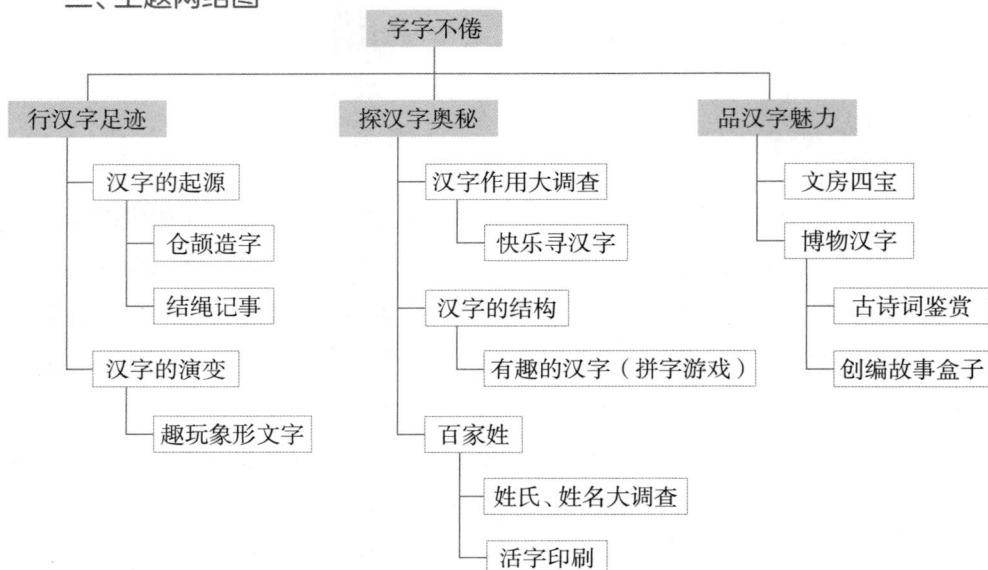

```
                        字字不倦
        ┌──────────────────┼──────────────────┐
    行汉字足迹          探汉字奥秘          品汉字魅力
        │                  │                  │
    汉字的起源          汉字作用大调查        文房四宝
        │                  │
    仓颉造字            快乐寻汉字          博物汉字
        │                                     │
    结绳记事            汉字的结构          古诗词鉴赏
        │                  │
    汉字的演变          有趣的汉字（拼字游戏）  创编故事盒子
        │                  │
    趣玩象形文字          百家姓
                          │
                       姓氏、姓名大调查
                          │
                       活字印刷
```

图 3-43 "字字不倦"生成网络图

四、主题实施过程

（一）行汉字足迹

表 3-16 "字字不倦"主题实施一览表

活动内容	主要目标	支持策略	生成活动	发展领域	年龄班
行汉字足迹	1. 能够用完整的语言讲述仓颉造字的故事，感受中国古人的智慧 2. 对汉字感兴趣，能简单说出甲骨文的由来 3. 激发对汉字的兴趣，感受中华传统文化以及作为中国人的自豪	教育活动： 1. 语言活动：仓颉造字 2. 语言活动：汉字故事 3. 美工活动：创意甲骨文 4. 语言活动：有趣的象形字 家园共育： 寻找身边的汉字 环境创设： 主题墙环境布置	艺术活动： 创意象形字 主题活动： 趣玩象形字 主题游戏： 我的结绳记事	语言 科学 艺术 社会	大班

1. 汉字的起源

（1）汉字的由来

在回溯过程中，部分幼儿尝试书写自己的名字，在阅读绘本时，遇到熟悉的汉字便会互相交流。他们对汉字产生了诸多疑问，如"汉字究竟是谁创造的""古代是否存在汉字""古代汉字与现今汉字是否相同"等疑问。为了解答这些疑问，我们共同查阅资料，鼓励幼儿勇于猜想，积极思考，探寻汉字的起源与发展。

（2）结绳记事

在搜集资料的过程中，幼儿了解到，古代人最初采用结绳记事的方式来记录事件。对此，幼儿充满好奇："他们用绳子记事，能清楚地记住是哪些事情吗？他们会忘记吗？"为了解答这些疑问，教师和幼儿亲身体验一次结绳记事的方法，试图用这种方式记录一整天的活动内容。然而，在分享交流过程中，幼儿经常忘记自己所记录的具体事项，尽管部分小朋友能够表达出来，但其他人却难以直观理解。

经过亲身体验，幼儿发现这种方式并不便利，首先，打结的方法让他们感到困惑；其次，事务繁多难以记住每个绳结所代表的具体事项。因此，幼儿得出结论：相较于结绳记事，现今的文字或绘画记录方式更为清晰。最终，通过亲身实践，幼儿理解了符号和文字诞生的意义，体会到文字的功能，了解到古人如何依靠文字记录时间及传播知识。

（3）汉字的演变

随着活动的深入开展，幼儿了解了汉字的演变历程：从最初的结绳记事，受到动物脚印的启发，进而创造出最早的文字——甲骨文，逐步演化为现今我们所使用的汉字。这些看似简洁的汉字，实际上经历了诸多复杂的进化过程，才演变为我们今天所见的简体字。幼儿对此深感惊叹，对古人的智慧以及博大精深的中华文化有了更深刻的理解。

2. 趣玩象形文字

（1）甲骨文翻翻乐

为了更加深入地感受汉字的演变历程，我们共同开展了甲骨文连连看游戏以及身体拼字游戏；教师结合班级环境，创设了甲骨文翻翻乐主题互动材料。幼儿可在过渡环节随时进行翻阅，还可与同伴互动，开展"你翻我猜"的游戏。自主创设

游戏规则与玩法不仅有助于巩固幼儿的知识积累,还能增进同伴间的交流合作,促进幼儿良好社会性发展。

（2）创意象形字

游戏时间,幼儿尝试使用不同的材料、玩具,创造出更多有趣的象形字。幼儿在亲身体验、实际操作中进一步感知象形文字的具体形象和独特有趣。通过触摸拼搭的立体字,可以更加直观地感受字的轮廓和形状,发现这些字符构成的规律。

图 3-44　黏土象形字

图 3-45　自然物象形字

图 3-46　乐高象形字

图 3-47　象形字创意画

（二）探汉字奥秘

表3-17 "探汉字奥秘"主题实施一览表

活动内容	主要目标	支持策略	生成活动	发展领域	年龄班
探汉字奥秘	1. 知道汉字对我们生活的巨大作用,感受汉字的有用和有趣 2. 了解书写工具及使用方法,能用正确的书写姿势书写,知道由上至下、由左至右的运笔规律 3. 能用图文交叉的方式写信,表达自己的想法。用图画、符号、文字等方式制作标识等 4. 喜欢阅读,在阅读图书和生活情境中对文字符号感兴趣,知道文字表示一定的意义	教育活动: 1. 语言活动:有趣的汉字 2. 社会活动:汉字用处大 家园共育: 姓名的由来以及姓氏大调查 主题播报: 我的名字 环境创设: 主题墙的布置	制作班级诗集:诗词雅韵 主题活动:致敬非遗 主题活动:活字印刷术 主题活动:快乐寻汉字 主题活动:拼字大挑战	语言社会艺术健康科学	大班

1. 快乐寻汉字

人们常言,"象形字"是汉字的初始形态,那么经过演变后的汉字,究竟与我们有着何种关联? 在日常生活中,汉字的身影无处不在,周边环境中的文字无时无刻不在对幼儿产生潜移默化的影响。为解答心中对汉字的种种困惑,幼儿以他们独特的方式探寻着答案……

图3-48 发现"汉字"

他们在幼儿园的各个角落寻找汉字的踪迹。为了支持幼儿持续的探寻行为,提供充足的空间让他们在探究中获取发展,并寻找问题的答案,教师们邀请幼儿参与了一场寻找汉字的游戏。

幼儿发现,班级牌上印有汉字,幼儿园楼道中也随处可见各类汉字标识,如桥

梁名称、宣传标语等。同时，在家长的大力支持下，幼儿走出园所，体验汉字在日常生活中的影响和便利。汉字既源于生活，又回归生活。幼儿与象形字的"相遇"激发了他们对汉字探索的兴趣，并在持续地观察和思考中认识汉字与生活的紧密联系。我们的生活中处处都有汉字，它们形态各异、含义丰富，并在不同场合发挥各异的作用。

2. 有趣的汉字——拼字游戏

汉字是中华文化的重要载体，保存了有文字记载以来的中华优秀传统文化的精华。其次，汉字是沟通交流的工具，在普通话普及之前尤为重要，是维系中华民族团结的纽带。再者，汉字是中国人的特有发明，不但有着交流沟通的意义，也有美学艺术上的功能，如书法、朗读、文学等。

在幼儿掌握了一定数量的汉字之后，为了践行家园共育的理念，我们鼓励他们在家中制作字卡，字卡内容包括汉字的笔画、偏旁部首及结构，并将其带到班级与同伴分享学习经验。在过渡环节和晨间活动时，幼儿自发地进行拼字游戏。随着认识字数的增多，许多幼儿逐渐能将这些字组成完整的句子，从而提升语言领域的各项能力。

我们以此寓教于乐的方式，幼儿参与汉字创意拼摆游戏时，能仔细观察汉字的笔画曲折和走向，认识汉字之间的奇妙联系。这种教学方法有助于激发幼儿对汉字学习的兴趣。

3. 书写工具

自制字卡活动正如火如荼地进行，幼儿在分享过程中发现，小朋友们使用的字卡制作工具各异，有的选用铅笔，有的则选择水彩笔。这一现象引发了幼儿对日常生活中常见的"笔"产生浓厚兴趣。《3—6岁儿童学习与发展指南》提到："幼儿的学习以直接经验为基础，在游戏和日常生活中进行的，要诊视游戏和生活的独特价值，创设丰富的教育环境，合理安排一日生活，最大限度地支持和满足幼儿通过直接感知、实际操作和亲身体验获取经验的需要。"为此，教师紧抓这一教育契机，与幼儿共同展开了一场关于书写工具及其正确使用方法的探讨。

（1）笔的种类

通过语言活动"笔的故事"和科学活动"各种各样的笔"，幼儿更加了解不同

笔的特性、材质和功能的不同,如铅笔、粉笔、油画棒都是越用越短的笔;签字笔、圆珠笔的笔杆都是塑料做的;铅笔、钢笔和毛笔可以写出漂亮的字,蜡笔和马克笔可以画画等。

（2）正确的握笔姿势

对于幼儿来说,错误的姿势有哪些坏处呢? 正确的姿势又是什么样的呢? 结合每日签到以及控笔游戏等环节,教师及时发现幼儿出现的问题,借助儿歌和绘本等生动有趣的形式,引导幼儿进行对比了解,帮助幼儿认识保持正确姿势的重要性和方法。在班级内创设主题墙饰,引导幼儿使用正确的握笔姿势。教师要肯定幼儿,帮助幼儿建立自信,在活动中获得成就感,还要锻炼幼儿的控笔能力,提高幼儿的专注力和耐心,为书写奠定基础。

4. 活字印刷术

在主题推进过程中,幼儿对传统文化产生了浓厚的兴趣。在一次对话中,他们谈道:"在古代,没有电和打印机,古人如何印刷书籍?" 为了满足幼儿的好奇心,我们开始了活字印刷的探索之旅。通过自主研究和查询资料,幼儿了解到印刷术是我国古代四大发明之一,是劳动人民智慧的结晶。幼儿不仅了解了活字印刷术,还渴望亲自尝试。在班级内,幼儿充分利用现有材料,合作完成选字、排版、刷墨、覆纸、拓印、起纸等工序,最终制成了一幅幅印刷作品。

这次活字印刷体验活动让幼儿意犹未尽,让他们对传统文化有了更深层次的认识。从另一个角度接触并了解到文化之源、活字之趣,体验文化性与趣味性的深度融合,激发了幼儿对传统文化的兴趣,增强了民族自豪感。

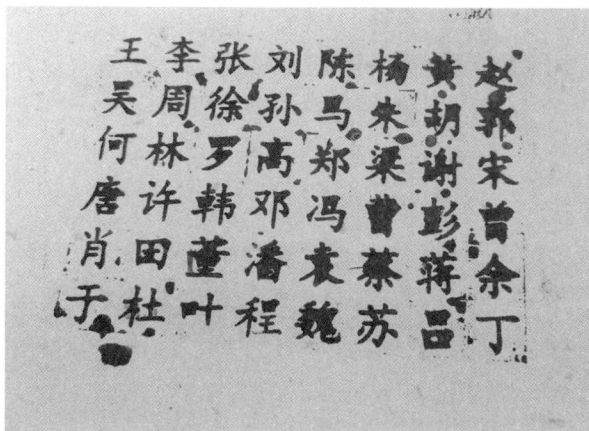

图 3-49 至图 3-50　体验活字印刷

5. 百家姓——姓氏大调查

每天的晨间签到环节，小朋友们都会利用自制名牌进行自主点名，在点名环节他们会发现班级里大家的姓氏各不相同。于是，关于姓氏的探索之旅便开始了。

（1）姓氏大统计

活动开始之初，先是在全班开展了"姓氏"大统计，调查一下班级内小朋友都有哪些姓氏。幼儿用自己喜欢的方式画出自己的姓氏，然后进行点数统计，结果发现班级内的姓氏种类一共有 20 种，然后又通过不同的统计方式，统计出各个姓氏分别有多少人，通过点数，幼儿发现班级里最多姓氏有张、杨、李。

姓氏	人数	姓氏	人数
朱	1	杨	4
高	1	张	5
郭	3	夏	2
李	4	徐	1
何	1	魏	1
孙	2	吉	1
林	1	王	1
齐	2	曹	1
唐	1	刘	1
武		周	1

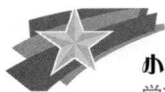

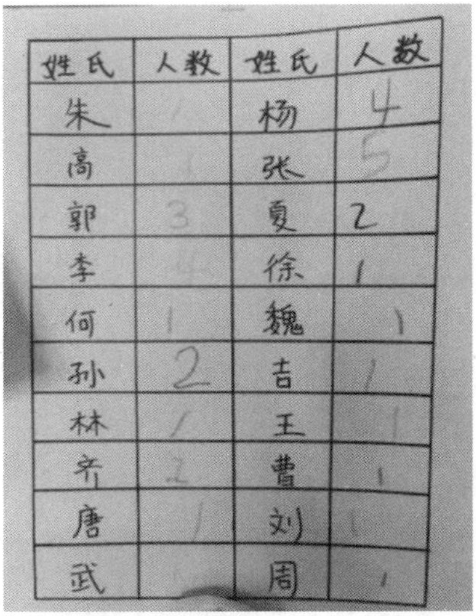

图 3–51　姓氏大统计

（2）姓氏有几画

在完成姓氏统计后，幼儿发现有的小朋友姓氏笔画多，有的小朋友姓氏笔画少，于是幼儿就针对自己姓氏进行笔画统计，在教师的配合下，幼儿通过书写与点数，不仅了解到自己姓氏的正确书写顺序以及笔画，也通过幼儿之间的交流分享，了解了其他同伴的姓氏书写顺序以及笔画，获得了知识的积累。

（3）名字的故事

中国的姓氏文化源远流长，幼儿从自己的姓氏出发，向上追溯，感受姓氏的一脉相承和变迁。于是我们开展“名字的故事”问卷调查，幼儿通过分类、概括、记录、分享，在探寻中建立和家庭、自我的深层联结。

通过调查，幼儿总结出姓氏是由爷爷传给爸爸，爸爸传给孩子的，姓氏具有传承的意义。在分享环节，幼儿纷纷介绍自己名字的由来，苒苏说：“我的名字里的苒是美丽大方、温婉的意思，爸爸妈妈给我取名叫苒苏，是希望我能像草木一样茂盛，茁壮成长。”恬祎说：“我的恬寓意是美好，甜蜜幸福。”馨允说：“妈妈说馨允的意思是希望我可以成为一个品德高尚的人。”每个名字，或源于诗词典籍，或依托生辰传说，或蕴含着美好寓意……它们都寄托了家人的爱和期望。幼儿在讲述分享的过程中，对自己与他人的名字有了新的认识。生活教育是以生活为中心之教，探索姓名奥秘的奇妙旅程,让幼儿了解到源远流长的中华文化,收获了饱含祝福的成长。

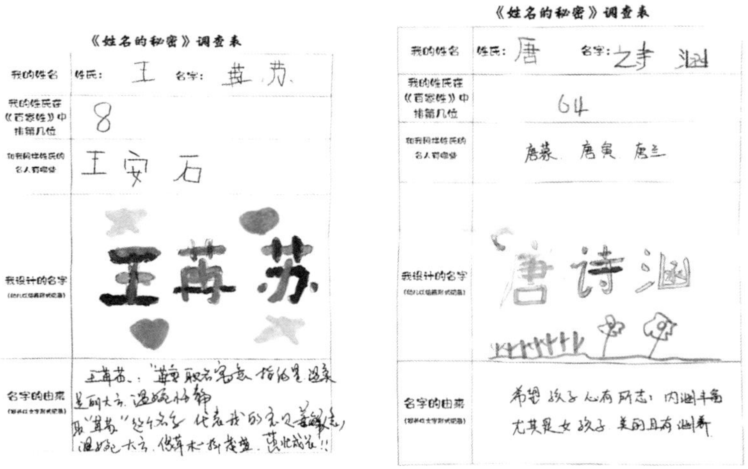

图 3-52　名字的故事

（3）主题播报——我的名字

我们结合问卷调查的方式开展主题播报活动,在主题播报环节中,有许多幼儿能详细介绍与自己同姓的历史名人,其中不乏诗人、作家等文学巨匠。在介绍过程中,他们还会分享诗人的作品,并对其进行诗词鉴赏。其他小朋友在听到这些后,都表现出了浓厚的兴趣,主动向教师请求学习这些古诗词。因此,在幼儿的建议下,我们为大二班制作了一本诗词集,用以在日常活动中积累和学习。在艺术季开放活动中,幼儿通过诗词接龙、飞花令等形式,展示了本学期所积累的诗词知识。

（4）诗词雅韵

本学期本班共诵读了 20 多首古诗,幼儿积累近百个字词。内容形式丰富,不乏像《念奴娇·中秋》《将进酒》《沁园春·长沙》等长篇幅的诗词。我们将幼儿日常所学的古诗词制成诗集和书签,投放至图书区供日常使用。

图 3-53A 至图 3-53D 诗词雅韵活动

诗集的制作也蕴含着丰富的教育价值,我们选取每首古诗词相对应的图片当做诗集背景,幼儿一方面可以在诵读的过程中进行识字,另一方面结合图片让幼儿更加深入地了解古诗词的内容,帮助他们理解其中蕴含的深意,了解中国历史,从而认同中国的传统文化和民族精神。幼儿通过诵读体会语言和韵律的节奏美,发展审美能力,感知中华优秀传统文化的博大精深,在心中种下传承文化的种子。

(三)品汉字魅力

表 3-18   "字字不倦"主题实施一览表

活动内容	主要目标	支持策略	生成活动	发展领域	年龄班
品汉字魅力	1.能用清晰、正确的语言诵读经典诗词,知道古诗词和现代诗风格不同 2.能初步感受诗词、诗歌的美 3.知道汉字的读音包含多音字、同音字,能感受不同音调表示的不同含义 4.知道一些汉字代表着美好的寓意,能感受其中蕴含的文化价值	教育活动: 1.语言活动:文房四宝 2.艺术活动:滴墨成形 3.语言活动:毛笔的种类 家园共育:共创诗集 环境创设:主题墙布置	主题活动:水墨山水	语言 社会 艺术 科学	大班

1.文房四宝

中国汉字的魅力是中华民族智慧的一种结晶和象征,在汉字这四方的世界有着无穷的魅力和力量,看到了古人的智慧和时代进步的历程,那么汉字的书写工具有哪些呢?追随着幼儿的兴趣点,我们开展了文房四宝的系列探究活动。

(1)笔

小朋友们接触到了各种各样

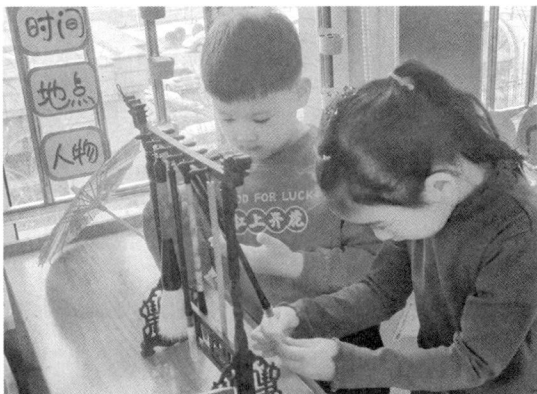

图 3-54   体验文房四宝

的书写工具,但是对于毛笔他们是陌生的,这也激发幼儿的探索欲望。师幼一起细细地观察了笔的构成。

幼儿通过实际观察,认识到笔具是由多个部分组成的。为了深入了解这些部分的具体名称,我们发放了调查问卷,鼓励幼儿自主探索并寻求答案。在调查过程中,幼儿收获颇丰,他们不仅了解到笔的结构可分为笔顶、笔斗、笔端、笔锋等部分,还发现毛笔的命名与其所用材质有关,如羊毛制成的笔毛称为羊毫、黄鼠狼尾

毛制成的称为狼毫、多种毛制成的则称为兼毫等。

图 3-55 至图 3-57 体验毛笔

接下来师幼一起学习了使用毛笔正确的握笔姿势——五指握笔法：按、压、勾、顶、抵，幼儿纷纷体验，并且在这一过程中，与现代握笔姿势进行对比，引导幼儿发现握笔姿势的不同，规范幼儿日常握笔姿势。

学习了毛笔的正确握笔方法之后，师幼共同尝试对新购置的毛笔进行开笔处理。幼儿细致地观察毛笔在水中逐渐泡开的过程，意识到未曾开笔的毛笔是无法直接使用的。经过开笔处理，幼儿充满热情地展开了他们的初次创作。教师将幼儿的作品展示在主题墙上，以便让幼儿互相欣赏、交流学习。

（2）墨

在磨墨过程中，幼儿通过摸一摸、看一看、闻一闻的方式亲身体验了解墨的形态、气味等。过程中，幼儿都表现出极大的好奇心。幼儿带着好奇心，我们开展了科学活动"墨的浓淡"。幼儿动手尝试往墨里加水，了解到水的多少会影响墨的浓淡。经过实验得出结论：水放得越多墨越淡，由此我们认识了墨的"五色"。幼儿亲自动手体验研磨，并且利用自己研制的墨汁写一写、画一画。

幼儿初次接触墨汁书写姓名及创作绘画，充满好奇与喜悦。当我们与水墨相逢，诸多有趣之事随之而来，幼儿对水墨的热爱日益加深，纷纷用自己的作品装点教室。为深化幼儿对墨与笔的认识，我们进一步接触并体验中国传统艺术表现形

式——水墨画。

在艺术欣赏的过程中,大家共同了解了许多著名的国画大师及他们的水墨佳作,幼儿跃跃欲试,急切地投入创作之中。

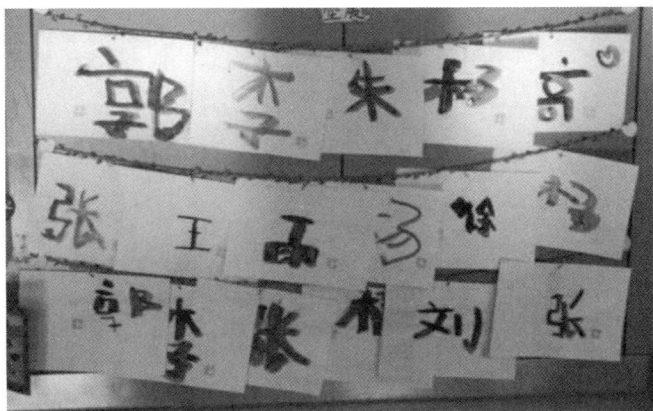

图 3-58 至图 3-59 体验水墨画

图 3-60 动手尝试水墨画

（3）纸

在主题的推进过程中，幼儿对造纸术产生了强烈的探索欲望，于是我们追随幼儿的兴趣，开展了"体验造纸术"主题活动。幼儿通过图片、视频、故事，了解了造纸术的由来和制作方法，懂得了一棵树要制作成一张纸有着非常复杂的工序，知道造纸术是中国的四大发明之一，对造纸产生了更加浓厚的兴趣。我们提前准备好了各种废纸、白胶，还有一些其他辅助材料，于是"造纸之旅"开始了。

在造纸的过程中，幼儿大胆猜测，尝试制作造纸模具，积极解决"怎样让纸变得更碎"的实际问题，在撕纸—碎纸—打浆—抄纸—晒纸的过程中，一张张"纸"在幼儿手中诞生了。我们随着幼儿的兴趣一起行走在"纸"间，不仅提升了幼儿的动手能力，还在探究中获得了成长，进一步了解了中国四大发明之一的造纸术，获得了关于纸的经验，感受到了造纸术的独特魅力，了解了我国传统文化。

（4）砚

中国传统手工艺品之一，砚与笔、墨、纸称中国传统的文房四宝，是中国书法的必备用具。教师和幼儿共同欣赏了各式各样的砚台，以及砚台的制作工艺，幼儿感受到中国工艺的精美绝伦，自己也忍不住想创作属于自己的"砚台"。

一笔一墨传国粹，一砚一纸润童心。通过本次探究活动，幼儿在动手操作与发现中体验自主活动的乐趣，感受中国悠久的历史，感悟民族文化之美，感叹中华文化的博大精深！我们相信，在润物细无声的教育中，可以把传承的种子植在幼儿心

间，刻进他们的记忆，令其生根发芽。

（5）致敬非遗

随着主题的深化，我们还和幼儿共同观看笔的制作工艺、墨块的制作工艺。观看过程中小朋友们忍不住赞叹，研磨者的工匠精神，研制一块墨竟然需要这么烦琐的工序并且要等很长时间才能研制出来一块上好的墨块。

幼儿通过观察匠人们的劳作，学习他们身上吃苦耐劳、专心合作的精神，有助于培养他们认真、细致、专注、创造等优秀的"匠人精神"。

2. 博物汉字——诗词大会

古韵诗香，陶冶幼小心灵；诗词之美，如光影映照四季更迭。在主题播报环节，幼儿通过介绍与自己同姓氏的诗人，以及分享诗人的作品，已学会众多古诗。在艺术季开放活动中，幼儿以诗词接龙、飞花令等形式，展示本学期所积累的知识。通过摇铃抢答的形式进行飞花令，既增加了活动的趣味性，又在游戏过程中锻炼了幼儿的专注力，培养了规则意识和竞争意识。

五、主题收获

（一）跟随兴趣，走进儿童

在本次活动实施过程中，教师顺应幼儿的兴趣和需求，挖掘具有教育价值的内容，敏锐地捕捉幼儿的语言，找到可操作、能拓展的支点，让幼儿在轻松、愉悦的环境中，直接感知、亲身体验、实际操作。

（二）实践操作，情感升华

本次主题符合大班幼儿年龄特点，活动过程中教师能够成为幼儿学习活动的支持者、合作者、引导者，并为幼儿提供合作的机会，通过"结绳记事""创编象形文字小故事""活字印刷术"等活动，幼儿不仅认识和了解了中国汉字的源远流长，知道了汉字的起源和发展，提升了前阅读、前书写能力，也培养了赞美之情、感激之情、不舍之情。

（三）能力培养，科学衔接

汉字不是一个简单的符号，汉字与我们息息相关。中国文字有数千年的历史，通过了解汉字特征，让幼儿对汉字概念有了初步的认识，并在写写、画画的过程

中,锻炼了幼儿手部动作的灵活性和协调性,积累了前书写的经验,同时促进幼小衔接,培养幼儿前阅读、前书写的能力,科学做好幼小衔接。

（四）深挖资源,传承文化

在后期,园所还会尽可能多地创造幼儿与教师、幼儿与幼儿之间个别交流和自由交谈的机会,继续挖掘中华汉字的文化根源,鼓励幼儿探索更多文字符号的奥秘,让幼儿在文化育人的浸润下,做小小文化的"传承者",促进幼儿身心全面和谐发展。

★ 附件 1：主题墙饰

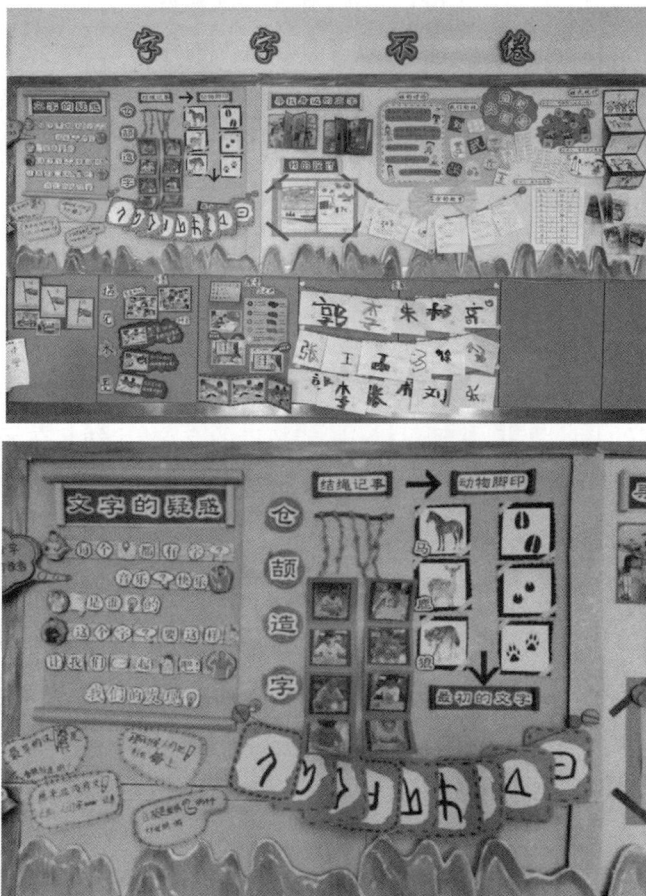

图 3-61 至图 3-62　汉字主题墙饰

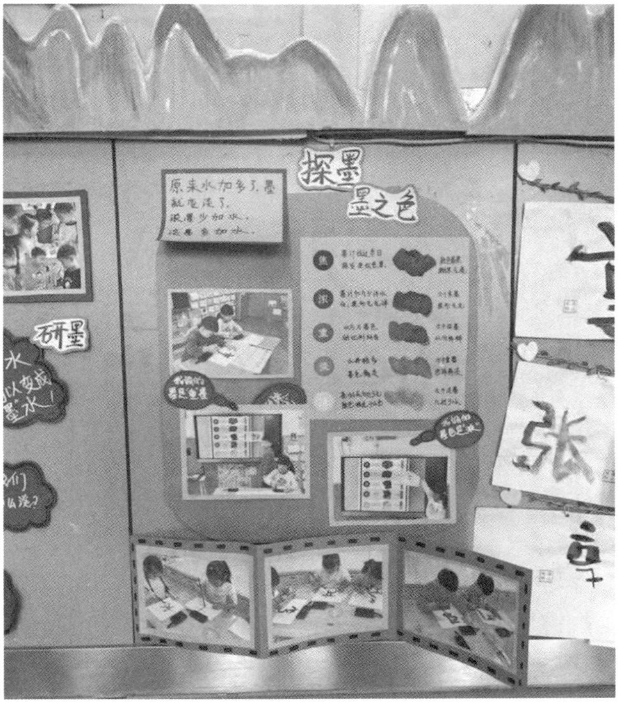

图 3-63 至图 3-64　汉字主题墙饰

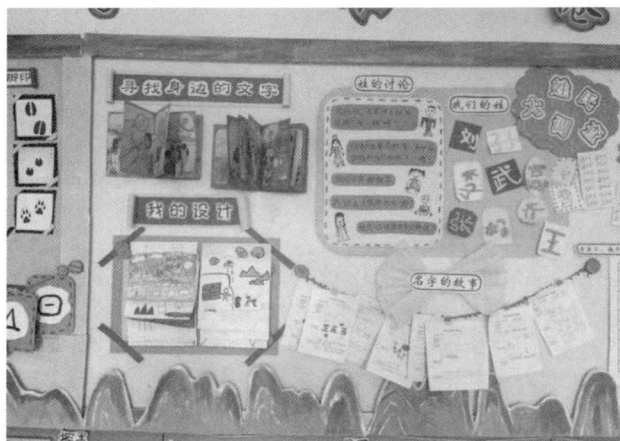

图 3-65 至图 3-67 汉字主题墙饰

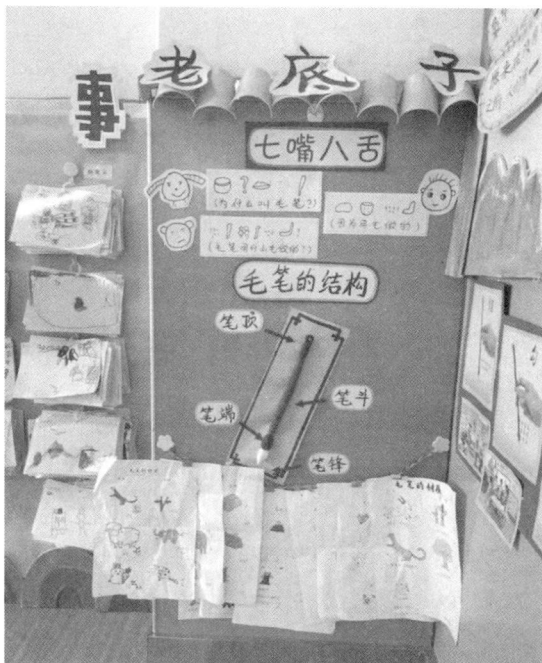

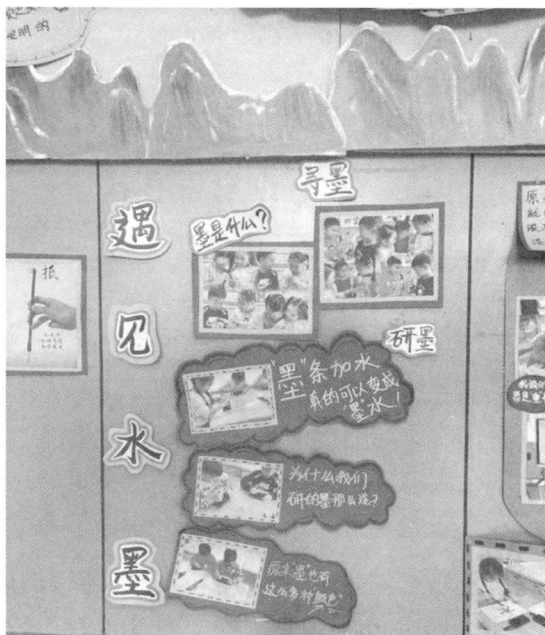

图 3-68 至图 3-69　汉字主题墙饰

图 3-70　汉字主题墙饰

★ **附件 2：主题游戏活动**

活 动 一　创意象形字

【活动目标】

1. 能创造性地运用多种材料制作象形字,在拼字的过程中了解汉字的演变过程。

2. 能大胆讲述自己的游戏过程。

【使用材料】

钮扣、棉签、雪糕棒、扭扭棒、彩色毛线球、吸管、剪刀。

【游戏过程】

请幼儿自主选择游戏材料,对自己认识的汉字进行创意象形字制作。每个字可以使用多种不同的材料。比一比谁拼的字最多,使用的材料最丰富。

活动二 身体拼汉字

【活动目标】

1. 愿意参与游戏，能充分调动身体各个部位拼出汉字。

2. 能和小朋友合作拼字，体会合作游戏的乐趣。

3. 能认真观察小朋友们拼出来的字，并说出汉字的读音。

【使用材料】

身体的各个部位。

【游戏过程】

用身体拼搭汉字分为两种形式，一种是单人拼字，即一个人调动自己身体的各个部位，拼出汉字；另一种是合作拼字，由两名及以上的小朋友合作拼一个汉字，在这个过程中要注意各个笔画之间的关系。

在拼字的过程中其他小朋友要认真观察汉字拼得是否正确，并能读出汉字的读音。

活动三 神奇的造纸术

【活动目标】

1. 了解纸的特性及用途，知道中国是最早发明造纸术的国家。

2. 通过观察实验知道造纸术的基本过程，懂得珍惜纸张。

3. 感受造纸术的乐趣，培养动手操作能力，激发民族自豪感。

【活动准备】

纸、白乳胶、纱布。

【活动过程】

播放视频引导幼儿了解造纸术是我国四大发明之一，知道造纸的方法。完成纸—碎纸—打浆—抄纸—晒纸环节，通过制作感受造纸乐趣。

活动四 了不起的印刷术

【活动目标】

1. 了解印刷术的起源,认识活字印刷术的原理和过程。

2. 能动手操作体验印刷术的过程,对印刷术感兴趣。

3. 进一步体验中国人的智慧,知道印刷术对世界的巨大贡献。

【活动准备】

印刷术科普视频、刷子、纸、墨水、刻板。

【活动过程】

通过绘本《四大发明》引入主题,让幼儿思考一本书是如何制作的。观看视频,了解印刷术的发展及制作过程,激发幼儿对印刷术的兴趣。亲身体验制作过程,认识到古代人的智慧,和印刷术对世界进步作出的贡献。

活动五 姓氏大调查

【活动目标】

1. 调查自己的姓氏由来,了解百家姓。

2. 能统计班里和自己同姓氏的人数,大胆说出统计的结果。

3. 感受中国姓氏的丰富内涵。

【活动准备】

了解家庭成员的姓名。

【活动过程】

通过调查分析,知道姓氏具有传承的意义,并了解与自己姓氏相同的名人故事,能和大家进行分享。

在过程中对姓氏的种类进行统计,最后通过材料能摆出自己的姓氏,并知道自己的姓名在生活中的用处。

★ 附件3：主题实施教育活动

活动一 大班艺术活动：滴墨成形

【活动目标】

1. 能根据墨汁滴入水里发生的现象，描述画面内容。

2. 喜欢玩滴墨拓印游戏，能根据自己的想象添画。

3. 感受水墨画的美，体验水墨游戏的乐趣。

【活动重难点】

活动重点：能根据墨汁滴入水里发生的现象，讲述画面内容，并感受水墨之美。

活动难点：喜欢玩滴墨拓印游戏，能根据自己的想象添画。

【活动准备】

1. 人手一张操作纸。

2. 水盆、墨汁、毛笔、抹布。

3. 课件制作。（央视广告《相信品牌的力量》）

【活动过程】

（一）活动导入

教师：今天老师要请你们看一段好看的视频，看完以后和我分享一下，你看到了什么？（教师播放视频，幼儿观察并回答）

教师：那么多图案，它们是怎么形成的呢？（幼儿思考并回答）

教师：我这里也准备了一些墨汁，我们一起来看看墨汁是不是有这个本领。（教师操作，幼儿观察，教师操作完毕以后，问幼儿发生了变化，幼儿思考并回答）

教师：墨汁滴入水中引起的这种变化叫做扩散现象，说说看是什么现象，幼儿跟读。

（二）实验、观察

教师出示教具：引导幼儿操作，观察墨汁滴入水中的现象，并做记录。

幼儿操作实验，教师指导。

汇报实验结果。

（三）自由作画

教师：出示艺术家利用墨汁扩散现象的视频，幼儿观察。出示教师的操作视频，结合视频讲解操作过程，幼儿认真观察。

教师：你们想不想试一试？

幼儿进行花瓶制作，教师指导。作品评价，请幼儿选出自己喜欢的花瓶，说一说在画面上看到了什么，通过详细的语言描述出来。

（四）小结

教师：今天我们一起玩了水墨拓印的游戏，怎么样？我们的水墨是不是很神奇？虽然它只有一种黑色，但是呈现出来的效果却是有明有暗，有深有浅，这就是我们中国人的智慧，是属于我们中国人的独一无二的审美。

【活动延伸】

引导幼儿自己查阅资料，进一步了解中国的文房四宝。

活 动 二　大班艺术活动：汉字变变变

【活动目标】

1. 理解象形文字的含义。

2. 能够根据象形文字进行借形想象，大胆添画成新形象。

【活动重难点】

活动重点：能够根据象形文字进行借形想象，大胆添画成新形象。

活动难点：理解象形文字的含义。

【活动准备】

动画片片段、背景音乐、记号笔、油画棒、象形字的画纸若张。

【活动过程】

（一）欣赏动画片《36个字》，引起兴趣

1. 理解象形文字的含义，萌发创作愿望。我国古代有许多象形字，象形字就是利用图来当文字使用的，它们在形状上非常相像。

2. 动画片中象形文字越来越多，幼儿尝试猜测象形文字的意思，随着画面越来

越丰富,文字最后组成了一个完整的故事。

（二）幼儿尝试借形想象

1. 教师出示多张象形文字,请幼儿猜字并进行想象添加,感受象形文字的趣味性。

2. 幼儿选择喜欢的象形文字进行借形想象。启发幼儿可以拿着字从上下左右不同方向转着看,想象它像什么。

3. 教师巡回指导。

（1）教师帮助个别能力弱的幼儿丰富画面。引导幼儿可以从不同角度观察,文字像什么,在什么地方添画。

（2）提醒幼儿主体物要大,线头要连贯。

（3）对有创意、画面安排合理的幼儿进行及时的点评,起到推广作用。

（4）提醒动作快的幼儿可以在画面上添画相应的背景。

（5）用油画棒给画面添上丰富的颜色。

（三）展示欣赏

1. 幼儿互相介绍自己的作品,提升语言表达能力。

2. 教师边欣赏、边引导幼儿说说画面里的故事,进一步感受汉字变变变的乐趣。

3. 重点评价想象丰富、构图合理、涂法新颖的作品。

4. 我国古代有许多文字可以变出各种不同的画面,你们有没有兴趣呢? 那我们再去找些文字吧。

【活动延伸】

请小朋友活动后继续寻找喜欢的象形字进行借形想象,也可以用自己的名字进行想象创作。

第六节 红船,红船

一、主题来源

户外沙水区开放啦!这是幼儿最喜欢的区域(图 3-71)。来到沙水区,幼儿纷纷将自己折好的纸船放在水面上,比一比谁的纸船最厉害。小常将自己的纸船放在水池里,小船浮了起来,他指着小船大声对我说:"老师,快看我的船浮起来啦!"大家瞬间围了过来。"来看看我这个!我的也可以了!"赫赫说:"这是我做的独一无二的船。"其他小朋友争相拿着自己的小船围在水池旁讨论,其他人在一旁安静地听着。

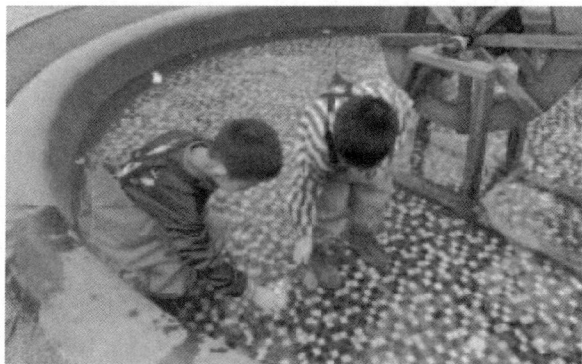

图 3-71 沙水区

回到教室,幼儿还在讨论着船的材质、船的外形等,这时牛牛说:"老师,我还知道一个特殊的船——红船!"其他小朋友也来提问:"什么是红船?""是红色的吗?""它在哪呀?"……听到这一系列问题,牛牛一时没有回答上来。由此,幼儿关于这艘特殊的船——红船的探索逐渐开始了。

二、主题总目标

1. 深入了解红船故事,能够知道中国共产党成立的历史背景以及主要创始人等,能够用自己的话讲一讲红船建党的经历。

2. 愿意用多种方式探索船舶，通过多种途径搜集线索，学会归纳总结，愿意将发现的成果以及自己的经验与他人进行分享。

3. 积极参与活动，不怕困难，遇到问题愿意尝试用亲身试验、实际操作的方式验证自己的想法，学会使用方法，做事情有始有终。

4. 通过了解红船故事，萌发对现实生活的幸福感和自豪感，热爱祖国，热爱中国共产党，为自己是中国人感到骄傲和自豪。

5. 学会用儿歌、绘画等方式表达自己对红船、对中国共产党、对祖国的热爱，愿意用多种方式表达自己的家国情怀。

三、主题网络图

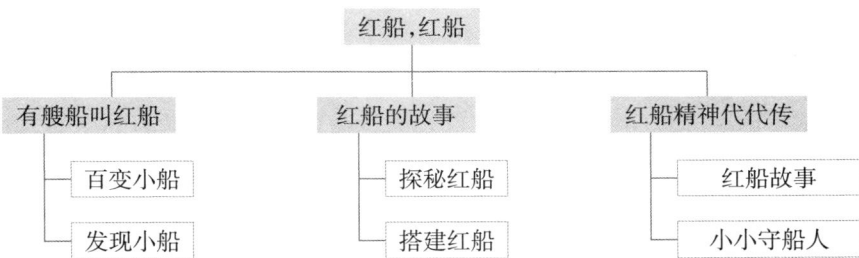

图 3-72 "红船，红船"生成网络图

四、主题实施过程

（一）有艘船叫"红船"

1. 百变小船

活动从幼儿感兴趣的纸船入手，激发幼儿探索小船的兴趣，支持幼儿通过各种方式探索小船，认识各种各样的船，如帆船、轮船、独木舟等。幼儿通过归纳整理船的类别、功能、材质等，再开展"折纸小船""建构小船"等活动，萌发"研制"我的小船的兴趣，收获成功的喜悦，并在活动完成后支持鼓励幼儿积累和分享经验。在发现船舶的过程中，幼儿十分骄傲地分享着船舶发展历程的相关知识，见证着我们祖国逐渐复兴繁荣强大的经历，在内心萌发爱国之情。

2. 发现小船

在探究船舶的过程中,牛牛通过主题播报的形式为大家介绍了一艘特殊的船——红船。小小红船承载千钧,了解红船也是了解中国共产党艰辛的发展史,红船精神值得我们永远传承和发扬。值此教育契机,通过这只小小的红船为幼儿初步介绍了南湖红船的事迹,也在幼儿的心中种下了一颗小小的爱党的种子。

(二)红船的故事

1. 探秘红船

初步了解红船故事后,幼儿们自发地开始搜集南湖红船的资料,在每周进行的主题播报中,其他小朋友为大家讲述了红船建党的故事。1921年,中共一大在浙江南湖的这条游船上闭幕,宣告中国共产党的诞生。这条游船因而获得了一个永载中国革命史册的名字——红船。幼儿在主题播报的过程中充分了解红船的故事,感受红船精神和中国共产党的革命传统,知道中国共产党的建党日期,感受人民不畏艰险、勇于面对困难的决心与意志,萌发向革命伟人等榜样学习的愿望。幼儿更加坚定要传承和发扬"红船精神",争做时代好少年!一起唱红船、诵红船!

2. 搭建红船

关注到幼儿通过红船,对中国共产党、中国革命道路、什么是党徽、什么是党员等产生了浓厚兴趣,我们为幼儿在班级中开辟了童心向党思政墙,与幼儿共同创设童心党建环境,过程中投放了党徽图解、党建故事绘本等材料,鼓励幼儿主动探究、相互交流,进一步加深幼儿对祖国、对中国共产党的了解和热爱。

图 3-73　搭建红船

百余年征程波澜壮阔,百余年初心历久弥坚,而南湖红船是我们党梦想起航的地方。通过以上活动的积累,激发起幼儿想要自己动手再现一艘红船的愿望,我们的"红船故事"就此开始了……

（1）故事一：红船初探

工程量大，无从下手。来到自主游戏区，幼儿兴奋地想要开始搭建，但是即使有共同的搭建目标，大家还是你搭你的，我做我的。我们的"红船"最终没有什么进展（图7-73）。在回溯环节，通过讨论，发现由于没有进行计划，大家就像一盘散沙。于是，牛牛建议可以进行小组搭建，先画好设计图，再根据设计图进行搭建，以此来增强大家游戏的目的性。

合作分工，小组协商。组长利用绘画的方式画出了设计图，并且根据设计图对组员进行分工，每位成员都各自忙碌着，红船逐渐成型。幼儿在具体情景的活动中，真正体验到分工和合作的重要性。

在"红船初探"的过程中幼儿遇到了很多问题，如分工不明确、搭建目标不相同等。面对困难，作为教师并没有直接给出答案，而是在回溯环节引导幼儿回顾活动中的困难和问题，并在相互交流中找到解决问题的方法。

（2）新的红船故事

新的搭建地点。路过的小朋友们发现了幼儿园大门口的红船，争先恐后地来看，并不自觉地摸摸这、碰碰那。但是，转天幼儿发现，我们的红船有些被破坏了（图7-74）。园长妈妈发现了幼儿略有沮丧的情绪，与幼儿商量可以把红船移至在二楼会议室里。

图3-74　幼儿园门口的红船

幼儿兴奋极了,马上着手选择合适的材料和分工。他们搬运积木,替换材料。幼儿这次选择使用碳素积木再现红船,因为有前期的经验,船底很快就完成了。由于材料不够,几个小朋友说一起合力搬运、清洗新的积木并决定一起清点积木数量(图3-75)。

图3-75　搭建红船

在清点彩条积木总数的过程中,幼儿先将积木按照颜色分类,按照十个一条规律码放,再按照十个十个数的方式数出一种颜色积木数量,最后利用工具计算器相加得出总数。回溯环节,我们一起梳理统计总数的方法,学会按组数数、群数,实现了经验的共享。

对称码放,保持平衡。幼儿发现搭建的船舱立不稳,且会摇摇晃晃。小花说:"会不会是因为积木码放得不好呢?"他们检查了所有的积木,小心地码放后整体还是会摇晃。他们几番尝试后都没有成功,一时没了办法(图3-76)。针对这一现象,在回溯中教师提供了很多关于红船的影像资料,将其与幼儿的搭建进行对比,便于幼儿观察。

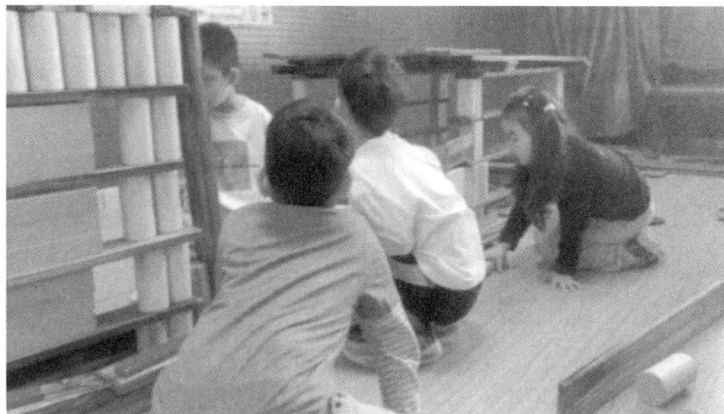

图 3-76　搭建红船

有小朋友发现说："小船两边是一样的。"带着这一发现，幼儿又投入搭建中，他们发现红船船舱左右两边不一样高，紧接着把两边高矮进行调整，很快小船能够稳稳立住了。解决问题的过程并不顺利，经历了很多波折，但是幼儿表现出了顽强的探究精神、合作意识和思考能力。

当码放好最后一块积木时，我们历时一个多月的红船终于完成了。幼儿围着红船欢呼，分享着成功的喜悦！

（三）红船精神代代传

1. 红船精神

通过搭建红船这一过程，幼儿也收获了许多经验。教师将幼儿搭建的视频、回溯的视频、遇到的困难等梳理出来，与幼儿一起回顾我们的"红船故事"，幼儿在过程中体验着团结协作、不怕困难、坚持不懈的中国红船精神。在我们的"红船故事"里，红船不仅仅是一首歌、一个故事，更是幼儿传承"红船精神"的最好实践。我们再现的红船，不仅承载着幼儿对于祖国的无限热爱，更是红色精神的薪火传承，让红色的爱国种子在幼儿心中萌芽生根！

2. 小小守船人

绘本《红船，红船》讲述了中国共产党从小小红船的星星之火，到领航复兴伟业的燎原之势，结合绘本，幼儿了解到了党的历史，也了解了一代代"守船人"的坚持与信仰，心中萌发了争当"小小守船人"的愿望，自发地寻找身边的红船，与红

船合影。幼儿纷纷述说着自己的梦想，描绘着祖国的美好未来，以及如何从自身做起，从现在做起，一点一滴建设我们美好的祖国。

五、主题收获

根据幼儿生成的红船主题，在过程中教师一直着眼于幼儿的兴趣点，依托红船主题，融入五大领域的教育活动。我们将红船精神、红船建党的抽象概念，以幼儿喜闻乐见的方式梳理出来，并通过幼儿亲身实践，体验红船精神，感受当今幸福生活来之不易，从而由内而外地萌发争当"小小守船人"的决心与愿望。

通过此项主题活动，我们发现要根据幼儿的特点，把祖国、中国共产党这些抽象的概念转变成幼儿能够理解的具体的人、具体的事情、具体的事物，从而在潜移默化中，让爱党爱国的种子在幼儿的心中生根发芽。

★ 附件1：主题墙饰

图 3-77　活动展示

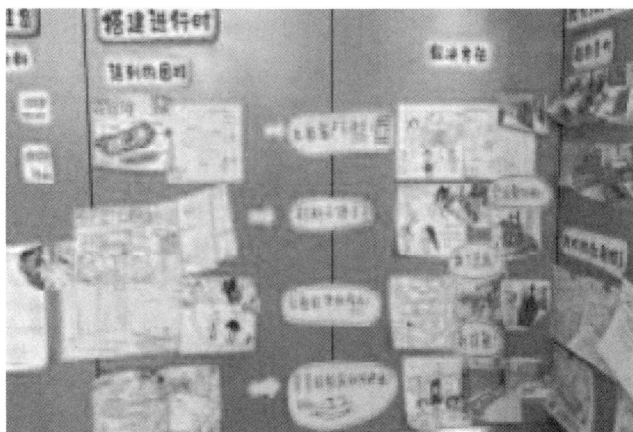

图 3-78 至图 3-79　活动展示

★ 附件 2：主题游戏活动

活 动 一　搭建红船

【游戏目标】

1. 认识红船，理解船的外部形状以及内部构造。

2. 能够动手搭建红船，在这一过程中实现自己的创意与想法。

3. 在搭建遇到困难时,能够积极寻找解决方案,尝试多种搭建方法。

【使用材料】

不同形状的木板、木块,彩色木条,KT板等。

【游戏过程】

结合园本自主游戏活动,深入开展了红船搭建的建构游戏,鼓励幼儿使用不同材料搭建红船。

活动二 材料点数大比拼

【游戏目标】

1. 理解点数、群数等统计方法,能够自己计划并统计使用材料的数量。

2. 学会使用多种方法,在最短时间内正确统计物品的数量。

3. 积极参与游戏,在过程中体验数学的乐趣,喜欢参加活动。

【使用材料】

纸、彩色铅笔、尺子、搭建木条等材料。

【游戏过程】

在搭建红船的过程中,生成了计划与统计的游戏契机,通过将材料分类、点数、群数等方法,学会统计材料的数量,在最短时间内找到正确数量的物品。

活动三 红色故事表演

【游戏目标】

1. 理解红船故事,能够完整表达。

2. 通过绘本、图片等道具,小组配合能够进行创意讲演。

【使用材料】

红船绘本、课件等。

【游戏过程】

给予排练道具和时间,小组或者个人讲演红船或红色故事,小组教师讲评。

★ 附件 3：主题实施教育活动

(活)(动)(一) 大班语言活动：红船故事

【活动目标】

1. 知道中国共产党成立的历史背景以及主要创始人，了解红船建党的经历。

2. 愿意了解中国共产党的故事。

3. 萌发对现实生活的幸福感和自豪感。

【活动准备】

绘本《红船，红船》课件、红船模型。

【活动重难点】

活动重点：知道中国共产党成立的历史背景以及主要创始人，了解红船建党的经历。

活动难点：激发了解中国共产党历史的兴趣。

【活动过程】

（一）出示党徽

师：幼儿，你们知道老师胸前佩戴的是什么徽章吗？

提问：党徽长什么样子？它是由什么组成的？

提问：它代表什么？（中国共产党）

（二）讲述绘本故事

1. 根据课件，聆听故事绘本，提问：为什么大家要去船上开会？

2. 总结故事内容。

（三）分享体会和想法

1. 幼儿之间交流自己对红船的了解，进行相互探究。

2. 师幼共同总结、梳理什么是红船精神。

【活动延伸】

结合自主游戏区的活动，鼓励幼儿灵活运用材料进行红船搭建。

第七节 嗨, 福建舰

一、主题来源

在户外沙水区, 小常拿了一个折好的纸船放在水池里, 小船浮了起来! 他指着大声对我说: "老师, 快看船, 我的浮起来啦! "大家瞬间围了过来。"来看看我这个! "赫赫说: "我的可是中国最厉害的船。"说着他也放下了他的纸船。"我的这个厉害! 它上面还有导弹呢, 这叫军舰。"赫赫满脸骄傲地指着说。大家围在一起安静地听着。

二、主题总目标

1. 对船舶、军舰和中国海军感兴趣, 从而对其中的工作人员萌发热爱和崇敬之情。

2. 愿意分享自己了解到的知识内容, 乐于探索、大胆表达。有做小海军战士的愿望, 并为此付出努力, 做好力所能及的事。

3. 喜欢科学探究活动, 不怕困难, 愿意尝试用亲身试验、实际操作的方式验证自己的想法。

4. 热爱祖国, 为自己是中国人感到骄傲和自豪。

三、主题网络图

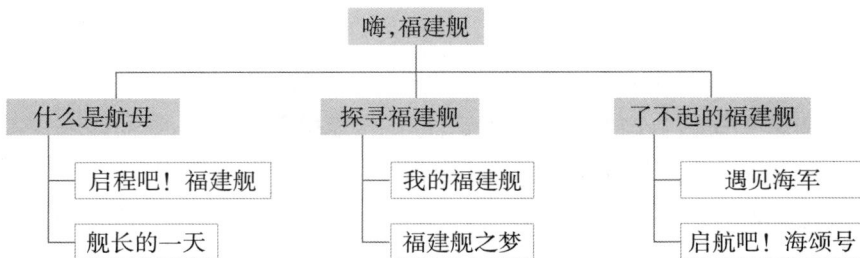

图 3-80 "嗨, 福建舰"生成网络图

四、主题实施过程

（一）探寻福建舰

装载舰载机并提供海上活动基地的大型水面战斗舰的航母，吸引了幼儿的注意力。我们一起了解航母，并通过幼儿可以感知的方式，实际感受航母的巨大。舷号 18 的福建舰是我国完全自主设计研制的航母，拥有超长甲板、电磁弹射和阻拦装置，幼儿在了解福建舰的过程中，不断被中国智慧所震撼。

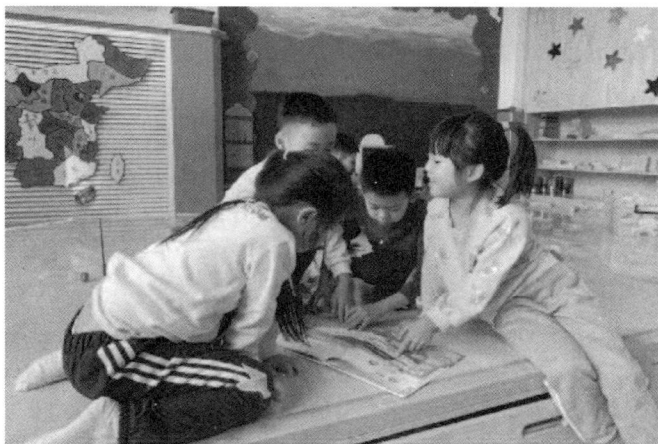

图 3-81　探寻福建舰

"什么是航母？什么是福建舰？""福建舰有多大？"幼儿充满了好奇，我们为幼儿提供相关绘本书籍，以及相互交流探索航母发现的机会和条件（图 3-81）。幼儿了解到航母的高度是二十多层楼高，长度三百多米，幼儿园只有三层，可比幼儿园高多了。"幼儿园旁边有二十多层的楼。"牛牛边指边说："就在那。"看着高高的楼房，幼儿发现原来三百多米的航母这么高。

我们还请来了马叔叔，他就是一名现役的海军官兵，他为我们讲解："航母不是一个人驾驶，它有一间驾驶室很多人一起操作，它上面有许多飞机。而且，上面也有超市、图书馆、理发店、餐厅等，海军战士的生活也是很有趣的，陆地上有的好吃的上面也有。"

（二）厉害了！福建舰

"我长大了要当科学家，设计更多强大武器保护我们的国家。""我也是，我要当军人，我也要保护我们的国家。"随着主题的开展，幼儿纷纷发出这样的感慨。幼儿了解福建舰、了解中国航母的强大，其中骄傲之情油然而生。我们也能设计出强大的福建舰呢！幼儿用画笔描绘着自己心中的福建舰、中国航空母舰。结合园所投放的自主游戏材料，幼儿尝试用多种多样的材料畅想自己心中的"我的福建舰"。

幼儿在玩一玩、搭一搭的过程中，尽情想象着未来的中国航空母舰。馨馨说："未来的航母肯定比现在的还要大！还要长！"皮皮说："有雷达系统，还有更多的高科技！"艾铭说："未来的航母肯定特别厉害！"幼儿将搭建好的"福建舰"分享给同伴们，介绍着自己的航母。幼儿一起讨论航母的优缺点，为"福建舰"提出小建议，其他幼儿仔细地听着，在行动中不断改进，并且坚信着这些奇思妙想终会在"福建舰之梦"实现。

（三）了不起的航行

人民海军从无到有，从小到大，从弱到强，其中涌现出数不清的科研工作者，造就了世界一流的海军重器，彰显了中国强大的军事和科技力量。幼儿关注中国海军的发展进程以及体现家国情怀的科研工作者，从而萌发爱科学、爱航天、爱祖国的情感。与海军叔叔特殊的见面，给予幼儿关注我国航天科技成就的机会，帮助幼儿萌发荣誉感，激发幼儿作为中国人的骄傲和自豪，进一步促进即将步入小学的幼儿树立远大理想，学好本领，将自己的职业梦想与中国梦紧密结合起来。

头戴海军帽，身着海军服，庄严威武的海军战士深深吸引了幼儿的注意。幼儿们纷纷说："我将来也要像海军叔叔一样，保卫祖国的海疆。"于是，我们结合幼儿的兴趣点，生成"我爱祖国之小海军"活动。

海军对于幼儿来说既熟悉又陌生。幼儿在了解的过程中产生了一系列的问题。

臭臭说："海军为什么都很勇敢？"润润说："他们是如何生活的？"铭铭说："他们是如何练就一身武艺的？"

想要成为一名有用的人，就必须增强自己的本领，幼儿驾驶着"海颂号"开始进行各项幼小衔接的准备，驶向小学。

我们继续进行了关于"船""舟"等古诗词的背诵和赏析,通过了解古诗词中的时代背景以及作者抒发的伟大情感,体验其中的家国情怀。并且,在积累了大量诗词内容后,幼儿通过游戏、比赛的形式,进行古诗词接龙、飞花令等游戏,在活动中体验着中国古诗词的韵律美。

图 3-82A 至图 3-82F　活动展示

在此基础上,接连推进了数学逻辑、认读游戏等幼小衔接入学准备（图 3-83、3-84）。"小海军"们努力成长,在离园之际,大班的幼儿参与了大班成果展示的活动,就在幼儿园学过的知识、能力向家长们做了一个全方位的展示。在活动中幼儿们积极表达,踊跃发言,三年的幼儿园时光,在丰富多彩的教育教学形式中收获成长。

图 3-83　大班成果展示

图 3-84　大班成果展示

此外园长妈妈带来一个小考验——"我和我的祖国"思政教育活动,在此活动中涵盖了这一学年以来学过的中国最高、中国最快等关于祖国的小知识(图5)。在活动过程中,幼儿有着出色的精彩表现,运用完整语句讲述着自己的所见所闻,积极表达着自己的所知所感,以"小海军"为目标,畅想着自己的未来,爱国主义情怀真正地铺满幼儿心中。

图 3-85　公开课

五、主题收获

(一)预设与生成

教师需前期预设活动进行的脉络,注重活动中幼儿的表现,密切把握幼儿在活

动中的兴趣方向，随时调整活动内容和呈现方式。关注幼儿在活动中生成内容的价值，主题内容的选择注意预设与生成相结合。

（二）表征与操作

主题开展不能脱离于幼儿一日生活，它应该融于幼儿各领域之中，具有探究性的内容，教师应鼓励幼儿大胆实践、亲身操作、细心求证。绘画、美工作品、搭建、表演等都是幼儿情感外化的表现形式，应积极鼓励、创设条件。

（三）将思政教育融入其中

关注国家航海事业的发展，感受中国军人的家国情怀。以此为契机进行爱国教育，幼儿更能共情共感，集体国家对于我们的意义。关注我国科技的成就，萌发幼儿自豪感和荣誉感，激发幼儿作为中国人的骄傲和自豪，进而促进幼儿树立远大理想，将自己的职业梦想与中国梦紧密结合起来。

筑梦深蓝，励志图强；有志者，不负韶华。让我们一起增强本领，寄托着第二个百年奋斗宏伟目标，为实现中华民族伟大复兴贡献自己的力量。

★ 附件 1：主题墙饰

图 3-86 "船的故事"主题墙

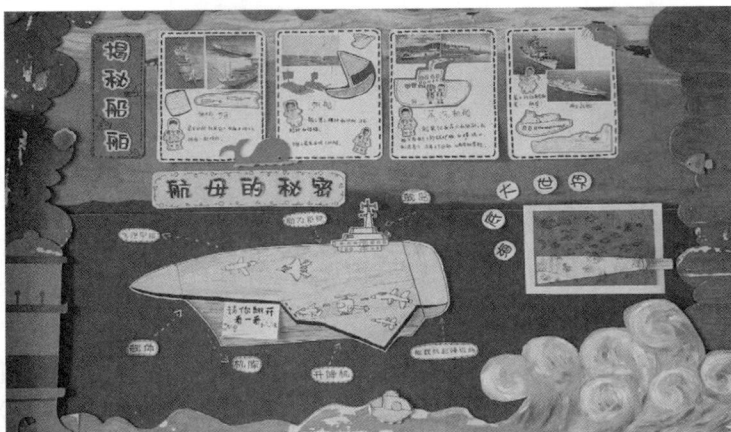

图 3-87 "揭秘船舶"主题墙

图 3-88 "驶向小学"主题墙饰

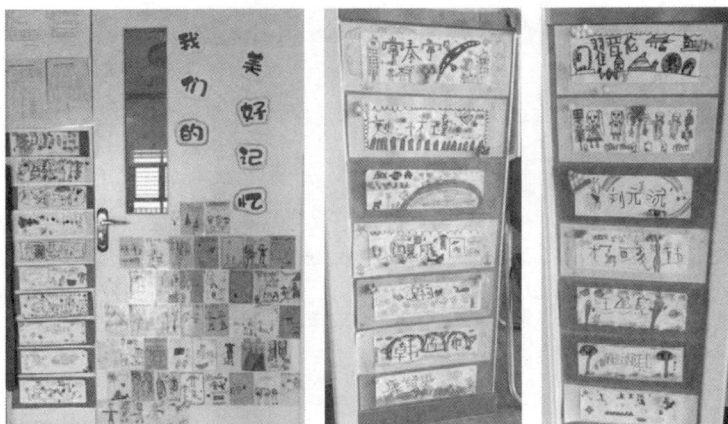

图 3-89 幼儿园美好回忆主题

★ 附件2：主题游戏活动

活动一 厉害了福建舰

【游戏目标】

1. 能够动手搭建出航母的外部形状以及内部构造。

2. 愿意合作搭建,在过程中实现自己的创意与想法。

3. 在搭建遇到困难时,能够积极寻找解决方案,尝试多种搭建方法。

【使用材料】

薯片桶、木板等低结构材料。

【游戏过程】

结合园本自主游戏活动,深入开展了搭建航母的建构游戏,鼓励幼儿使用不同材料搭建航母。

活动二 小小海军

【游戏目标】

1. 知道运动的重要性,能够积极参加活动。

2. 掌握一项运动技能,如跳绳、扔沙包等。

3. 能够进行合作运动项目,体验团结合作的成就感。

【使用材料】

沙包、跳绳、小车等材料。

【游戏过程】

根据绘本《舰长的一天》了解海军叔叔要拥有强健的体魄,鼓励每个幼儿参与运动会,争当小小运动员。

★ 附件3：主题实施教育活动

活 动 一 大班科学活动：厉害了！航母

【活动目标】

1. 初步了解航空母舰的外形特征、作用以及舰载机的种类和用途。

2. 在活动中仔细观察，大胆表达，乐于动手操作解决问题。

3. 了解我国国防力量的强大，萌发民族自豪感以及长大想要当解放军的愿望。

【活动准备】

航空母舰模型、有关航空母舰的视频、"辽宁号"的照片、没有舰载机的航空母舰平面图、六种舰载机的图片、迷彩纸。

【活动重难点】

活动重点：初步了解航空母舰的外形特征、作用以及舰载机的种类、用途。在活动中仔细观察，大胆表达，乐于动手操作解决问题。

活动难点：了解我国国防力量的强大，萌发民族自豪感以及长大想要当解放军的愿望。

【活动过程】

（一）视频导入，激发兴趣

播放航空母舰在海上巡航作战的视频，引导幼儿观察航空母舰的外形特征。

（二）小组讨论，总结航母特点

1. 引导幼儿回忆刚才看过的有关航空母舰的视频，并出示航母模型让幼儿边观察边回答问题。

（1）在视频中看到的军事武器叫什么名字？

（2）航空母舰是什么样子？有什么特征？

2. 共同讨论航空母舰的军事用途。

3. 发现并认识舰载机，了解航母上的舰载机的种类、名称、功能及用途。

（1）教师：请小朋友们回忆一下什么样的军事武器在航空母舰上起飞并去空中执行作战任务？

（2）教师：你们知道航空母舰上舰载机的种类吗？它们都各有什么用途呢？

（三）了解我国国防力量的强大，激发幼儿民族自豪感及荣誉感

教师：有了这些舰载机，航母就会变得更加强大起来，只有军事能力强大的国家才有能力研究和制造航母，这就标志着我们是一个军事能力非常强大的国家。我们应该为强大的祖国感到骄傲和自豪！

（四）教师播放音乐《学做解放军》

1. 教师用迷彩纸，并设计折舰载机。

2. 用折好的舰载机进行巡航作战任务游戏，教师播放音乐。

3. 教师请幼儿把折好的舰载机展示在航母上。

【活动延伸】

回家后和爸爸妈妈一起折一折小飞机，说一说航母的故事。

活动二　大班语言活动：小海军

【活动目标】

1. 自由探索学习海军手语，在活动中感到快乐。

2. 能够积极地用完整句表达自己的情感。

3. 感受海军不惧危险、勇于面对的责任担当，萌发保家卫国的情感。

【活动重难点】

活动重点：能够积极地用完整句表达自己的情感。

活动难点：自由探索学习海军手语，在活动中感到快乐；感受海军不惧危险、勇于面对的责任担当，萌发保家卫国的情感。

【活动准备】

1. 创设教室环境，投放海军帽、军旗、衣服、军舰模型等。

2. 海军系列片、"小海军"舞蹈视频。

3. 幼儿人手一面小红旗。

【活动过程】

（一）幼儿自选喜欢的海军器械活动

幼儿自选器械随音乐自由舞蹈。

（二）谈话引入海军主题

幼儿各抒己见，畅谈这些海军器械和自己对海军的了解。

（三）观看视频，感受海军的风采

1. 列举出可以见到海军的几种方式。

2. 模仿海军的动作，也可自由创编。

（四）创编舞蹈

幼儿运用自己所学到的动作自由创编舞蹈。

（五）观看舞蹈《我是小海军》

教师：这里有许多和我们一样大的小海军，他们也会做许多海军的动作，我们一起来看一看，学一学。

幼儿集体学习舞蹈，并分组表演。

（六）结束活动。

在教室里，教师和幼儿一起做自己喜欢的海军战士动作。

【活动延伸】

请家长配合带领幼儿参观军事博物馆。

第二篇

养正颂善，牢记家国担当

育人的根本在于立德。习近平总书记曾多次寄语少年儿童："如果第一粒扣子扣错了，剩余的扣子都会扣错，人生的扣子从一开始就要扣好。"养成良好的习惯，就是幼儿人生发展的"第一粒扣子"。本章节从"正己身""善友人""勇担当"三个维度，通过生活活动、实践活动等涵养生命智慧，引导幼儿养成良好的行为习惯，学会遵守规则，意识到勇于担当责任对自己、对他人、对整个集体的重要性，帮助幼儿获得归属感和认同感，以及丰富成长体验。

第四章

学规范，正己身

《3—6 岁儿童学习与发展指南》中指出："帮助幼儿养成良好的生活与卫生习惯，提高自我保护能力。"因此，根据幼儿年龄特点，在班级主题活动和日常活动中，融入培养生活和卫生习惯等内容，开展讲卫生、守规则、乐学习三个维度的活动。幼儿通过亲身体验和实际操作更加主动学习和实践，养成良好的生活和卫生习惯，提升其自我管理能力和社会适应性。

教育目标

1. 了解和掌握卫生常识和技能，提高生活自理能力，养成良好的生活与卫生习惯。

2. 理解、遵守日常基本的社会行为规则，养成良好的与人交往习惯。

3. 获得分类、计数等教学经验，提高语言表达能力，养成良好的阅读、倾听习惯。

表 4-1　"学规范,正己身"主题实施一览表

活动内容	主要目标	支持策略	生成活动	发展领域	年龄班
卫生	1. 知道随渴随喝,养成良好的饮水习惯 2. 知道正确的洗手方法,养成饭前便后、手脏时主动洗手的良好卫生习惯 3. 有便意及时如厕,养成良好的如厕习惯 4. 自主愉快进餐,养成良好的进餐习惯 5. 安静独立入睡,养成良好的午睡习惯 6. 有保护眼睛的意识,养成良好的用眼卫生习惯	生活活动: 1. 饮水 2. 如厕 3. 盥洗 4. 餐点 5. 午睡 6. 用眼卫生	谈话活动: 洗你的小手洗干净了吗 亲子活动: 和妈妈做眼保健操	健康 语言 社会	小班 中班 大班
规则	1. 养成礼貌待人、尊重他人、合作分享等良好的行为习惯 2. 养成良好的生活习惯和收玩具的习惯 3. 了解基本的交通规则,提高安全意识 4. 了解安全知识,提高自我保护意识 5. 了解国旗是国家的象征,自觉遵守升旗礼仪规范	教育活动: 1. 我真有礼貌 2. 棒棒小宝宝 3. 送玩具回家 4. 交通规则我遵守 实践活动: 1. "童心绘标识,安全记心中"安全小提示活动 2. "国旗在我心中"升旗礼仪活动	亲子活动: 看,我是收整小能手 谈话活动: 礼貌用语我还知道	健康 语言 社会 艺术	小班 中班 大班
学习	1. 能集中注意力倾听别人讲话,听懂对方所说的内容并及时反馈 2. 喜欢阅读,养成良好的阅读习惯 3. 了解英雄故事,萌发爱国情感,提高语言表达能力 4. 初步获得分类、计数等数学经验,运用其解决生活中的问题,感受数学的重要与有趣	教育活动: 1. "我会倾听"实践活动 2. "图书的秘密"认识图书活动 3. 悦读·阅爱·越成长亲子共读活动 4. "不一样的点名"统计活动	艺术活动: 我设计的点名册 游戏活动: 你说我听 主题播报: 我喜欢的点名方式	语言 社会 科学	小班 中班 大班

第一节　讲卫生

身体健康是幼儿各方面发展的基础，为了帮助幼儿养成良好的生活与卫生习惯，抵抗细菌的侵害，进行自我保护，教师结合一日生活各环节，以及卫生保健的要求，从幼儿日常生活入手，帮助其树立良好的卫生意识，养成良好的生活与卫生习惯，且将这些生活与卫生习惯落实到日常的衣、食、住、行等各个方面之中，为幼儿终身发展奠基。

活动一　生活活动：饮水

【活动来源】

水是生命之源，人体每天都需要摄入足够的水分以维持正常的生理功能。幼儿往往缺乏对饮水重要性的认识，容易出现饮水不足或过量的情况，这对其身体健康会产生不良影响。因此，开展饮水相关活动是十分必要的，不仅能让幼儿认识到饮水的重要性，还能培养良好的饮水习惯，促进其健康成长。

【活动目标】

1. 能随渴随喝，喝足够量的水。

2. 知道剧烈运动后稍作休息再饮水，养成良好的饮水习惯。

3. 自然有序按标记取放水杯，在指定位置饮水。

【活动过程】

（一）饮水的重要性

开展"小树苗喝饱了"饮水教育活动，让幼儿充分了解饮水原因、科学饮水的方法等。

（二）随渴随喝，适量饮水

结合班级实际情况，与幼儿一起讨论什么是适量饮水、为什么不可以喝太多也不可以喝太少、接水要到达小水杯什么位置。在班里创设饮水相关墙饰，如适

量饮水提示、饮水量统计等,营造宽松温馨的饮水氛围,帮助幼儿养成主动按需饮水的习惯。

（三）饮水安全

通过谈话活动"我不吞空气"引导幼儿在饮水时采用正确的姿势,避免呛水或吞咽空气,并在饮水结束后有序放回水杯。

活动二 生活活动：如厕

【活动来源】

如厕是幼儿园一日生活中必不可少的环节,不仅关系幼儿的身体健康,还能培养幼儿良好的生活习惯和卫生习惯,有助于提高幼儿的自我管理和自我控制能力。因此,开展如厕相关活动十分重要。

【活动目标】

1. 有便意及时如厕,养成良好的排便习惯。

2. 学会使用便纸和整理衣裤,如厕后主动冲水、洗手。

3. 如厕感到不适或弄脏衣服时,主动寻求教师帮助。

4. 知道如厕时保护身体隐私部位。

【活动过程】

（一）良好的如厕习惯

1. 通过谈话活动"我们的小厕所"帮助幼儿了解上厕所的重要性,和幼儿一起认识男女厕所的环境、器具标识。

2. 通过体育活动"我是小青蛙"学会蹲便,并会使用坐便、小便器,在活动中与幼儿一起创设相关的如厕流程、提示、排便记录等墙饰。

3. 关注个体差异。运用一对一指导、同伴互助、家园沟通等方式做好对个别幼儿如厕的帮助和引导。

4. 定时提醒。帮助幼儿形成规律的如厕习惯,对能够独立如厕的幼儿,给予适当的鼓励和奖励,提高幼儿积极性和自信心。

5. 通过谈话活动"便纸我会用""我的小衣服""便后我要做"等,幼儿学会使

用便纸和整理衣裤,知道如厕后主动冲水、洗手。

6.通过谈话活动"我不害羞",知道如厕感到不适或弄脏衣服时,主动寻求教师帮助。

（二）树立保护隐私部位意识

通过谈话活动"你不可以碰",帮助幼儿树立保护身体隐私部位的意识。

活动三 生活活动：盥洗

【活动来源】

盥洗是幼儿一日生活中的一个重要环节,良好的盥洗习惯能够保护幼儿的身体健康,有利于培养幼儿爱清洁、讲卫生的好习惯。幼儿园定期开展盥洗相关活动,是进一步促进幼儿自理能力发展的有效途径。

【活动目标】

1.用正确的方法洗手,懂得节约用水。

2.会轮流盥洗,有序等待。

3.能正确使用自己的毛巾擦干手,并放回原处。

4.养成饭前便后、手脏时主动、及时洗手的良好习惯。

【活动过程】

（一）环境创设

通过谈话活动,与幼儿共同讨论创设盥洗环境,让幼儿参与环境布置中来,增强他们对布置环境的参与感,从而主动参与盥洗活动中。

（二）有序盥洗

1.了解洗手的重要性。开展教育活动"我的小手真能干",认识手的各个部位,帮助幼儿了解洗手的重要性。

2.正确洗手。引导幼儿通过图片、儿歌、故事等形式,学会正确的洗手方法以及知道饭前便后要洗手,用自己的毛巾擦干手,并放回原处;利用儿歌伴随提醒、同伴相互学习、教师示范等多种方法,帮助幼儿养成良好的盥洗习惯。

3.通过谈话活动"我会排队",引导幼儿在盥洗活动中有序排队,确保其安全。

（三）节约用水

教师通过《小水流会哭》的故事，引导幼儿学会控制水流大小，离开水池前甩手，达到节约用水的目的。

活动四　生活活动：餐点

【活动来源】

良好的进餐习惯是幼儿健康教育的重要内容，它对幼儿健康成长具有十分重要的意义。许多幼儿在进餐时经常出现偏食、挑食等现象，这不仅会影响幼儿身体的正常发育，也会影响幼儿行为习惯的养成，因此我们开展进餐习惯教育尤为重要。

【活动目标】

1. 自主愉快进餐，坐姿正确。

2. 正确使用餐具，进餐速度适宜，饭菜搭配着吃，细嚼慢咽，不挑食。

3. 保持桌面、地面、衣服干净。

4. 餐后将餐具送到指定地点，擦嘴、漱口方法正确。

5. 主动参与进餐环节的收拾整理，愿意为自己和他人服务。

【活动过程】

（一）姿势正确

通过教育活动"我会正确坐"，引导幼儿了解正确坐姿的重要性及方式。（身体坐正，双脚自然落地至椅子前；进餐时不随意在椅子上乱动）端正坐姿，安静进餐。同时通过日常活动引导幼儿正确使用勺子、筷子、碗碟等餐具。

（二）不挑食、不偏食

通过绘本故事《一粒米的成长》，让幼儿了解粮食的来之不易。在谈话活动中，了解幼儿爱吃的食物，与其他幼儿进行分享交流，帮助幼儿养成不挑食、偏食的习惯。

（三）饮食卫生习惯

餐前组织谈话、听讲故事、阅读等安静活动，播放温柔舒缓的音乐，营造舒适温馨的进餐氛围；进餐时提醒幼儿专注进餐，保持桌面、地面、衣服整洁；提醒幼

儿避免说笑、打逗,以防食物呛入;通过教育活动"干净的小嘴巴",让幼儿意识到饭后漱口、擦嘴的重要性;餐后安静活动或散步 10—15 分钟。

活 动 五 生活活动:午睡

【活动来源】

对于幼儿来说,午睡具有重要的意义。适时的午睡可以促进幼儿的大脑发育,提高认知能力,同时也有助于促进情绪稳定,增强免疫力。因此,适时开展午睡相关活动能够帮助幼儿养成良好的午睡习惯,促进其健康成长。

【活动目标】

1. 懂得午睡对身体有益,能独立、安静入睡,养成良好的午睡习惯。

2. 会自己脱衣服并将衣物折叠整齐放在固定位置,将鞋子摆放整齐。

3. 安静有序起床、穿衣、如厕,学会叠被子、整理床铺。

4. 身体不适或有需要时,能主动告知教师。

【活动过程】

(一)午睡的益处

通过谈话活动"不午睡会怎样",帮助幼儿了解睡眠的重要性和科学睡眠的方法。

(二)环境创设

通过谈话活动,与幼儿共同讨论创设午睡环境,让幼儿参与环境布置中来,让环境符合幼儿的审美和心理需求,增强其对环境的认同感和爱护意识,让其感受到午睡温馨的氛围,帮助幼儿快速进入睡眠状态。

(三)独立午睡,正确睡姿

通过睡前户外散步、教师讲睡前故事、播放轻柔音乐等方式,稳定幼儿睡前情绪,逐步培养幼儿独立入睡的习惯。结合谈话活动"我要这样睡",帮助幼儿形成良好的睡姿。

(四)关注个体差异

通过陪伴、轻轻抚摸等方式及时安抚哭闹、入睡困难、睡眠时间短的幼儿,帮

助幼儿放松情绪,适应集体午睡。

活 动 六 生活活动：用眼卫生

【活动来源】

《幼儿园教育指导纲要》中指出："密切结合幼儿的生活进行安全、营养和保健教育,提高幼儿的自我保护意识和能力。"进一步培养幼儿良好的用眼习惯,增强爱眼、护眼意识,开展保护眼睛相关活动,将爱眼护眼意识落实到幼儿一日生活中。

【活动目标】

1. 有保护眼睛的意识,养成每天做眼保健操的好习惯。

2. 提高自我保护能力,养成良好的用眼卫生习惯。

【活动过程】

(一)感受眼睛的重要性

通过游戏"我蒙你找",感受眼睛的重要性。

(二)坚持做眼保健操

通过教育活动"保护眼睛",结合视频图片和教师示范的眼保健操的基本动作,掌握正确的姿势和动作。利用每天固定时间和幼儿一起做眼保健操,养成良好的用眼习惯。

(三)定期开展护眼教育

通过教育活动"爱护眼睛",引导幼儿了解保持正确读写姿势的重要性及方法,如绘本和眼睛保持适当的距离,避免趴在桌子上或离得过近。

(四)正确的用眼卫生知识

注意用眼卫生,在日常生活中保持手部卫生,不随便揉眼睛,避免细菌入眼。

(五)定期检查视力

定期检查幼儿视力,做视力训练,关注幼儿的视力健康及用眼卫生。引导幼儿养成良好的用眼习惯,保护其视力健康。

第二节　守规则

3—6岁幼儿能逐渐意识到一些社会规则,并开始理解这些规则的目的。因此,教师要抓住幼儿这个关键时期,结合"童心育人"园所文化和幼儿的身心发展规律,从日常生活中的行为礼仪、爱护身边环境等方面入手培养幼儿良好的规则意识,进而促进幼儿形成健全的人格,为幼儿今后更好地步入社会、融入集体打下坚实的基础。

活动一　小班社会活动:我真有礼貌

【活动来源】

在幼儿的成长过程中,礼貌教育是必不可少的。一个彬彬有礼的幼儿不仅人人喜爱,更加有助于其建立良好的人际关系。小班幼儿正是学习礼貌用语使用的起始阶段,为此开展了"我真有礼貌"教育活动。

【活动目标】

1.了解常用的礼貌用语,正确使用礼貌用语与人交往。

2.感受礼貌用语在交往中的重要性。

【活动准备】

课件、图片。

【活动重难点】

活动重点:了解常用的礼貌用语。

活动难点:正确使用礼貌用语与人交往。

【活动过程】

(一)导入活动

教师出示两个小动物(小狗和小兔子)引出故事。

（二）让幼儿根据故事中的情景学说文明用语

1. 教师一边演示教具,一边讲述故事。

小兔想用一块方形的积木搭屋顶,它看见小狗那里正好有一块,它该怎样向小狗借积木呢? 小狗把方形积木借给它了,小兔应当说什么呢? 小狗不小心碰到小兔,应该怎样表达歉意呢? 小兔怎样表示已经原谅小狗了呢?

小结:当你得到别人帮忙、给予的时候,应当说"谢谢"。此刻我们一起来学习小兔是怎样向小狗道谢的吧!

不小心伤害到别人的时候要说"对不起",原谅别人的时候就说"没关系"。让我们一起来学一学小兔和小狗的对话吧!

2. 幼儿两两分组模仿练习。

（三）请幼儿看自己游戏中的图片,感受日常生活中如何学说文明用语

1. 搭建颂颂家,不小心碰到小朋友的时候,我们要说……

2. 搭建颂颂家,不小心碰倒小朋友作品的时候,我们要说……

小结:小朋友都和故事里的小兔和小狗一样文明、有礼貌。得到别人帮忙的时候要说"多谢",不小心伤害到别人的时候要说"对不起",原谅别人的时候就说"没关系"。

（四）拓展幼儿经验,让幼儿思考生活中还有哪些属于文明用语

1. 在日常生活中,我们还会说哪些文明用语呢?

2. 小结:幼儿进幼儿园时应当说"老师早上好",回家的时候说"老师再见",这些都是文明用语。

活动二 小班社会活动:棒棒小宝宝

【活动来源】

小班幼儿刚刚从家庭过渡到幼儿园,缺少分享意识,经常出现争抢玩具的现象。因此,我们开展了"棒棒小宝宝"教育活动。在活动过程中,引导幼儿逐渐提高分享的意识,懂得交往的基本规则。

【活动目标】

1. 学会与小朋友分享玩具,具有分享意识。

2. 知道不能随便乱动别人东西。

【活动准备】

教具和多媒体资源、玩具若干、故事《小熊的玩具》、游戏道具。

【活动重难点】

活动重点:学会与小朋友分享玩具,具有分享意识。

活动难点:知道不能随便乱动别人东西。

【活动过程】

(一)进行情况表演

教师出示布偶进行情境表演故事《小白兔与小黑兔》,引导幼儿思考分享的重要性。

小组讨论:为什么小白兔玩得很高兴、很快乐,而小黑兔玩得不开心呢? 什么是分享? 小黑兔不经过小白兔的同意就拿它的东西对吗? 换做是你,你会开心吗?

小结:好吃的、好玩的与大家一起分享,这样你会得到更多的快乐。同时不经允许不能随意拿取别人的东西。

(二)体验分享的快乐

通过玩具分享活动,幼儿亲身体验分享的快乐,学会分享。

小组讨论:你刚刚分享了什么? 你的感受是什么? 你还想与小朋友分享什么?

小结:小朋友有好吃的、好玩的要和大家一起分享,这样你会拥有更多的朋友,玩得更高兴,拥有更多的快乐。

(三)观看视频,明白随便乱动别人东西是不礼貌的行为

讨论:视频里诺诺为什么哭了? 小朋友可以乱动别人东西吗?

小结:通过视频讲解和示范,幼儿明白随便乱动别人东西是不礼貌的行为,要尊重他人。

【活动延伸】

在游戏中扮演不同的角色,体验分享带给自己的快乐。

活动三 小班社会活动：送玩具回家

【活动来源】

在幼儿发展的早期阶段，培养良好的生活习惯和独立性非常重要。通过"送玩具回家"的活动，幼儿可以学习如何整理自己的玩具，养成有条理和整洁的习惯。同时，"送玩具回家"活动也可以作为教育活动的一部分，帮助幼儿理解物品的特征和分类的概念。通过将玩具按照不同的特征进行分类，提高幼儿的认知能力。

【活动目标】

1. 能按玩具标记，将其送回"家"。

2. 愿意主动收整玩具。

【活动准备】

与幼儿人数相同的玩具箱子、玩具标签人手一份、玩具若干、玩具筐三个、音乐素材。

【活动重难点】

活动重点：能按玩具标记，将其送回"家"。

活动难点：愿意主动收整玩具。

【活动过程】

（一）游戏导入，引起幼儿兴趣

听音乐《玩具进行曲》，玩游戏"开火车"。

（二）引导幼儿观察玩具，学会按玩具属性分类

幼儿自由玩玩具，互相交流自己的发现。

教师：这是一群五颜六色的玩具宝宝，它们都有自己的特征。我们按照它们的特征送玩具宝宝回家吧！

（三）幼儿操作，按照玩具特征进行分类

小朋友根据玩具的特征，将玩具按标记放入相应的格子中。

教师：小朋友真棒！都把玩具宝宝送回了家。送回家的玩具宝宝要怎么办呢？对！要整理好！说得好！那我们就来把它们整理好！

教师与幼儿一起整理教室，结束活动。

活动四 中班社会活动:交通规则我遵守

【活动来源】

幼儿园作为幼儿成长的摇篮,应当承担起培养幼儿遵守交通规则、养成良好规则意识的重任。因此,幼儿园结合中班幼儿好奇、好动、安全意识薄弱的年龄特点,开展了交通安全教育活动,帮助幼儿了解并遵守交通规则,提高自我防护能力。

【活动目标】

1. 知道遵守规则的重要性。

2. 懂得如何安全过马路。

3. 在实际操作中提升安全意识。

【活动准备】

教具和多媒体资源。

【活动重难点】

活动重点:了解并遵守交通规则。

活动难点:理解并遵守过马路走斑马线的规定。

【活动过程】

(一)故事导入

讲述一个小兔子因不遵守交通规则而发生的小故事,引发幼儿的思考。

(二)了解基本交通规则

1. 出示课件,完成讲述故事。

讨论:发生了什么事情? 小兔子为什么会受伤? 如果你是小兔子,你会怎么做? 你知道哪些交通规则?

小结:小兔子不遵守交通规则,在马路上嬉闹,所以被车子撞伤了腿。过马路时,要走斑马线,红灯停,绿灯行,遇到黄灯等一等;有过街天桥的地方,要走过街天桥……做遵守交通规则的好幼儿,才能安全出行。

2. 了解并讨论遵守交通规则的必要性。

讨论:如果大家出行的时候都不遵守交通规则会怎么样? 会发生什么事情? 为什么制定交通规则?

小结：如果没有交通规则，或是大家都不遵守交通规则的话，马路上的车辆就会横冲直撞，车祸频发，威胁出行人的人身安全。

（三）巩固练习

使用红绿灯模型、斑马线模型，让幼儿实际操作如何遵守交通规则，从而更加直观地了解交通规则和安全过马路的方法。

归纳小结：总结本次活动学到的交通规则，强调安全过马路的重要性。

【活动延伸】

把学到的交通规则分享给爸爸妈妈，作为交通规则小监督员，关注身边的人。

活动五　实践活动：生活中的安全小提示

【活动来源】

随着年龄的增长和认知水平的提高，大班幼儿逐渐意识到规则的意义，他们会自觉地约束自己的行为，从而养成良好的行为习惯。所以，当大班幼儿展现出责任感，主动提出制作安全小提示时，教师便以此为契机，创造条件，满足幼儿需要，开展"童心绘标识，安全记心中"的活动，帮助小班幼儿了解安全知识、提高自我保护能力，从而培养规则意识。

【活动目标】

1. 了解安全知识，提高自我保护能力。

2. 理解标识含义，提高规则意识。

3. 提高自身的责任感。

【活动主题】

童心绘标识，安全记心中。

【活动对象】

大班。

【活动过程】

（一）准备阶段

1. 通过谈话活动，幼儿自由讨论需要的材料和采用的方式，自主进行创作设

计,决定用绘画方式创作上下楼梯和游戏器械的安全提示图。

2. 大班幼儿一起讨论上下楼梯和玩游戏时可能遇到的安全问题。

（二）绘画阶段

大班幼儿根据自己的理解和想象,用画笔把"小心台阶""不要推搡"等呈现在画面上,创作出具有个性的安全提示图,提高了绘画技巧,发展了动手能力和创作能力。

（三）分享交流阶段

大班幼儿展示自己的绘画作品,并简要介绍作品的含义和创作思路。

（四）应用阶段

幼儿将自己创作的安全提示图,张贴在幼儿园的公共区域,如楼梯、游戏区、器械旁等,拍好照片,进班给弟弟妹妹分享。

教师引导小班、中班的弟弟妹妹在日常活动中时刻关注安全问题,遵守安全规则,提高自我保护能力。同时,鼓励他们向大班哥哥姐姐学习,增强安全意识。

活动六 实践活动：升旗礼仪

【活动来源】

国旗是国家及民族精神的象征。升旗仪式则是爱国主义教育的核心环节。针对3—6岁幼儿具体形象思维的年龄特点,园所通过幼儿亲身体验升旗仪式的方式,将无形抽象的爱国情感,转化为外显的实践活动,在实践的过程中激发幼儿爱国情感,帮助幼儿深入理解升旗仪式的意义,同时养成良好的行为规范和礼仪素养。

【活动目标】

1. 了解国旗是国家的象征,自觉遵守升旗礼仪规范。

2. 感受升旗仪式的神圣和庄严,萌发爱祖国的情感。

【活动主题】

国旗在我心中。

【活动对象】

小中大班。

【活动准备】

国旗、场地、音响设备等。

【活动过程】

（一）出示五星红旗，了解国旗的象征意义

各班教师结合幼儿年龄特点，展示五星红旗，启发式提问引发幼儿思考国旗的象征意义。鼓励幼儿表达自己对国旗以及升旗仪式的理解。

（二）讨论和练习，学习升旗时的基本礼仪，激发爱国情感

1. 讨论升旗时的基本礼仪，并请大班幼儿示范正确动作。

思考：升旗的时候，眼睛看哪里，身体保持什么样的姿势？

总结：立正站直，两脚并拢，手臂贴在身体两侧，眼睛看着国旗行注目礼，表达对国旗的尊重。

2. 幼儿六人一组，请哥哥姐姐当裁判，比一比哪一个小朋友升旗的站姿和注目礼最标准。

（三）实践练习，感受升旗的庄严与神圣

1. 出旗礼仪：

出旗手幼儿手持国旗分列国旗两侧随行，齐步缓缓走向升旗台。幼儿互相配合完成出旗仪式。

其他幼儿肃立、端正，不得谈笑或做其他动作，以示对国旗的尊重。所有幼儿面向国旗肃立并行注目礼。

2. 升旗礼仪：

升旗幼儿缓缓将国旗升到天空中，看着国旗冉冉升起。

其他幼儿对国旗行注目礼，眼睛要始终望向国旗，升旗仪式期间，保持安静，不得有任何声音，保持升旗仪式的庄严和严肃性。

国旗下讲话，厚植爱国爱党的情怀。

由四位小升旗手结合"爱园所、游家乡、知祖国"园本课程，大胆表达对祖国的热爱和为中华之崛起而读书的决心。

在升旗仪式结束后，幼儿有序离场。

第三节　乐学习

　　良好的阅读习惯、倾听习惯、表达习惯,能够为幼儿的未来学习和发展奠定坚实的基础。影响幼儿学习习惯的关键因素主要包括教师引导、同伴互动、家庭教育方式等。因此,在园所"童心育人"的理念指导下,园所结合日常生活、大型实践活动、教育活动等,加强同伴之间的相互影响,提高家庭教育的指导水平,以促进其全面发展,为幼儿一生成长奠基。

活动一　中班语言活动:我会倾听

【活动来源】

　　《幼儿园教育指导纲要》中提出:"在共同的生活和活动中,以多种方式引导幼儿认识、体验并能够基本的社会行为规范,学习自律和尊重他人。"进入中班后,幼儿的语言表达能力明显提升,但部分幼儿自我表现欲较强,不给同伴发言的机会。于是,教师把握此教育契机设计本次活动,引导幼儿学会认真倾听。

【活动目标】

　　1.能集中注意力倾听别人讲话,听懂对方所说的内容并及时回应。

　　2.积极参与集体游戏,体验游戏带来的乐趣。

【重点难点】

　　活动重点:能集中注意力倾听别人讲话。

　　活动难点:听懂别人所说的内容并及时回应。

【活动准备】

　　小星星若干、教学课件(含耳朵、小朋友认真倾听的画面等图片)、小猫和小鸟声音音频、汽车鸣笛声音和幼儿笑声音频、水彩笔、绘画纸若干。

【活动过程】

（一）理解"倾听"一词

通过谈话活动，引出"倾听"一词。

（二）感知倾听的重要性

1. 想一想，说一说耳朵的作用。

教师总结：我们的耳朵可以听别人说话，包括老师、爸爸妈妈和小伙伴们等。

2. 想一想，说一说如果在嘈杂的环境中，我们要听清楚老师或者其他小朋友在说什么，应该怎么做？

教师总结：我们可以保持安静认真听，其实可以用一个词来代替——倾听。在倾听的时候，我们要学会管好自己的小嘴巴不插话，认认真真地听其他人讲话。（出示小朋友认真倾听的画面图片）

3. 自由讨论：什么时候需要倾听？

教师总结：在老师讲话、小朋友回答问题的时候，还有听其他人说话的时候，我们需要认真"倾听"，不插话。小朋友们都能做到吗？

（三）游戏：我会倾听

游戏一：听两种动物的声音。幼儿在认真倾听后回答是谁发出来的声音，最快说出正确答案的幼儿得到一颗小星星。

游戏二：听两种生活中的声音。幼儿在认真倾听后分辨出都有什么声音，并进行先后排序，排序正确的幼儿得到一颗小星星。

（四）活动总结

比一比哪个小朋友获得的星星数量最多，选出今天的最佳倾听者。

小结：小朋友们都很棒，都学会了倾听。今后也要认真倾听，成为生活中的最佳倾听者。

【活动延伸】

良好习惯的养成非一朝一夕，因此，将本次教育活动内容融入日常生活中，引导幼儿坚持良好的倾听习惯。

活动 二 实践活动:认识图书

【活动来源】

在开展主题课程"有趣的建筑"过程中,一本关于建筑的图书吸引了众多幼儿,他们围坐在一起讨论书的内容,你一言我一语,打开了话匣子。因此,我们开展了关于图书秘密的实践活动,让幼儿在了解图书的同时爱上读书,让阅读滋养儿童心灵、开阔儿童视野。

【活动目标】

1. 认识图书封面和封底,知道轻轻翻、一页页看等阅读图书的正确方法。

2. 乐意参加游戏活动,萌发对图书的喜爱之情。

【活动主题】

图书的秘密。

【活动对象】

小中大班。

【活动地点】

班级图书区。

【活动过程】

(一)活动导入

"封面上是摩天轮,看看最后一页是吗……后面的是封底……"结合幼儿关于图书的谈话,引入本次活动。

(二)关于图书我知道

1. 认识图书

为了让幼儿形象地认识封面和封底,结合幼儿生活经验,创设了"开门关门"的游戏情境。在情境中,幼儿进一步了解图书,认识封面和封底。幼儿在游戏中情绪高涨,提升了阅读的积极性,进一步懂得了图书的作用和重要性。

2. 爱护图书

(1)正确取放图书。结合各年龄班认知发展水平,设置不同的图书标识,引导幼儿自主拿取图书。通过讨论,梳理出爱护图书的小办法,如从书架上取书时应该

用双手轻轻拿取,放回图书时应该将书脊朝外,整齐摆放等。

（2）爱惜图书。幼儿采用小组讨论的方式,一起总结出爱惜图书的小妙招,如不要在图书上涂画、折角或撕页;珍惜每一本图书;如遇图书破损,能用胶带等工具修补图书等。教师也可结合幼儿的讨论,创设图书角墙饰。

（3）文明看书。幼儿一起去图书长廊看书,在看书时能做到不大声喧哗,不争抢图书,同时注意坐姿和用眼卫生,逐渐养成良好的阅读习惯。

3. 认识页码

（1）正确阅读,按页码翻书。游戏中幼儿在书中寻找奇特建筑,用大拇指和食指翻书,亲身体验并懂得一页一页翻看图书可以让自己观察得更清楚,从而更方便找到指定建筑。幼儿在愉快的游戏中学到了正确的翻书方法,得到了应有的锻炼。

（2）页码中的数学。幼儿按照页码顺序翻阅图书,不但学会了正确阅读的方法,还可以帮助他们理解数字的概念,知道数字的顺序和大小关系,这对他们理解复杂的概念和知识打下一定基础。

【活动延伸】

班级开展"每日读书"活动,养成良好的阅读习惯。

活动三 大班实践活动: 亲子共读

【活动来源】

阅读,是开启智慧大门的一把钥匙,不仅能帮助幼儿养成良好的阅读习惯,还可以锻炼思维和想象,提高认知能力。幼儿园以"世界读书日"为契机,开展"悦读·阅爱·越成长"亲子共读活动,鼓励幼儿在与家长共同阅读的过程中,激发读书的兴趣,养成良好的阅读习惯,同时这也是幼儿与家长进行情感交流的有效方法。

【活动目标】

1. 喜欢阅读,养成良好的阅读习惯。

2. 提高阅读能力,增强幼儿与家长间的情感交流。

【活动主题】

悦读·阅爱·越成长。

【活动对象】

小中大班。

【活动过程】

（一）谈话活动：我最喜欢的图书

过渡环节，幼儿与小伙伴分享自己和爸爸妈妈共读的一本书。

（二）问题引入：你们认为多读绘本对我们有什么好处

在幼儿激烈的讨论中，引出了本次的亲子共读活动。通过和大班幼儿商量，幼儿决定自己制作图书借阅规则。

（三）图书分享

1. 大班幼儿制订自己的图书借阅规则，每个幼儿从家里带来一本图书，教师做好登记、编号。

2. 结合幼儿园二楼的"图书长廊"，幼儿离园时可选一本自己喜欢的书带回家和爸爸妈妈一起阅读。选择的书可以是幼儿带来的也可以是幼儿园的图书资源。

3. 利用班级群共读故事，让好书流通起来，这会鼓励更多的家庭参与活动中来，同时也能让更多的人了解亲子阅读的益处。图书的流动，也使幼儿园的图书资源实现共享，让幼儿感受到分享阅读的快乐。

（四）21 天打卡活动

各家庭根据实际情况制订亲子共读计划，开展"'阅'坚持，21 天打卡活动"。

幼儿每天将自己的打卡视频发到班级群，并且用统计表的方式，形成自己的阅读成长记录。在过程中幼儿不但养成了良好的阅读习惯，增加了词汇量，还萌发了初步的数学思维能力。

【活动延伸】

大班幼儿选择自己最喜欢的图书分享给弟弟妹妹，并在分享的过程中把本次的亲子共读活动拓展到全园。

活动四 大班实践活动：我会点名

【活动来源】

点名,是幼儿园各班级每天必不可少的活动,也是晨间入园后的一个重要环节。陶行知先生说:"一日活动皆课程,生活即教育。"每天的点名环节蕴含着丰富的教育价值,尤其对即将升入小学的大班幼儿来说,更是做好幼小衔接的有效途径。因此,我们开展"不一样的点名"主题活动,探索如何有效利用点名环节,使其教育价值最大化,尝试用课程的理念来变革幼儿在点名环节中的学习与探究。

【活动目标】

1. 初步获得分类、计数等数学经验,运用其解决生活中的问题,感受数学的重要与有趣。

2. 积极参与讨论,提高语言表达能力和倾听能力。

3. 增加健康常识,知道通过体育锻炼、均衡饮食等提升身体素质,争做全勤宝宝。

【活动准备】

制作点名册要用的纸、笔。

【活动过程】

(一)七嘴八舌话点名

1. 谈话活动:为什么要点名

结合幼儿日常,从点名的重要性入手,引发幼儿讨论。幼儿想法很多,于是延伸到美工区,引导幼儿把"点名的作用"画一画,联系实际生活,感受点名的重要性。

图 4-1　点名用处多

2.调查活动：你最喜欢的点名方式

开展调查活动，了解幼儿兴趣需要。在和谐、自由的氛围中，幼儿发挥想象，通过绘画、表演，将点名的形式变换出奇思妙想。

3. 主题播报：我喜欢的点名方式

调查结束后，幼儿意犹未尽，于是我们抓住这个契机，开展主题播报，给幼儿的交流提供展示平台。

（二）今天我点名

1. 模拟活动：今天我点名

在前期的点名游戏中，幼儿已基本熟悉其他幼儿的名字，具备自己点名的能力。于是，我们结合幼儿发展特点，突出幼儿主体地位，开展"今天我点名"活动。

图 4-2　今天我点名

在班级门口增设一处签到台，由入园最早的幼儿按已黏好的名帖，选择喜欢的方式点名，确认是否黏对名帖。点名完成后，统计各组的实到、未到人数，再统计出全班实到、未到的总人数。

活动过程中，通过解决实际生活问题，渗透计数的方法，增强数的认识和点数能力，感受时间的变换，培养注意、倾听、出勤的良好习惯，增强集体荣誉感。

2. 数学活动：我做统计员

生活中，数学无处不在，点名中，"我做统计员"活动自然而然展开，包括一起

核对点名员的结果是否正确,统计实到、未到的人数,男生女生比是多少等。该活动强化比较、分解组合、加减运算等数量关系的运用,增强集体荣誉感。

图4-3　今天我点名

3. 主题播报:统计人数

幼儿进行统计的方法不尽相同,导致统计时间出现差异。于是借由主题播报的形式,请幼儿说一说自己的统计方法。大家一起交流,比较哪一种统计方法更快捷、准确,互相学习,增强自信,提升数理逻辑能力,在解决问题中强化幼儿对数量关系的熟练程度,使幼儿获得能力的发展。

(三)小小统计员

1. 小组活动:统计"全勤宝宝"

幼儿最喜欢的"全勤宝宝"表彰时刻到了,引导幼儿尝试自己统计"全勤宝宝"。小组内统计完,交换统计对方组,验证第一次的统计结果是否正确。幼儿运用自己掌握的方法,统计小组内组员一个月的出勤情况,合作运用数理知识解决生活中的实际问题,感受数学的重要,增加对数学的喜爱。

2. 小组活动:学做统计图

小组的统计结果有了,引导幼儿讨论:如何把全班幼儿出勤天数的多少清楚地表现出来?雅彤说:"咱们天气统计图上每天的气温变化就很明显。"幼儿一起观察天气统计图是如何制作的,体会点线图的优点。结合本次统计实际,将横轴设为幼儿姓名,竖轴设为出勤天数,画出一个又一个高低错落的交点。幼儿满心欢

喜,一起完成了点线图的绘制,统计出"全勤宝宝",要注意对周围生活的观察,将所学加以应用,解决问题。

3. 谈话活动:小朋友生病了

评完"全勤宝宝",有人沉浸在光荣的喜悦中,有人士气低落,琳琳给满满加油鼓气:"你下个月要是不生病,也可以得'全勤宝宝'。"于是借此机会开展"小朋友生病了"谈话活动,请大家总结一下没有全勤的原因,强化健康安全小常识,懂得加强锻炼、多吃蔬果、健康卫生,争做"全勤宝宝",并主动关心请假的小朋友,团结友爱。

4. 主题播报:我们的统计图

自从感受到点线图的直观形象、对比明显的优点后,每月绘制完"全勤宝宝"统计图后都会请幼儿分析统计结果,公布每位幼儿的出勤天数。小朋友们对统计图很感兴趣,于是请小朋友准备感兴趣的统计图格式,通过主题播报进行分享交流,拓宽视野。

(四)教师反思

此次主题活动是在"一日生活皆课程"理念的引领下,教师及时发现幼儿点名环节存在的问题,并进行价值判断,挖掘出点名环节中蕴含的教育价值,师幼共同开展的一次主题探究活动。整个活动始终以幼儿的原有经验为基础,尊重幼儿的想法,支持幼儿探究,运用谈话、主题播报、小组合作等方式,不断将主题深入展开,挖掘出很多有教育价值的活动。虽然是生活环节的探究活动,但它在凸显数学和语言两个领域核心经验的基础上,同时涉及其他各个领域的经验,促进了幼儿多方面的发展。

同时,我们也发现一些问题,如在感受统计图表的过程中,部分幼儿表现出良好的学习探究能力,但大部分幼儿还是稍显困难,需要后续结合正在开展的运动季,进一步深入感受和探究。

第五章

秉真心，善友人

《3—6岁儿童学习与发展指南》中指出："幼儿阶段是社会性发展的关键时期，良好的人际关系和社会适应能力对幼儿身心健康发展以及知识、能力和智慧的发挥具有重要影响。"因此，结合幼儿的年龄特点、认知水平和发展需要，在班级主题课程中融入"人际交往"与"社会适应"的活动内容，包括尊长辈、爱同伴、护弟妹三方面。幼儿在多形式、多途径地与成人和同伴交往的过程中，不仅学习如何与人友好相处，也学习如何看待自己、对待他人，不断发展适应社会生活的能力。

教育目标

1. 了解家庭环境及成员间的关系，爱父母尊长辈。
2. 尊重为大家提供服务的人，珍惜他人劳动成果。
3. 懂得关心、帮助他人，愿意主动分享。
4. 主动承担任务或职责，愿意与人合作，遇到困难能够坚持。

表 5-1 "秉真心,善友人"主题实施一览表

活动内容	主要目标	支持策略	生成活动	发展领域	年龄班
尊长辈	1. 了解家庭成员之间的关系 2. 感受家人对自己的关爱,主动尊重、关爱家人,孝亲敬老	教育活动: 1. 小班音乐活动: 我家有几口 2. 中班社会活动: 爱的表达 3. 大班社会活动: 感谢平凡的英雄 4. 大班社会活动: 父亲节 实践活动: 1. "感恩的心,相伴成长"母亲节活动 2. "尊老敬老,爱满重阳"重阳节活动		语言 社会 艺术	小班 中班
爱同伴	1. 乐意与人交往,能够与同伴友好相处 2. 增强与好朋友之间爱的表达,学会关心、安慰同伴 3. 知道朋友之间要相互帮助、友好分享 4. 喜欢上幼儿园,群体活动中表现积极、快乐	教育活动: 1. 小班社会活动: 我会交朋友 2. 小班艺术活动: 我穿手链送朋友 3. 中班社会活动: 我们中一"家" 4. 中班语言活动: 有朋友真好 5. 中班健康活动: 小朋友没来幼儿园 实践活动: 1. "扬海纳精神,颂善德情怀"义卖善筹 2. "爱心传递,共享书香"帮扶捐赠	自主游戏: 为朋友过生日	语言 社会 艺术 健康	小班 中班
护弟妹	1 掌握友好交往的技能,学习换位思考,培养协作精神 2. 有责任感,主动承担任务 3. 敢于克服困难、解决问题,树立自信心 4. 具有同理心,能关注别人的情绪和需要,并给予力所能及的帮助	实践活动: 1. 童乐运动季 2. 小学"云"交流 3. 大手拉小手		语言 科学 社会 健康	小班 中班 大班

第一节　尊长辈

《3—6 岁儿童学习与发展指南》中强调："亲切地对待幼儿,关心幼儿,让他们感到长辈是可亲、可近、可信赖的,家庭和幼儿园是温暖的。"小朋友们从家庭走向幼儿园,是他们步入社会的第一步。在童心文化育人体系下,园所积极开展关于爱与感恩的各项活动,使幼儿们既能体验到家庭和幼儿园生活的美好与温馨,又能深入了解家人,对养育自己的人产生感激之情。通过这些活动,幼儿能够增进了解,并以实际行动尊重、关爱和感激长辈。这对他们将来成为懂礼貌、知感恩的社会主义事业建设者和接班人具有重大意义。

活动一　小班音乐活动：我家有几口

【活动来源】

小班幼儿刚刚离开家这个最温暖的港湾,步入集体生活,缓解分离焦虑是重点内容。《3—6 岁儿童学习与发展指南》中提出教育建议："通过和幼儿一起翻阅照片、讲幼儿成长的故事等,让幼儿感受到家庭和幼儿园的温暖,老师的和蔼可亲,对养育自己的人产生感激之情。"我们结合小班幼儿的发展需求,在主题活动"幸福小一班"中以"我爱我家"为引,设计"我家有几口"活动,贴近幼儿的生活实际。在唱一唱、看一看、数一数的过程中,增进对家人的了解,表达对亲人的喜爱,营建温馨的氛围,尽快完成从"家"到"园"的过渡。

【活动目标】

1. 知道家庭成员数量,会手口一致地数数。

2. 理解歌曲内容,感知家人之间的亲密关系。

【活动准备】

《我家有几口》音乐、幼儿全家福。

【活动过程】

(一)创设情景,激发兴趣

1.今天来了一位新朋友,让我们把它请出来吧!

2.小鸭家共有几口人,家里都有谁?

(二)引出歌曲,理解内容

1.我们来听听小鸭是怎么说的。

2.小鸭子唱了什么? 小鸭家一共几口人? 都有谁?

(三)代入自己一家

1.我们也有自己的家,数一数你的照片上有几口人,分别是谁?

2.根据全家福上的内容唱一唱。

(四)同伴分享

向同伴介绍自己的家和家人,表达思念,互相安慰。

【活动延伸】

把这首歌唱给家人听。

活动二 中班社会活动:爱的表达

【活动来源】

《3—6岁儿童学习与发展指南》中指出"能注意到别人的情绪,并有关心、体贴的表现。知道父母的职业,能体会到父母为养育自己所付出的辛劳。"因此,引导幼儿了解周围的人对自己的关爱,进行感恩教育是十分必要的,这个年龄阶段的幼儿也能用天真无邪的笑脸发自内心地关心和尊重别人。园所引导小朋友们勇敢、大方、真诚地感恩家人、朋友,以及所有带给自己快乐和帮助的人、事、物。

【活动目标】

1.感受家庭生活的温暖,体会家人对自己的关爱。

2.对家人勇敢地表达爱,感受其中的快乐。

【活动准备】

音乐《感恩的心》,印章和爱心卡各一。

【活动过程】

（一）谈话导入

1.小朋友,你们爱自己的爸爸妈妈吗? 为什么?

2.爸爸妈妈是怎么爱你们的呢?

（二）感受动物表达爱的方式

1.鸡妈妈是用翅膀抱它的孩子的。

2.狗妈妈用舌头轻轻地舔舐它的孩子。

3.鸟妈妈用嘴巴轻轻地给孩子挠痒痒。

（三）爸爸妈妈的爱

1.爸爸妈妈都很爱自己的孩子。爸爸、妈妈是怎样爱我们的呢?

2.还有谁在关心我们、爱我们?

（四）拓展思维

1.我们应该怎样去爱别人?

2.你会用什么方法表达对家人的爱? 还可以怎样表达?（拥抱、亲亲、画画、唱歌、端水、送礼物、拿东西等）

3.谁可以上前来展示一下,做一做?（引导幼儿用语言、动作、行为表达对家人的爱）

（四）音乐游戏"感恩的心"

1.音乐开始时,幼儿随音乐边做动作边去找朋友。

2.音乐停止时,扮演各种角色,用亲昵的动作向别人表达关爱。

3.音乐再次响起时,要继续做着动作去找新朋友,音乐停止时,要向新朋友表达爱。

【活动延伸】

用语言和行动向家人表达爱,尊重每一位关爱自己的人。

活动三 大班社会活动:感谢平凡的英雄

【活动来源】

我们的生活中有很多可爱的劳动人民,而幼儿年龄较小,受认知和经验的局限,常常更倾向于关注自身,而忽略别人的付出。《3—6岁儿童学习与发展指南》中指出:"引导幼儿尊重、关心长辈和身边的其他人,尊重他人的劳动及成果"。因此,幼儿结合实际生活,从已有经验出发,了解与自己关系密切的社会服务机构及其负责的工作,体会他们给大家提供的便利和服务,树立观察生活的学习态度,了解那些为我们提升幸福感的人,尊重他们的劳动,珍惜他们的劳动成果,拥有一双发现爱的眼睛,成长为懂礼貌、知感恩的社会主义事业的接班人。

【活动目标】

1. 能够认识各类职业,了解其工作内容。

2. 尊重生活中为大家提供服务的人,能用自己的实际行动感谢平凡英雄。

3. 提升安全意识和自我保护能力。

【活动准备】

几种不同职业的图片。

【活动过程】

(一)谈话导入

1. 小朋友们,你们是怎样理解英雄?又是怎样理解平凡的英雄?

2. 请小朋友们谈谈自己心目中的平凡英雄。

(二)了解平凡的英雄

1. 医护人员:他们是谁?你觉得他们是英雄吗?为什么?医护人员为我们做了哪些事情?如果没有他们,我们生病了会怎么样?

2. 消防员:他们在干什么?他们是英雄吗?为什么?消防员帮助人们做了哪些事情?

3. 清洁人员:他们是谁?他们是英雄吗?为什么?他们的工作能给我们的生活带来哪些方便?如果没有他们,我们生活的环境会是什么样的?

（三）感受他们的重要

你觉得哪位英雄的工作最重要？如果生活中没有他们,会怎么样？

小结：他们都是守护着我们美好生活的平凡英雄,他们的工作都很重要,我们的美好生活离不开他们每一个人的劳动和付出,他们创造了各种各样的劳动成果,为我们带来了安全和方便,我们要尊重他人的劳动成果,懂得感恩。

（四）表达感谢

1. 我们以后要怎么做,才能减轻医护人员、消防员和清洁人员的工作呢？（讨论自己在生活中的感恩方式,可以多吃蔬菜、锻炼身体、不生病；不去危险的地方,不乱碰电源；不乱扔垃圾,保护环境……）怀有感恩的心,用自己的行动来表达对平凡英雄们的感谢。

2. 制作感恩卡片,送给自己想感谢的平凡英雄。

【活动延伸】

如果你在生活中遇到他们,你会对他们说些什么,做些什么？

活动四　大班社会活动：父亲节

【活动来源】

每年 6 月份的第三个星期日是"父亲节"。以往,幼儿对妈妈的情感和依恋远超过对爸爸的情感,其实,爸爸也有温柔的一面,爸爸对幼儿的成长同样有着至关重要的作用。在父亲节来临之际,我们设计此活动来引导幼儿关注、观察、了解爸爸,感受爸爸的辛苦和付出,进而增强对爸爸的关爱、崇拜等情感,并能用相应的语言表达出来。

【活动目标】

1. 了解爸爸的职业、爱好,能用完整的语句介绍自己的爸爸。

2. 能用自己的方式大胆地表达对爸爸的爱。

3. 体会爸爸工作的辛苦,更加亲近、感恩爸爸。

【活动准备】

物质准备：每人带一张自己爸爸的照片；事先在家里把爸爸的手印印在纸上,

并沿轮廓剪下来；散文诗《我的爸爸》课件。

经验准备：观察自己爸爸的日常生活，了解爸爸的职业。

【活动过程】

（一）谈话导入

小朋友们，你知道父亲节是哪一天吗？（每年 6 月份的第三个星期日是"父亲节"。）

每个人都有爸爸，每个人的爸爸都不一样。今天请小朋友们来说说你的爸爸是什么样子的？他的职业是什么？

（二）自由交谈

教师将幼儿分成几个小组或两两结伴，要求幼儿拿着自己带来的照片向同伴作介绍。

在自由交谈后，请个别幼儿在集体面前谈自己的爸爸，大胆地讲出自己对爸爸的认识。

（三）比一比

请小朋友们将自己的小手和爸爸的大手（手印）比一比，说一说爸爸的手为什么这么大？爸爸的大手能干什么？爸爸在家还做些什么事情？

（四）欣赏散文诗《我的爸爸》

1. 爸爸举起宝宝，宝宝在想什么？

2. 坐在爸爸翘起的二郎腿上，就像坐什么？骑到爸爸的脖子上有什么感觉？

3. 你喜欢你的爸爸吗？为什么？你在家最喜欢和爸爸做什么事？

教师小结：小朋友们的爸爸本领都很大，每天上班很辛苦，爸爸很爱你们，希望你们能够苗壮成长。

（五）表达对爸爸的爱

1. 父亲节到了，小朋友们应该关心自己的爸爸。

2. 你为爸爸做什么事来表现你很爱他呢？（抱抱、亲亲爸爸，给爸爸倒水、捶背等）

【活动延伸】

回家后用语言和行动向爸爸表达爱。

活动五 园所实践活动：母亲节

【活动来源】

知恩、感恩是中华民族的传统美德。我们应主动亲近和关心幼儿，经常和他一起游戏或活动，让幼儿感受到与长辈交往的快乐，建立亲密的亲子关系或师生关系。因此，在母亲节来临之际，园所设计了以"感恩的心，相伴成长"为主题的活动，邀请小朋友的妈妈来幼儿园和我们一起联欢。通过活动让幼儿理解妈妈的辛劳，体会妈妈的爱，进而从感恩母亲开始，懂得感恩家人，成为一个善良、有"感恩之心"的人。

【活动目标】

1. 了解母亲节的来历，知道母爱的伟大。

2. 懂得妈妈的辛苦付出，用实际行动表达对妈妈的爱，增强感恩意识，成为善良、有"感恩之心"的人。

【活动主题】

感恩的心，相伴成长。

【活动对象】

幼儿园全体幼儿及其妈妈。

【活动准备】

1. 物质准备：制作邀请卡（粉红色 A4 纸），以家庭为单位，每个家庭准备一张；制作手抄报、展板等，布置场地；音乐《我的好妈妈》《感恩的心》等。

2. 经验准备：大班幼儿排练情景剧《我给妈妈穿衣服》。幼儿制作调查表，调查妈妈喜欢吃的水果、最喜欢的运动项目以及最爱的休闲方式等。

【活动地点】

幼儿园操场。

【活动过程】

（一）谈话导入，商讨活动

1. 了解母亲节的来历，谈一谈妈妈对我们的爱与付出。

2. 想一想我们能为妈妈做些什么，如何庆祝即将到来的母亲节。

3. 商讨、策划母亲节活动的节目和环节。

(二)前期准备,发出邀请

1. 制作调查表,了解妈妈的喜好。

2. 制作邀请卡,邀请妈妈到来。

3. 制作手抄报、展板等,布置场地。

4. 排练活动的节目和流程。

(三)活动开始

1. 童声开场

全体幼儿起立,向妈妈表演歌曲《我的好妈妈》,结束后集体送祝福"祝妈妈节日快乐"。主持人介绍活动主题,宣布活动开始。

2. 游戏环节

游戏"欢乐猜猜猜"。出示关于妈妈喜好的问题,幼儿抢答,答对者获得一份小礼物。(如妈妈的生日是哪一天、妈妈最喜欢的颜色是什么、妈妈最喜欢的水果是什么等)

3. 亲子互动

小班幼儿为妈妈戴手套,中班幼儿为妈妈穿外套,大班幼儿为妈妈梳头发,要求正确整齐。小朋友们做着妈妈每天为自己做的事情,体会妈妈做这些事情的感受,并用自己的行动为妈妈做些力所能及的事。

4. 爱的表达

大班幼儿表演排练的情景剧《我给妈妈穿衣服》,引导全体幼儿大声说出"妈妈我爱你"。

5. 爱的奉献

勇敢表达自己对妈妈的爱,分享自己最想为妈妈做的事情。将自己制作的母亲节贺卡送给妈妈,勇敢说出:"妈妈您辛苦了,妈妈我爱您!"

家长说说自己最快乐的事情,与宝贝一起分享成长的点点滴滴。

【活动延伸】

小朋友们谈一谈自己的感受,一起表演手语《感恩的心》,在温暖歌声中结束活动。

活动六　实践活动：重阳节

【活动来源】

尊敬长辈、孝敬老人是中华民族的传统美德，更是中华文明的一枚瑰宝。《3—6岁儿童学习与发展指南》中强调要引导幼儿尊重、关心长辈和身边的其他人，尊重他人的劳动及成果。为将优秀传统文化传承下去，在每个幼儿心里都种下一颗敬老的种子，园所在每年的重阳节到来之际，都会从幼儿兴趣出发，引导其理解和体会长辈们的辛苦付出，学会关爱长辈、尊敬老人。

【活动目标】

1. 理解重阳节的意义，感受老人对我们的爱。

2. 懂得尊老敬老是中华民族的传统美德，能尊敬长辈、善待老人。

3. 增进对家庭的热爱和对社区的关注。

【活动主题】

尊老敬老，爱满重阳。

【活动对象】

幼儿园大班幼儿、社区的爷爷奶奶。

【活动准备】

幼儿准备：排练展演节目、制作礼物。

教师准备：教师提前与社区取得联系，沟通活动方案。

【活动地点】

海颂园社区。

【活动过程】

（一）了解重阳

通过绘本故事、影视资料，了解重阳节的起源、习俗和文化背景，向弟弟妹妹宣传重阳节的意义和重要性。

（二）策划活动

思考如何用自身行动为社区的爷爷奶奶送去祝福，讨论活动环节，练习展演节目。

（三）走进社区

1. 重阳演出

为爷爷奶奶表演精心准备的节目，向他们表达尊重和敬爱。

2. 赠送礼物

将亲手制作的礼物送给爷爷奶奶，献上关心和祝福。

3. 合影留念

来到爷爷奶奶身边，与他们合影留念，表达自己的感受与收获。

【活动延伸】

回家后向家人介绍重阳节，讲述今天的经历和感受，并为家里的老人过节，做力所能及的事情，送上祝福和关爱。

第二节 爱同伴

幼儿阶段是社会性发展的关键时期,良好的人际关系和社会适应能力对幼儿身心健康的发展以及知识、能力和智慧作用的发挥具有重要影响。幼儿社会领域的目标是能够主动参与各项活动,乐意与人交往,学习互相合作和分享等。因此,教师注重在班级主题课程中,为幼儿创设同伴交往的机会和条件,开展交朋友、帮朋友、关心朋友等同伴交往系列活动,小朋友们在积极健康的人际关系中建立安全感和信任感,体会同伴交往的乐趣。

活动一 小班社会活动:我会交朋友

【活动来源】

小班幼儿进入幼儿园是开展集体生活的第一步,由于年龄和经验的局限,如何正确与人交往,是许多幼儿普遍面临的难题。《3—6岁儿童学习与发展指南》中强调:"结合具体情境,指导幼儿学习交往的基本规则和技能。"小班幼儿应"在成人指导下,不争抢、不独霸玩具。园所依据小班幼儿以直觉行动思维为主的思维特点,设计情境游戏,用直观、形象的行动引导幼儿关注、参与并理解,在亲身体验中掌握正确交朋友的方式方法,增进与伙伴之间的友谊。

【活动目标】

1. 愿意与同伴交往,能大方地与人打招呼。

2. 喜欢和小朋友一起游戏,体验交往的快乐。

【活动准备】

森林背景课件、小动物玩偶。

【活动过程】

(一)情境导入

1. 今天我们班来了一位客人,它也想交朋友。

2.小朋友们好,我是森林里的熊村长,你们好,我们做朋友好吗?

(二)出示小动物玩偶,尝试交朋友

1.森林里的小动物们都很害羞,你们愿意成为它们的好朋友,和它们打招呼吗?

2.你们愿意和长颈鹿、熊猫、小鹿做好朋友吗? 我们可以怎么说呢?

(三)学习交朋友

1.你们会用什么动作向好朋友表示友好?(拉拉手、抱一抱、碰碰拳)

2.当朋友遇到困难,需要帮助,怎么办?

3.当你玩一个好玩的游戏时,好朋友也想玩,怎么办?

(四)情境判断

请幼儿说一说图中的小朋友谁是对的,谁是错的,以及错在哪里。

图一:小朋友为玩具争吵,互不相让。

图二:小朋友分享自己手中的玩具。

小结:对好朋友要谦让、友好、分享,不友好的行为会逐渐使朋友远离自己。

(五)合作游戏“狼来了”

1.熊村长为了让大家能交到更多的朋友,举办了森林舞会,我们一起去参加吧!

2.我们一起随着音乐找朋友吧!

3.舞会结束的时候,大灰狼就会出现,这时候大家要抱住好朋友,保护好朋友和自己,不要被大灰狼吃掉!

【活动延伸】

鼓励幼儿用活动中提到的方法和其他人交朋友。

活动二 小班艺术活动:我穿手链送朋友

【活动来源】

随着小朋友们对幼儿园生活的适应,在班级主题课程“幸福小一班”的推进中,小朋友们认识了新的小一“家”和“家人”,大家相处得开心又融洽。同伴交往是幼儿社会性发展的重要动因和组成部分,为给幼儿同伴交往提供条件和机会,特设计本次游戏,小朋友们锻炼手眼协调能力、增强审美体验的同时,在爱的表达中

推进和好朋友之间的情感关系。

图 5-1　我和我的朋友

【活动目标】

1.学习穿手链,锻炼手部精细动作。

2.愿意向好朋友表达自己的想法,进一步增进同伴之间的情感。

3.喜欢和小朋友一起游戏,体验交往的快乐。

【活动准备】

扭扭棒、各色珠子、音乐《找朋友》。

【活动过程】

(一)观察游戏材料

观察扭扭棒和珠子,思考怎样串珠子,讨论串珠子技巧。

(二)明确游戏玩法

在扭扭棒的一头打结,另一头穿过珠子的洞洞,整条扭扭棒穿完珠子之后,把扭扭棒打结为一个圆圈。

(三)讨论注意事项

讨论串珠子存在的危险。(不能往嘴巴、耳朵、鼻子里放,掉在地上要马上捡起来。扭扭棒的两端不要扎到自己和别人。)

（四）把手链送给朋友

穿好手链之后,把手链作为礼物,送给自己的好朋友。

和大家分享你跟他是怎样成为好朋友的。你和他平时会做些什么事情?

【活动延伸】

说一说自己送出手链和收到手链的感受。

活 动 三 中班社会活动：我们中一"家"

【活动来源】

随着年龄增长,幼儿积累与同伴交往的经验,萌发对同伴群体力量与荣誉的感知和关注。《3—6岁儿童学习与发展指南》中指出,中班幼儿在"具有初步的归属感"中表现为"喜欢自己所在的幼儿园和班级,积极参加集体活动"。所以本班组织社会活动"我们中一'家'",引导幼儿从爱自己的普通意义上的家,过渡到爱班级这个"家"。从辨别日常行为的对错,到为集体服务做力所能及的事,师幼一起友好相处,将班级创设成温暖的大家庭。

【活动目标】

1. 喜欢自己的同伴、教师和班级,具有初步的归属感。

2. 愿意与同伴一起劳动,为班级做力所能及的事。

【活动准备】

1. 经验准备：了解自己的家庭结构,知道班级这个家庭中的成员有老师和小朋友。

2. 物质准备：幼儿全家福照片、班级集体照、班级一日活动的温暖视频画面、班级生活中不对的行为图片、劳动工具（拖把、抹布等）。

【活动过程】

（一）全家福导入

1. 出示全家福照片,说说温暖的家有什么。

2. 出示中一班集体照,说说我们还有哪个家。

小结：在我们的家中,有爱我们的长辈,有我们喜欢的玩具,有自己的房间,所以很温暖。在幼儿园,中一班也是我们的家。

（二）讨论创设班级这个温暖的家的方法

1. 温暖的家中有老师,老师是怎么做的?（突出关爱,细心呵护）

2. 温暖的家中有同伴,同伴是怎么做的?（友好相处,互相帮助）

3. 讨论在我们的家中还要注意什么。（遵守一日规则）

（三）情境判断

说说在班级这个家中,这些行为对吗,为什么?

1. 出示小朋友争抢玩具的图片。

2. 出示损坏桌椅的图片。

3. 出示乱扔垃圾、不爱卫生的图片。

小结:创设温暖的家,争抢玩具、损坏桌椅、破坏卫生、欺负弱小是不友好的行为。我们一起生活在这个大家庭中,互相关爱、互相接纳、友好相处、爱护班级物品、爱卫生、遵守一日生活规则。

（四）一起行动

1. 出示班级一日生活中温暖的视频画面,进一步感知家的温暖。

2. 全体小朋友一起为班级做卫生,一起创造温暖的家,体验一起劳动的快乐。

总结:家是温暖的港湾,我们共同生活在中一班这个大家庭中,有悉心呵护我们生活的老师,也有带着我们一起游戏的老师,还有许多的同伴。我们一起上幼儿园、一起生活、一起游戏、一起劳动,我爱我幼儿园的家——中一班。

【活动延伸】

把集体照装扮在美工区中,并继续营造、维护我们温暖的大家庭。

活动四 中班语言活动：有朋友真好

【活动来源】

中班幼儿人际交往能力有了一定的提升,对朋友间的相互喜爱与想念有了一些体验经历,但还不能很好地表达。于是结合幼儿实际生活经验,选取大家熟悉的"过生日"为背景,设计具有多次转折的情境,启发幼儿想象,增强幼儿互动和情感体验,感受朋友之间互相关心的美好情感。

【活动目标】

1.观察故事画面,大胆想象,清楚、完整地表达自己想说的话。

2.感受并理解故事主人公之间真挚的友情。

3.乐意与人交往,懂得好朋友间应该互相关心、帮助。

【活动准备】

《有朋友真好》课件、工具图片、蛤蟆和青蛙头饰。

【活动过程】

(一)谜语激趣,导入新课

小朋友们好,今天我们先来猜个谜语把主人公请出来吧:身穿绿衣游泳家,说起话来呱呱呱,捉害虫的小英雄,长大有脚没尾巴。(青蛙)

今天青蛙带来了一个关于它和好朋友的好听的故事,叫做《有朋友真好》,我们一起来看一下吧!

(二)观察图片,大胆想象

1.生日这天,蛤蟆为什么着急? 它担心什么?

2.你觉得青蛙为什么还没来?

3.如果是你,会准备哪些工具? 准备怎么做?

4.青蛙为什么来迟了? 它为什么要送蛤蟆一个闹钟?

5.你从哪些地方看出它们是好朋友的?

(三)学习对话,增强感受

1.蛤蟆等待的时候是什么心情? 看到青蛙终于来了会怎么做?

2.青蛙迟到的时候是什么心情? 看到蛤蟆等着自己又是什么心情?

【活动延伸】

向大家分享自己和好朋友之间的友情经历。

活动五 中班健康活动:小朋友没来幼儿园

【活动来源】

晨间点名时,有小朋友主动询问:"某某小朋友没来幼儿园,是生病了吗?"这

是幼儿主动关心同伴的表现,教师抓住这一教育契机,为幼儿创造发展同伴关系的条件和机会,鼓励幼儿表达、讨论、关心同伴,促进幼儿的同伴交往,帮助幼儿发展社会认知和社会技能,增强情感支持。

【活动目标】

1. 具有初步的时间观念,感受时间的重要性,提高入园积极性。

2. 关心同伴,了解他们的需要,给予适当的帮助。

3. 提升自我保护意识,具有良好的生活、卫生习惯。

【活动准备】

点名册、游戏照片。

【活动过程】

(一)点名导入

1. 我们今天的点名结束啦,今天一共来了多少小朋友?

2. 有几个小朋友没有来幼儿园?谁没来幼儿园?

(二)思考原因

1. 你们觉得他为什么没来幼儿园?

2. 想一想,你们以前请假没来幼儿园的时候是什么原因呢?

(三)想想办法

1. 如果小朋友生病没有来,怎么办?

2. 如果小朋友起晚了没有来,怎么办?

3. 如果小朋友因为家中突然有急事,不能来幼儿园,怎么办?

4. 如果小朋友因为不想吃幼儿园的饭,不来幼儿园,怎么办?

5. 如果小朋友因为没有好朋友一起玩,所以不来幼儿园,怎么办?

(四)传达关心

1. 你想对生病没来幼儿园的小朋友说些什么?

2. 怎样为他们送去关心和祝福?

(五)保护自己

我们应该怎么做才能保持身体健康,每天都来幼儿园。

【活动延伸】

鼓励幼儿不挑食、增强锻炼,每天都能开心来到幼儿园。

活动六 实践活动：义卖善筹

【活动来源】

扶贫济困,用行动构建和谐社会;解囊相助,让爱心传承中华美德。为积极响应国家精准扶贫政策,助推构建社会主义和谐社会,进一步培养教师和幼儿用爱心传承中华美德,海颂幼儿园与甘肃省甘南藏族自治州临潭县新城镇扁都幼儿园结对子,进行对口帮扶。通过参与义卖善筹活动,幼儿学会与人交流,体验交易的乐趣,培养初步的理财能力及社会责任感,同时将筹集到的资助款,用于帮助有困难的小朋友渡过难关,感受帮助他人的快乐和成就感,从小树立起正确的价值观,深刻理解帮助他人的重要性,培养与人为善的品质。

【活动目标】

1. 激发爱心,提升社会责任感。

2. 帮助边远地区困难儿童,萌发乐于助人、乐于奉献的品质,体验奉献带来的快乐。

3. 丰富角色体验,培养良好的生活习惯,从自我做起、从身边的每一件小事做起,把自己无私的爱奉献给身边每一个需要关爱的人。

【活动主题】

扬海纳精神,颂善德情怀。

【活动对象】

海颂幼儿园全体幼儿。

【活动准备】

商定活动方案,制作宣传海报、倡议书。

【活动地点】

海颂幼儿园。

【活动过程】

（一）谈话导入

我们的生活幸福吗？在需要帮扶的扁都幼儿园，很多小朋友因疾病或其他原因，无法享受和我们一样的快乐和幸福。我们可以为他们做些什么？我们可以组织一场义卖活动，筹集善款帮助那些需要帮助的小朋友，为他们送去关爱和帮助。

（二）讨论计划

1. 讨论如何组织、开展义卖活动。

2. 商讨义卖物品价格、品种等，明确注意事项。

3. 明确销售员、记录员、组织人员等的职责，分工合作。

4. 绘制宣传海报和倡议书。

（三）发起倡议

向身边的人发起倡议，宣传活动的意义。召集家长志愿者参加，用行动感染身边的人，用爱心滋润心灵。

（四）开展义卖

1. 善筹采用义卖和拍卖（择优选择幼儿带来的玩具，由捐赠幼儿本人进行拍卖）相结合的方式，筹集爱心善款。

2. 善捐即为善款捐赠，金额自愿。

（五）捐赠善款

1. 各班及时统计本班的义卖款项，公布捐款总额，为对口帮扶幼儿园捐赠善款，送去祝福。

2. 根据各班筹款数额择优评出本次活动的"爱心班级"，颁发奖状及奖品。

【活动延伸】

集体观看对口帮扶幼儿园小朋友们的感谢视频，体验帮助、关爱他人的快乐和意义。

活动七 实践活动：帮扶捐赠

【活动来源】

为积极响应国家要求,海颂幼儿园与甘肃省甘南藏族自治州临潭县新城镇扁都幼儿园结成对子,进行对口帮扶。处于成长期的小朋友们,通过参与捐赠活动,帮助有困难的小朋友们,让他们能够与我们同享读书的快乐,与更多喜爱的书籍相伴。有助于提高社会责任感和激发爱心,增强乐于助人、团结协作的意识,培养积极向上的生活态度,能用自己的实际行动,为需要帮助的人献出一分爱心。

【活动目标】

1. 丰富帮扶地区幼儿园的图书资源,更好地解决实际困难。

2. 提升阅读兴趣,开阔视野,增长知识。

3. 增强责任感,用自己的实际行动,为需要帮助的人贡献自己的力量。

【活动主题】

爱心传递,共享书香。

【活动对象】

幼儿园全体家长、幼儿及教师。

【活动准备】

向全体家长、教师发放活动倡议书。

【活动地点】

幼儿园。

【活动过程】

（一）明确活动,理解意义

书是人类成长、进步的阶梯。可是我们帮扶的扁都幼儿园的小朋友们,不像我们有这么多书可以阅读,我们能够做些什么帮助他们实现阅读的愿望呢？我们可以把自己看过的书籍,整理捐赠给他们,为需要帮助的人贡献自己的力量。

（二）策划活动,发起倡议

向周边的人宣传活动的意义和目的,明确捐赠图书的要求,鼓励大家积极参与,并邀请部分家长志愿者协助活动。

（三）接收图书,整理统计

1. 各班设立捐书箱,为大家捐赠图书提供方便。

2. 对收到的图书进行筛选、分类和整理,确保图书适合幼儿阅读,内容完整且具有一定的教育意义。

3. 及时更新统计捐赠图书数量,向全体师幼及家长公布。

（四）捐赠图书,送出祝福

1. 制作爱心卡片,书写祝福寄语。标明捐赠所在的幼儿园名称、班级、幼儿姓名。

2. 家长志愿者协助将图书捆整、装箱、打包,寄送到帮扶地区的幼儿园。

（五）连线阅读,共享书香

与帮扶幼儿园的小朋友连线,共读一本书,感受通过书籍收获知识的快乐,体验帮助别人的幸福。

【活动延伸】

珍惜、感恩当下的幸福生活,喜欢阅读、爱护图书,为下一次图书捐赠做准备。

第三节　护弟妹

《3—6岁儿童学习与发展指南》中强调："为幼儿创设温暖、关爱、平等的家庭和集体生活氛围，建立良好的亲子关系、师生关系和同伴关系，让幼儿在积极健康的人际关系中获得安全感和信任感，发展自信和自尊，在良好的社会环境及文化的熏陶中学会遵守规则，形式基本的认同感和归属感。"因此，园所注重将小中大三个年龄班的小朋友整合为一个海颂大集体，园所上下共同营造温暖、友爱的集体生活氛围。在运动季等园所大型活动、小学"云"交流、大手拉小手系列暖心联动中，海颂幼儿园的小朋友们喜欢并可以适应群体生活，让他们具有归属感，增强集体和规则意识，携手共助成长。

活动一　实践活动：童乐运动季

【活动来源】

体育运动是幼儿园的重要活动之一，丰富多彩的运动和自主游戏深受幼儿的喜爱。《3—6岁儿童学习与发展指南》中强调："幼儿阶段是儿童身体发育和机能发展极为迅速的时期，也是形成安全感和乐观态度的重要阶段。"发育良好的身体、愉快的情绪、强健的体质、协调的动作、良好的生活习惯和基本生活能力是幼儿身心健康的重要标志，也是其他领域学习与发展的基础。春风有信，花开有期，在春意盎然的季节里，最幸福的事情莫过于在阳光下快乐运动。于是海颂幼儿园在每年春暖花开之际，都会举办"童乐运动季"，让小朋友们在快乐运动中，增强身体素质，培养团结友爱、互助合作的宝贵精神。

【活动目标】

1. 增强对体育运动的兴趣，提高幼儿动作的协调性和灵活性，提高身体素质。

2. 掌握交往的基本规则和技能，学习换位思考，懂得理解别人。

3. 培养协作精神，增强规则意识，敢于克服困难，树立自信心。

4.体验用数数、排序、简单的统计和测量等数学方法尝试解决生活和游戏中的问题的乐趣。

【活动主题】

童乐运动季。

【活动对象】

幼儿园全体幼儿及教师。

【活动准备】

经验准备：大班幼儿学做记分员、计时员、裁判员，绘制计分统计表，商定比赛规则；小班、中班幼儿练习运动项目；教师为幼儿提供支持，做好记录，撰写"童乐运动季"活动方案。

物资准备：比赛场地区域划分、布置；话筒、秒表、口哨、水彩笔、班级牌、裁判员牌、比赛材料、奖品等。

【活动地点】

幼儿园。

【活动过程】

（一）共商"童乐运动季"

1.为什么要举办"童乐运动季"？

2.在运动季中可以做什么？

3.以前的运动季中，哥哥姐姐是怎么做的？

4.我们要如何策划、组织运动季？

小结：丰富多彩的体育项目，有利于提高身体素质，激发大家参加体育运动的兴趣，掌握交往的基本规则和技能，培养协作精神，让幼儿敢于克服困难，树立自信心。哥哥姐姐们作为运动季的策划者和裁判员，精心完成运动季的准备工作，付出了许多努力，是运动季得以顺利开展的重要保障。

（二）准备"童乐运动季"

1.邀请裁判员

在"童乐运动季"第一周的升旗仪式结束之后，园领导致辞，正式启动"童乐运动季"，并邀请大班的哥哥姐姐们担任运动季的裁判员。

2. 明确职责

大班小朋友们积极探索如何做一名合格的裁判员。大家观看资料、交流分享、模拟比赛，明确裁判员的职业特点和任务，懂得作为裁判员要具备计数、计时、监督、守则等职业技能。通过实际任务，根据需求，讨论并准备裁判员所需要的工具和材料。

3. 制订规则

根据比赛项目研究、商讨、制订比赛规则，并以图画的方式进行具象表征，将比赛规则讲给运动员们听。

4. 合理分组

小裁判员们不仅共同商量、绘制了比赛结果记录表，还主动根据自身能力和擅长领域，合理分配职责，明确谁计时、谁发令，组队搭档，细化任务。

（三）开展"童乐运动季"

1. 按时参赛

"童乐运动季"中，小中大三个年龄班的比赛项目和要求有所不同，所以比赛按照年龄班分为三个时间段。大家按照提前规定并告知的比赛时间来到比赛区域。

图 5-2 开展"童乐运动季"

2. 比赛开始

选手们、裁判们、计时员、记分员各就各位，一声令下，比赛开始。

运动员们站在规定的起始位置，摆出标准的比赛姿势，他们个个精神饱满、全

神贯注,专心投入比赛,大家都竭尽全力,想要为班级、为自己赢得荣誉。裁判员们整齐站在不妨碍运动员的最近安全距离,眼神坚定、目不转睛地关注着运动员们的比赛情况,避免出现疏漏。不同年龄班精彩的比赛进行得如火如荼。

3. 统计成绩

比赛结束后,运动员们有序离场。小裁判员们精准计算比赛结果,准确记录比赛成绩,再一起复核成绩,评选出优胜者。他们全程专注严谨,保证公平公正,尊重每一位运动员的汗水与付出。

(四)"童乐运动季"闭幕式

1. 裁判员代表讲话

裁判员代表总结本次运动季中裁判员们的辛勤付出、运动员们的精彩表现,为海颂幼儿园的全体小朋友送上真挚的祝福。

2. 颁奖仪式

在运动季中,每个小朋友都积极参加锻炼和比赛,他们都获得了优异的成绩。裁判员代表分别公布各年级组运动员的成绩及获奖幼儿名单,各班运动员依次上台领奖。

3. 年级表演赛

颁奖环节过后,表现优秀的小运动员们为大家带来了精彩的表演赛,把运动季的欢乐气氛推向高潮。

【活动延伸】

共同回顾"童乐运动季"中需要学习和加强的内容,反思应该避免的事情,以及下一次提升的内容,在经验中成长。

(活)(动)(二) 实践活动:小学"云"交流

【活动来源】

小学对于幼儿来说,是一个既陌生又向往的地方,所以了解小学生活是幼小衔接的重要部分。为帮助幼儿做好生活、社会和学习等多方面的入学准备,重点建立对小学生活的期待和向往,海颂幼儿园组织往届毕业生与在读生线上"云"互动,

开启了一场别样的小学生活"云"交流活动。毕业于海颂幼儿园的哥哥姐姐们,结合自身经验,生动具体地为弟弟妹妹们答疑解惑,帮助小朋友们迈出小学生活的第一步。

【活动目标】

1.加强对小学生活的了解,建立对小学的向往,做好入学准备。

2.增强海颂幼儿园历届小朋友们之间的联动,树立榜样。

【活动主题】

小学"云"交流,童心"悦"成长。

【活动对象】

幼儿园大班幼儿、往届毕业生。

【活动准备】

教师线上邀请幼儿园毕业生参与小学"云"交流活动。

【活动地点】

线上联动、大班教室。

【活动过程】

(一)共谈小学生活

大家共谈自己想象中的小学生活是什么样子,提出自己对小学生活的疑惑、担忧。

(二)探寻适宜方法

共同思考了解小学生活的方式方法有哪些,找寻最适宜的方法。幼儿在楼道墙饰中注意到照片上有不认识的哥哥姐姐,在知道哥哥姐姐们已经开启了小学生活之后,提出想要向哥哥姐姐们了解小学生活的想法。

(三)邀请哥哥姐姐

提前邀请海颂幼儿园的毕业生参加本次小学"云"交流活动。毕业生及家长在接到邀请之后,纷纷积极响应、鼎力相助,真诚、热情地想为海颂幼儿园的活动贡献自己的力量,用自己的行动感恩、回馈母校,帮助母校的弟弟妹妹们加强对小学生活的了解。

（四）勇敢提出问题

大班的小朋友们积极思考、讨论自己想了解的小学生活,用录制视频的方式,真诚、大方、勇敢地向已经成为小学生的哥哥姐姐们提出自己的疑惑,迈出探索小学生活的第一步。

（五）积极答疑解惑

毕业于海颂幼儿园的小学生们,看到弟弟妹妹们的提问视频后,针对弟弟妹妹们的问题,结合自身经验,通过在视频短片中举例子、展实物、打比方等形象、具体、易理解的方式,生动、细致地为弟弟妹妹答疑解惑。他们讲话时姿态大方、逻辑清晰、表达丰富,是小朋友们学习的榜样。同时,小朋友增强对小学生活的了解,建立对小学生活的期待。

【活动延伸】

小朋友讨论、整理哥哥姐姐们的解答,用绘画的形式表现出来,进一步内化自己对小学生活的了解,在榜样力量的激励中,增强学习能力,树立自信,用最好的状态迎接小学生活!

活动三 实践活动:大手拉小手

【活动来源】

小班幼儿刚入园时,普遍存在不同程度的分离焦虑,面对陌生的环境和第一次集体生活会有不同程度的哭闹行为。而大班的哥哥姐姐作为"过来人",有着调节分离焦虑的经验。《3—6岁儿童学习与发展指南》中提出:"幼儿园组织活动时,可以经常打破班级的界限,让幼儿有更多机会参加不同群体的活动。"所以大班幼儿在学习雷锋精神后,纷纷表达自己想要帮助、照顾小班弟弟妹妹的愿望,体现了责任感。园所抓住此次契机,创造条件,满足幼儿需要,开展"大手拉小手"暖心活动。混龄教育环境不仅让小班幼儿通过观察、模仿、学习大班幼儿,获得有益的成长经验,逐渐克服分离焦虑,适应并体验到幼儿园集体生活的乐趣,还萌发了大班幼儿爱护弟弟妹妹的责任心,在行动中体验助人的愉悦情感和成长的快乐,培养其帮助、关心、照顾他人的良好品质。

【活动目标】

1. 感受自己的变化，认识到自己的成长。

2. 增强同理心，能关注伙伴的情绪和需要，并提供力所能及的帮助。帮助小班幼儿减缓分离焦虑，尽快适应幼儿园生活。

3. 在他人讲话时能认真倾听，感受集体的温暖和友谊，在伙伴的陪伴和安慰下调节情绪。

4. 喜欢与不同班级的小朋友一起游戏，拉近彼此距离。

【活动主题】

大手拉小手，暖心共成长。

【活动对象】

小大班幼儿。

【活动准备】

活动前，大班幼儿商讨、制订活动方案，确保活动顺利、安全地进行。

【活动地点】

小班教室。

【活动过程】

（一）回顾成长

大班幼儿观看小班时的照片、视频，感受自己长大的变化。

1. 跟刚入园的自己比，我们有了哪些变化，学会了哪些本领？

2. 作为哥哥姐姐，我们可以为小班的弟弟妹妹做些什么？

（二）共做计划

分组讨论，确定帮助、关爱弟弟妹妹们的恰当方法和活动内容。

1. 应该如何向弟弟妹妹们介绍自己？

2. 可以跟弟弟妹妹们做什么事情，玩什么游戏？

3. 能够教给他们什么？怎样帮助照顾他们？

小结：我们要关心、照顾弟弟妹妹，可以向他们介绍班级环境，一起玩游戏，教弟弟妹妹们穿、叠衣服等本领；陪伴弟弟妹妹共同阅读绘本的好习惯，努力肩负起哥哥姐姐的责任。

图5-3 大家一起共做计划

（三）大手拉小手

1. 欢迎仪式

大班幼儿组织一个简单的欢迎仪式，简单认识彼此，拉近情感距离。

2. 游戏互动

简单认识过后，哥哥姐姐们带领小班弟弟妹妹进行一些简单的游戏，如老鹰抓小鸡、踩气球、抓尾巴等，让弟弟妹妹在游戏中转移注意力，放松心情，增进彼此之间的友谊。

3. 快乐分享

哥哥姐姐带着小朋友们共读自己喜欢的书，分享好听的故事。哥哥姐姐们能主动分享自己成长的经历和趣事，回顾成长的快乐，增进彼此的了解和友谊的同时，为小班幼儿树立成长榜样。

4. 认识园所

哥哥姐姐们带着弟弟妹妹们走出自己的班级，去认识别的班级以及幼儿园，向弟弟妹妹介绍、分享这些情况，弟弟妹妹在认识、了解幼儿园的同时，感受集体的温暖和友谊，增强心理安全感。

5. 暖心陪伴

对刚入园的小朋友来说，独立吃饭和午睡是小朋友们普遍面临的难题。于是哥哥姐姐们缩短自己吃饭和午睡的时间，示范、陪伴、鼓励小班弟弟妹妹完成这些生活环节。

【活动延伸】

小朋友们一起制作一些手工小礼物送给对方，留作纪念，增进彼此的友谊。

第六章

勇担当,甘奉献

幼儿园教育作为幼儿的启蒙教育,应当从小培养幼儿的责任担当,使他们逐步成长为社会的有用之才。幼儿园结合幼儿年龄特点、认知水平和发展需要,开展争当交通安全小卫士、垃圾分类小标兵、爱园清扫小能手、控烟宣传小达人等"勇担当"系列活动,旨在激励幼儿主动参与,提升其自我管理和自我成长的能力,引导幼儿懂得自己的责任和义务,培养其责任感和担当精神,同时培养幼儿勇敢、坚强、独立等良好品质,为他们未来的成长奠定基础。

教育目标

1. 掌握基本的安全常识和自我防护方法。
2. 主动承担任务,能积极动手动脑解决生活中的问题,坚持不懈。
3. 乐于为家庭、幼儿园、社会做力所能及的事,具备初步的责任感。

第一节　交通安全小卫士

《3—6岁儿童学习与发展指南》中提出幼儿园应创设安全的生活环境,提供必要的保护措施,结合生活实际对幼儿进行交通安全教育。例如,幼儿乘车时要有成人陪伴、不单独留在汽车里、外出时要遵守交通规则等。结合各班幼儿特点、认知水平和发展需要,幼儿园将交通安全教育纳入课程体系,组织了多形式、多途径、多样化的活动让幼儿更好地理解交通安全知识,将遵守交通规则理念渗透进各环节,不断增强幼儿交通安全自我防护意识。

活动一　实践活动:亲子制作交通标识活动

【活动来源】

12月2日是全国交通安全日,2023年的主题是"文明交通你我同行",幼儿通过了解文明交通的意义,树立从小遵守交通规则的意识;动手制作交通安全标识,养成文明出行的好习惯,不断提升自我防护安全意识。

【活动目标】

1.通过制作活动,提升创造力与想象力,在亲子互动中探索和发现富有创意的交通标识。

2.积极参与制作过程,学习使用工具和材料,提高动手能力。

【活动主题】

文明出行,交通安全我知道。

【活动对象】

全体幼儿、家长。

【活动准备】

废旧材料、纸张。

【活动地点】

幼儿园。

【活动过程】

（一）活动导入

请幼儿和家长一起查阅书籍或观看新闻，了解交通安全相关规定，熟知交通安全标识，知道全国交通安全日，了解文明出行的方式及必要性。

（二）亲子制作

1.激发兴趣

通过了解交通安全相关知识，知道出行应遵守交通规则，萌发制作交通安全标识的想法。

2.动手操作

与家长一起利用废旧材料、纸张、胶水、超轻粘土、纸夹板等，动手制作交通安全标识。

3.分享交流

将收集好的幼儿作品投放于班级活动区，请幼儿分享制作理念与方法。

（三）作品展示

各班级将选出的交通安全标识作品写好名称、姓名、班级，放于楼道展示区进行作品展示评选活动。

活动二 实践活动：防踩踏安全演练

【活动来源】

大一班幼儿以儿歌形式分享了以"遵守交通规则以防踩踏"为主题的国旗下讲话后，幼儿懂得遵守交通规则的基本内容，如按顺序行走不推不挤。本活动将有效提高幼儿自我防护意识，保护出行安全。

【活动目标】

1.知道踩踏事故的严重性，增强安全防范意识。

2.掌握正确的逃生方法，熟悉逃生路线，紧急情况下能在最短时间内到达安全

区域。

【活动主题】

遵守交通规则以防踩踏。

【活动对象】

全体幼儿。

【活动准备】

警报声音乐。

【活动地点】

幼儿园。

【活动过程】

（一）活动导入

1. 引导幼儿复述"防踩踏"儿歌,知道安全出行的重要性。

2. 演练开始前,使幼儿熟知演练流程和班级的逃生路线。

（二）演练开始

1. 广播播放警报声,紧急疏散演练正式开始,幼儿跟随教师有序站队。

2. 幼儿按照指定路线撤离到安全区域。

3. 幼儿不慌张、不推挤,整个过程非常迅速且有条不紊。

（三）总结延伸

演练活动的目的是使幼儿知道逃生线路,知道在逃生时大家要按照顺序不推不挤,有序撤离,形成安全自我防护意识,以防止踩踏事件的发生。

活动三 实践活动:乘着地铁游天津

【活动来源】

在园所"家国情怀"园本课程"地铁上的天津"主题活动中,为了让幼儿更直观地感受地铁在现代城市交通中的作用,由家长带领幼儿乘坐地铁,亲身体验、感受地铁的便捷。在乘车过程中,让幼儿了解文明乘地铁的基本规则,增强文明出行意识。

【活动目标】

1. 知道并遵守乘坐地铁的基本规则。

2. 能清楚并愿意表达表述,做到从容、自信。

3. 加强安全意识,能做到文明乘车。

【活动主题】

地铁出行,我知道。

【活动对象】

中大班幼儿。

【活动准备】

课件、麦克风、地铁路线图。

【活动地点】

幼儿园。

【活动过程】

(一)积累经验

请小朋友们和家长一起查阅书籍或观看新闻,了解乘坐地铁的相关规则,积累有关乘坐地铁出行的交通安全经验。

(二)探索地铁

1. 教师从幼儿兴趣点出发:什么是地铁? 坐地铁都能去哪些地方? 乘坐地铁应注意哪些规则? 为什么地图上地铁线路颜色都不一样?

2. 结合幼儿提问,教师带领幼儿从了解地铁入手,知道乘坐地铁应遵守的规则,初步了解天津地铁的线路,以及每条线路经停的站点。

(三)介绍地铁

1. 根据对地铁线路的了解,幼儿结合不同站点的位置、周边景点设施开始"乘着地铁游天津"探究活动。

2. 在"乘着地铁游天津"播报中,幼儿强调文明乘坐地铁,遵守地铁行为礼仪。

3. 跟随地铁路线,向幼儿介绍了天津特色建筑、天津历史文化、天津风俗习惯等,在此活动中激发幼儿乘坐地铁游天津的强烈愿望。

（四）乘坐地铁

幼儿在生活中体验乘坐地铁,在乘坐过程中愿意遵守乘坐地铁的规则,规范自己的行为,增强安全防护意识。

活动四　实践活动:参观小学

【活动来源】

为了满足幼儿对小学生活的探知愿望,帮助他们直观、全面地了解小学生活、学习环境,幼儿园组织大班幼儿参观小学,以积极的心态迎接小学生活。幼儿园到小学的路程全程 1.5 公里,要经过三个路口和两个红绿灯,幼儿提前做好出行攻略,自觉遵守交通规则。

【活动目标】

1. 明确交通路线及注意事项,增强安全防护意识。

2. 了解交通安全知识,熟悉交通信号、交通标志和交通标线的作用。

【活动主题】

文明交通,你我同行。

【活动对象】

大班教师、幼儿和家长。

【活动准备】

水壶、纸巾、舒适的鞋子。

【活动地点】

海颂幼儿园、丽景小学。

【活动过程】

（一）活动导入

1. 引导幼儿了解"参观小学"的活动方案,明确参观小学的各种注意事项。

2. 交通安全教育活动。引导幼儿了解交通安全知识,如幼儿要紧跟成人、不远离成人的视线、不跟陌生人走、不在马路边玩耍、要遵守交通规则等。

3. 安全自救知识。引导幼儿了解简单的安全自救知识,如记住自己的家庭住址、

电话号码、父母的姓名和单位,一旦走失知道向成人求助,并能提供必要信息等。

(二)参观活动

1.集结队伍,并保持整齐有序。在幼儿园到小学的路程中,队伍按照规定路线进行参观。

2.行进过程中,按照交通规则有序过马路,幼儿紧跟教师和家长,不掉队。

3.有序参观小学。

4.参观结束后,幼儿跟随教师及家长有序返园。

5.进行反思,对不足之处加以改正,为下次参观小学完善计划。

第二节　垃圾分类小标兵

《3—6岁儿童学习与发展指南》中提出幼儿应遵守基本的行为规范,爱护身边环境,注意节约资源。在其指引下,幼儿园认真开展了垃圾分类教育活动,让幼儿体会垃圾分类与生活的密切关系、了解垃圾分类方法、掌握生活垃圾分类的技能、树立垃圾变废为宝的意识等。通过此次活动,"垃圾分类""爱护环境"对幼儿来说不再是抽象的词汇,而是真实的生活。在潜移默化中让幼儿养成垃圾分类的习惯,树立爱护环境、节约资源的意识,建立"变废为宝"的理念。

活动一　实践活动:垃圾分类　童心同行

【活动来源】

每年6月5日是世界环境日,2023年中国的主题是"建设人与自然和谐共生的现代化"。幼儿通过了解垃圾分类知识,掌握正确的垃圾分类方法,树立爱护环境的责任意识,从身边小事做起,养成良好的行为习惯。

【活动目标】

1.了解生活垃圾分类的重要性。

2.掌握垃圾分类的方法,尝试进行垃圾分类。

3.具有初步的环保意识。

【活动主题】

垃圾分类我知道。

【活动对象】

小中大班幼儿。

【活动准备】

垃圾分类课件。

【活动地点】

幼儿园。

【活动过程】

(一)激发幼儿兴趣

关键提问1:你认为什么物品属于垃圾呢?

关键提问2:垃圾应该扔到哪里?

关键提问3:社区里的垃圾桶的颜色为什么不一样?

(二)认识分类标志

1.幼儿通过图片了解垃圾分类的标志。

2.引导幼儿了解可回收垃圾、厨余垃圾、有害垃圾、其他垃圾。

3.学会垃圾分类。

(三)分类游戏活动

1.幼儿将图片内的垃圾进行分类,并投放到相应的垃圾桶内。

2.分组比赛,争做垃圾分类小达人。

(四)总结分类意义

幼儿了解垃圾分类是需要长期坚持的,将垃圾分类做成班级环创,在动手操作中逐渐提高对垃圾的辨别能力,增强垃圾分类的意识。

活动二 实践活动:变废为宝

【活动来源】

在园所传承家国情怀的童心文化"爱自己、爱家乡、爱祖国"活动中培养了幼儿珍惜他人劳动成果、爱护公共环境的意识。生活中的很多废旧材料都能成为低结构材料,而低结构材料更能激发幼儿的想象和创造能力,利用可回收材料不仅有利于树立变废为宝的意识,还有利于培养幼儿的创新意识。

【活动目标】

1.懂得废旧材料利用的好处,乐于参与变废为宝的活动。

2.能积极利用各种废旧物,大胆进行改造。

【活动主题】

保护环境,变废为宝。

【活动对象】

中大班幼儿。

【活动准备】

塑料瓶类垃圾、罐类垃圾、纸桶纸盒类垃圾、吸管类垃圾等低结构废弃物。

【活动地点】

幼儿园。

【活动过程】

(一)活动导入

1. 引导幼儿了解世界环境日中国的主题是"建设人与自然和谐共生的现代化"。

2. 根据幼儿年龄特点,引导幼儿了解"变废为宝"的活动不仅能减少废弃物对环境的影响,还能让回收的废弃物变成手中的玩具。

(二)寻宝活动

1. 在班级、幼儿园里寻找可以投放到自主游戏区的可回收材料。

2. 汇总可回收材料。

3. 将材料收整,统计数量。

(三)变废为宝

将收集的废旧材料投放到规划好的位置,鼓励幼儿发挥想象力,勇于大胆尝试将废旧物品变成手中可欣赏的作品。

(四)作品展示

将自制的作品在活动区内进行展示,请幼儿分享自己的制作过程,体会变废为宝的益处。

活动三　实践活动:垃圾分类比赛

【活动来源】

为全面贯彻落实《3—6岁儿童学习与发展指南》中指出:"引导幼儿关注和了

解自然、科技产品和人们生活的密切关系,逐渐懂得热爱、尊重、保护自然",注意节约资源的教育理念,园所开展以"垃圾分类"为主题的幼儿技能比赛,帮助幼儿养成良好的垃圾分类习惯。

【活动目标】

1. 提高幼儿的垃圾分类能力,学会区分干垃圾（其他垃圾）、湿垃圾（厨余垃圾）、可回收垃圾和有害垃圾。

2. 体验完成比赛的成就感,增强垃圾分类的意识。

3. 增强竞争意识,获得集体荣誉感。

【活动主题】

垃圾分类我能行。

【活动对象】

全体幼儿。

【活动准备】

桌子、垃圾图片、四色垃圾桶。

【活动地点】

幼儿园。

【活动过程】

（一）赛前预热

各年龄班幼儿在本班开展垃圾分类比赛作为赛前预热,营造浓厚的环境氛围,积极调动幼儿情绪,为园所比赛做铺垫。

（二）实施比赛

按照年龄分组进行比赛。

1. 小班组"这是什么垃圾"

教师出示垃圾图片,引导幼儿根据图片内容进行垃圾分类。

2. 中班组"垃圾垃圾去哪里"

准备印有各类垃圾的图片以及对应的垃圾桶,分组开展游戏。

幼儿将垃圾投放到正确的垃圾桶中,用时最短的队伍获胜。

3.大班组"垃圾对对碰"

分组开展游戏,幼儿手执垃圾图片并说出图片上的内容,另一名幼儿迅速说出与其对应的垃圾桶。

第三节　爱园清扫小能手

劳动教育在幼儿教育体系中具有重要的地位,把劳动教育贯通幼儿教育全过程,贯穿家庭、幼儿园、社会各方面,把握育人导向,遵循教育规律,才能实现知行合一,促进幼儿形成正确的世界观、人生观、价值观。幼儿园结合"爱园清扫"活动,根据幼儿的年龄特点,从收整自己玩具到为他人、为幼儿园、为社会做力所能及的事,循序渐进开展活动,逐步培养幼儿成为一个有担当的人。

活动一　实践活动:爱园清扫

【活动来源】

《3—6 岁儿童学习与发展指南》强调:"幼儿园应经常组织多种形式的集体活动,萌发幼儿的集体荣誉感。"为了培养幼儿的归属感,树立幼儿的环保意识,培养幼儿热爱劳动、尊重劳动的好品质,我们以劳动的形式开展了"爱园清扫"活动。

【活动目标】

1.增强对幼儿园的归属感和认同感。

2.能够了解维护环境的辛苦,萌发保护环境的意识。

3.愿意主动承担劳动任务,增强劳动意识。

【活动主题】

扮靓幼儿园。

【活动对象】

全体幼儿。

【活动准备】

抹布、扫把。

【活动地点】

幼儿园。

【活动过程】

（一）活动导入

1.通过爱卫宣传栏、电子显示屏、开展主题教育活动等方式,普及爱国卫生知识,动员幼儿积极参与爱园清扫行动。

2.了解"爱园清扫"的各项注意事项。

3.活动前,幼儿掌握工具的使用方法以及在清扫中的注意事项。

（二）清扫活动

1.幼儿根据自身年龄特点选取合适的清洁工具及清洁地点。

2.在活动中,明确注意事项,尽量避免意外的发生。

3.幼儿不慌忙、不拥挤,整个清扫过程有序且迅速。

4.整理清扫工作,扮靓幼儿园。

第四节　控烟宣传小达人

吸烟有害健康，2022 年世界无烟日的主题是"烟草威胁环境"，园所围绕这一主题开展禁烟控烟宣传活动，让幼儿了解世界无烟日的含义与内容，知道吸烟不仅有害身体健康并且危害环境，积极争当一名禁烟宣传员。

活动一　实践活动：世界无烟日

【活动来源】

每年 5 月 31 日是世界无烟日，为广泛宣传吸烟的危害，积极响应"世界无烟日"的号召，在无烟日来临之际，开展禁烟控烟宣传活动，旨在关爱幼儿身心健康，鼓励吸烟人群远离香烟，共同创造无烟环境。

【活动目标】

1.通过宣传使幼儿及家长了解吸烟对身体和环境的危害，重视自己的身体健康。

2.养成从小不吸烟、勤锻炼的健康生活方式，知道远离烟草，做"不吸烟、我健康、我时尚"的一代新人。

【活动主题】

烟草威胁环境。

【活动对象】

全体幼儿、家长。

【活动准备】

禁烟标识、视频。

【活动地点】

幼儿园。

【活动过程】

（一）活动导入

利用园内大屏幕、微信公众号、家长群等平台,营造浓厚氛围,开展"烟草威胁环境"的宣传教育。

（二）教育活动

开展世界无烟日教育活动,幼儿与教师一起了解烟草的危害,知道吸烟有害健康。

（三）宣传延伸

通过"大手拉小手"活动,带动长辈们一起感受无烟世界的美好,养成健康良好的生活方式。

活动二 实践活动：争做文明有礼天津人

【活动来源】

环境是人类赖以生存的空间,环境保护教育意义深远,在开展"世界无烟日"活动后,让幼儿更多地走入真实的社会生活中,开展真实的宣传活动,体验宣传的意义,通过"小手拉大手"活动,营造整个社会的共育文化,带动居民朋友一起感受无烟世界的美好。

【活动目标】

1.通过宣传,使社区居民了解吸烟对身体和环境的危害,重视自己的身体健康。

2.愿意对不文明吸烟行为进行劝导,共同创造无烟环境。

【活动主题】

保护环境,禁止吸烟。

【活动对象】

海颂园社区居民。

【活动准备】

禁烟宣传标语、宣传册。

【活动地点】

海颂园小区。

【活动过程】

（一）活动导入

营造宣传氛围,利用幼儿园 LED 大屏、微信公众号等平台,开展"烟草威胁环境"的宣传教育。

（二）宣传延伸

1.通过与社区合作,在社区中转发幼儿自制的关于吸烟有害健康的宣传材料。

2.通过"小手拉大手"活动,对在楼道、公共场所吸烟的人群进行礼貌劝导,带动社区居民一起感受无烟世界的美好,养成健康良好的生活方式。

第三篇

赓续血脉,传承家国精神

传承百年精神,圆梦正在今朝。今天的儿童,正处在祖国繁荣昌盛的新时代,肩负着党和国家赋予的使命和责任,因此,传承民族精神、延续中华民族的精神血脉对于学前儿童意义重大。本章节以"赞英雄""颂楷模""学榜样"三个方面为主要内容,引导幼儿感受伟大的民族精神,用实际行动传承和弘扬中华民族传统美德和精神品质,筑牢思想之基。

第七章

学党史,敬英雄

　　幼儿是祖国未来的希望,3—6 岁幼儿处于个体倾向和道德观念形成的关键时期。幼儿园注重培养幼儿的家国情怀,在注重精神的传承下幼儿园开展了"敬英雄"的活动,园所带领幼儿一同追忆历史、向英雄致敬。在"敬英雄"的课程中幼儿了解了民族英雄和抗战英雄,通过开展舞台剧、歌舞、故事宣讲等多种形式,使幼儿体会英雄人物的英勇气概,从而萌发幼儿的爱国主义情感。

教育目标

　　1. 了解英雄事迹,感受其伟大的精神和品质。

　　2. 通过观察、讨论等方法,初步了解英雄的事迹。

　　3. 学习英雄的优秀品质,初步建立尊重英雄、珍惜和平的价值观,进而萌发爱国情感。

表 7-1　"学党史，敬英雄"主题实施一览表

活动内容	主要目标	支持策略	生成活动	发展领域	年龄班
民族英雄	1. 了解祖国的发展历程和历史文化，萌发幼儿的爱国情怀 2. 了解民族英雄以及他们为国家作出的贡献 3. 知道中国人民奋斗的艰辛历史，为自己是中国人感到自豪和骄傲	教育活动： 1. 语言活动：民族英雄岳飞 2. 健康活动：虎门销烟 3. 社会活动：大禹治水 4. 拓展活动：我知道的民族英雄 5. 日常活动：美工区通过捏或画的形式表达	亲子活动： 查阅关于民族英雄的故事 谈话活动： 我知道的民族英雄 艺术活动： 我这样保护环境	语言 健康 艺术 社会	大班
抗战英雄	1. 了解抗战历史背景和抗战英雄的事迹，学习抗战英雄的勇敢、坚强等品质 2. 懂得如今幸福生活的来之不易，为自己是中国人感到自豪和骄傲	教育活动： 1. 社会活动：黄继光 2. 社会活动：邱少云 3. 艺术活动：长城谣 4. 实践活动：红船守船人 5. 实践活动：为中华之崛起而读书	谈话活动： 1. 什么是红船 2. 小小守船人 故事表演： 1. 小英雄王二小 2. 小英雄	语言 社会 艺术	中班 大班

第一节　民族英雄

"一个有希望的民族不能没有英雄，一个有前途的国家不能没有先锋。"历览中华民族英雄史，英雄人物辈辈出，英雄美名口口传，英雄的故事家喻户晓，英雄的精神薪火相传！中华民族是一个英雄辈出的民族，园所通过讲述、绘画、体验等多种幼儿感兴趣的活动形式，了解民族英雄故事，感悟其身上伟大的民族精神，从而萌发幼儿的爱国主义情感。

活动一　大班语言活动：民族英雄岳飞

【活动来源】

大班幼儿处在读写意识萌发时期，在大班"趣论姓名"主题教育活动中，开展了通过自己的姓氏了解民族英雄的活动，让幼儿寻找与自己姓氏相同的名人。班中有一名姓"岳"的小朋友，找到与他同姓氏的名人——岳飞。通过学习岳飞的英勇事迹，激发幼儿热爱祖国的情感。

【活动目标】

1. 了解岳飞的生平事迹。

2. 知道"岳母刺字"和"精忠报国"的典故，能大胆讲述。

3. 学习岳飞英勇和忠诚的品质。

【活动准备】

物质准备：绘本《精忠报国》。

经验准备：关于岳飞的故事。

【活动过程】

（一）歌曲《百家姓》导入，引出岳飞

小结：岳飞一生廉洁正直，精忠报国，他的英勇事迹和伟大精神流传至今。

（二）讲述绘本《精忠报国》，深入了解岳飞

1. 教师讲述绘本《精忠报国》，了解岳飞的生平事迹和贡献。

2. 着重讲述"岳母刺字"和"精忠报国"的典故，突出他的爱国情感和勇敢品质。

3. 请幼儿简单复述故事内容。

（三）交流分享

教师：听了岳飞的故事，你们觉得岳飞是位英雄吗？

教师：为什么觉得岳飞是位英雄？

教师：如果你们遇到困难，会怎么办？

小结：通过了解岳飞的英勇和爱国的品质，引出要做一个像岳飞一样勇敢和热爱祖国的人，鼓励幼儿积极参与讨论，互相交流自己的观点和经历。

（四）总结

鼓励幼儿在日常生活中学习岳飞英勇和忠诚的品质，做一个有责任感和使命感的人。

活动二 大班健康活动：虎门销烟

【活动来源】

在谈话活动中，有的小朋友说："我的爸爸总是抽烟。"还有的小朋友说："我的爷爷和爸爸都抽烟。"在这次的谈话过程中，我发现大多数幼儿都知道吸烟是不对的。为了使幼儿可以主动劝导身边的人戒烟，我们开展了"林则徐虎门销烟"的活动，通过活动让幼儿知道吸烟对人类身体造成的危害，知道林则徐为了让老百姓免受鸦片的伤害，进行了大规模的禁烟活动，感受林则徐的坚强意志和爱国精神。

【活动目标】

1. 了解林则徐虎门销烟的故事。

2. 知道吸烟对身体的危害，主动劝导身边的人戒烟。

3. 感受林则徐的坚强意志和爱国精神。

【活动准备】

相关课件。

【活动过程】

(一)图片导入,激发幼儿兴趣

1. 展示"禁烟标志"的图片。

提问:小朋友知道这是什么标志吗?

提问:你们身边有人吸烟吗?

(二)了解虎门销烟的内容

1. 出示林则徐的图片。他做了一件了不起的事情。我们一起来看看是什么事情吧!

2. 播放虎门销烟的视频。

教师:谁进行了禁烟活动? 他为什么要禁烟?

3. 观看图片——人吸烟之后牙齿和肺部的变化。

小结:感受林则徐的坚强意志和爱国精神,知道吸烟对身体的危害。

(三)交流讨论

讨论:怎么劝导身边的人戒烟?

小结:鼓励幼儿劝导身边的人戒烟。

(四)总结

知道吸烟对身体的危害,鼓励幼儿劝导身边的人戒烟。

活动三 大班社会活动:大禹治水

【活动来源】

大班幼儿开展了"沿着黄河知中国"的主题课程,随着课程的开展,幼儿自主了解一些关于黄河的故事。彤彤说:"爸爸给我讲了《大禹治水》的故事。"其他幼儿都很好奇故事的内容,于是彤彤和大家分享了《大禹治水》的故事。通过引导幼儿了解大禹治水的故事,激发幼儿的环保意识,感受大禹的聪明才智,学习其英勇、顽强的品质。

【活动目标】

1. 了解大禹"三过家门而不入"的故事。

2.感受大禹的聪明才智,学习其舍家为国的精神品质。

3.通过对故事的学习,知道保护自然、尊重自然。

【活动准备】

相关课件。

【活动过程】

(一)动画片《大禹治水》导入

播放故事,激发幼儿的兴趣。

(二)活动内容

1.师生共同回忆故事的内容。

教师:大禹为什么"三过家门而不入"?

教师:故事中的洪水是谁制止了? 他用的什么办法?

2.观看视频"洪水的由来"相关视频。

3.讨论:如何保护自然,减少自然灾害的发生?

小结:通过故事,学习其舍家为国的精神品质,感受大禹的聪明才智。通过视频"洪水的由来",了解洪水的由来,引申到幼儿应保护环境,加强环境保护的意识。

(三)总结

通过学习《大禹治水》的故事,我们要学习大禹的聪明才智和舍家为国的精神品质,更要爱护环境。

活动四 大班艺术活动:我这样保护环境

【活动来源】

通过对《大禹治水》的学习,幼儿知道了洪水的由来,以及洪水带给我们的危害,幼儿自行组织了"一起保护环境"的谈话活动。有的小朋友说:"不乱扔垃圾就是保护环境。"也有的小朋友说:"种树是保护环境。"通过他们的谈话,我们开展了"我这样保护环境"的活动,幼儿通过绘画的形式把自己的想法表达出来,倡议更多的人一起加入保护环境的队伍。

【活动目标】

1. 知道保护环境的方法。

2. 能用不同的绘画形式,表达自己的想法。

3. 萌发环保意识。

【活动准备】

课件、不同的笔、画纸。

【活动过程】

(一)视频导入,激发幼儿兴趣

播放"光头强砍树"视频。

(二)活动内容

教师:乱砍树会给人们带来哪些危害?

1. 讨论:你能为保护环境做些什么?

2. 进行创作:我这样保护环境。

3. 幼儿之间相互介绍作品内容。

4. 讨论:为什么想要这样保护环境?

小结:加强幼儿对环境保护的认识,萌发幼儿的环保意识。

(三)活动延伸

向小中班的弟弟妹妹宣传保护环境的重要性。

图 7-1A 至图 7-1B　向弟弟妹妹宣传保护环境

活动五 大班拓展活动：我知道的民族英雄

【活动来源】

随着"敬英雄"活动的持续开展,越来越多的英雄人物的事迹被幼儿熟知,英雄们身上的优秀品质也吸引着幼儿,幼儿都想成为一位小小英雄,怎样才能做一位小小英雄呢?幼儿进行了讨论,根据幼儿的建议,园所开展了故事宣讲"我知道的民族英雄"活动,为幼儿提供了一个展现自我的舞台,并大胆表述故事内容。

【活动目标】

1. 能够积极参与,乐于大胆表现自己。

2. 提高语言表达能力,能够完整、连贯地讲述故事。

3. 萌发热爱祖国的情感。

【活动主题】

我知道的民族英雄。

【活动对象】

大班幼儿。

【活动准备】

课件、绘本故事。

【活动地点】

大班教室。

【活动过程】

(一)自我表现,激发趣味

1. 讨论:我们学过哪些民族英雄的故事?

教师:你们还知道哪些英雄?

(二)大胆表现,宣讲开始

1. 比赛开始,说一说你知道的民族英雄故事。

教师:你对谁的印象最深?

2. 讨论:你为什么敬佩他?

（三）总结

通过本次活动,小朋友们又认识了新的英雄,希望大家以后可以向这些英雄学习,为国家做一些力所能及的事情,用实际行动传承和弘扬中华民族传统的美德。

第二节 抗战英雄

战争给人们带来了无尽的灾难,同时也在硝烟中塑造了一个个英雄人物,他们舍身为国、大无畏的精神感动着每一个人。在那段特殊的岁月中,中国涌现出了许许多多的英雄人物,通过开展舞台剧、诵读绘本、歌谣等多种形式的活动,让幼儿了解抗战英雄的事迹,学习抗战英雄的勇敢、坚强的品质。他们的事迹我们不能遗忘,他们的精神将被永远传颂。

活动一 中班社会活动:邱少云

【活动来源】

在阅读"三爱育苗"学前思政教育系列绘本《我心中的英雄》后,幼儿纷纷对津津心目中的英雄张伯礼爷爷产生了浓厚的兴趣。通过津津讲故事,幼儿回顾了张伯礼爷爷的事迹,萌发了对英雄的敬佩之情。于是,为弘扬爱国主义精神,加强幼儿的思想道德教育,以及顺应幼儿的兴趣与需求,园所利用班级里的抗战英雄系列绘本,从幼儿独特的生理、心理特征出发,以幼儿的视角讲述故事,萌发幼儿的爱国情怀。

【活动目标】

1. 了解邱少云的绘本故事,能够大胆讲述故事内容。

2. 感受英雄邱少云坚强勇敢、热爱祖国的优秀品质。

3. 萌发热爱祖国的情感,愿意用自己的方式热爱祖国。

【活动准备】

绘本图片。

【活动过程】

(一)图片导入,激发兴趣

教师:你们知道这是哪位英雄吗?

（二）完整讲述故事,初步认识邱少云

1. 教师讲述故事内容。

教师:故事中的主人公叫什么? 邱少云为了保护队伍,是怎么做的?

2. 出示故事片段的图片,幼儿回顾故事内容。

3. 请幼儿为故事的片段进行排序,并讲述故事内容。

（三）播放视频,深入了解邱少云

教师:面对危险,他害怕了吗? 他为什么被火烧到却一动不动呢? 他有怎样的品质?

小结:英雄邱少云机智勇敢,面对危险沉着冷静,他热爱自己的祖国。幼儿感受英雄邱少云坚强勇敢、热爱祖国的美好品质,萌发热爱祖国的情感。

（四）游戏"护送之独木桥"

通过勇敢者游戏培养幼儿面对困难时要沉着冷静、敢于面对的品质。进一步萌发幼儿的爱国之情。

（五）总结

我们生活在和平的国家,当危险来临的时候,总是有各种各样的英雄出现,他们面对危险挺身而出,守护我们的家园,我们要向英雄学习,用自己的方式热爱祖国。

活动二 中班社会活动: 黄继光

【活动来源】

为弘扬红色文化,利用班级里的抗战英雄系列绘本,开展"黄继光"教育活动。幼儿通过讲述、聆听故事,感受故事中蕴含的宝贵精神,学习英雄身上勇敢、临危不乱的意志品质。

【活动目标】

1. 认识英雄黄继光,知道黄继光的爱国故事。

2. 能在集体面前用自己的语言叙述英雄黄继光的故事。

3. 感受黄继光的英雄气概,萌发对祖国的热爱和自豪感。

【活动准备】

课件、《黄继光》故事绘本、歌曲《写封信给黄继光》。

【活动过程】

（一）歌曲导入，引出人物

播放歌曲《写封信给黄继光》。

教师：歌曲中的英雄叫什么名字？

（二）活动开展

1. 展示《黄继光》故事绘本，了解黄继光的生平事迹。

教师：《黄继光》的故事里发生了什么事情？ 黄继光是怎样牺牲的？

2. 请幼儿分组讲述故事内容。

3. 讨论：他的身上有哪些值得我们学习的地方？

小结：黄继光不怕危险，帮助队伍拖住时间，为了让人民能过上安稳幸福的生活，他不畏惧敌人，牺牲了自己宝贵的生命。他身上勇敢、临危不乱的品质值得我们学习。

（三）总结

今天我们认识了伟大的英雄黄继光，知道了他的英雄故事，学习了他身上勇敢、临危不乱的品质。希望小朋友们也可以像英雄黄继光一样热爱自己的祖国！

活动三 大班艺术活动：长城谣

【活动来源】

通过大班的"长城"课程，幼儿知道了不屈不挠的中国人与命运抗争的历史。正如《长城谣》中吟唱的那样，觉醒的中国人团结一致谱写新的长城故事。

【活动目标】

1. 学习歌曲《长城谣》，了解旧时人民的苦难生活。

2. 能用多种形式演唱歌曲，体会歌曲中的情感变化。

3. 懂得珍惜现在的幸福生活，萌发民族自豪感和爱国热情。

【活动准备】

抗战题材的图片、歌曲《长城谣》。

【活动过程】

（一）问题导入，引发思考

提问：世界上最长的城墙是什么？

（二）初步了解长城

展示"长城"图片，初步了解长城。

教师：你觉得长城像什么？你们知道为什么建造长城吗？

小结：长城是我们伟大祖国的象征，是中华民族的骄傲，也是世界历史上的伟大奇迹。

（三）感受歌曲

1. 播放歌曲《长城谣》。

教师：听完歌曲你们有什么感受？

2. 介绍歌曲创作背景。

（四）学唱歌曲

1. 幼儿轻声跟唱，体会歌曲中的情感变化。

2. 幼儿有节奏地分组接唱。

3. 幼儿合唱，感受歌曲的魅力。

（五）总结

战争给我国人民带来了深重的灾难，许多人家破人亡，不得不背井离乡，广大劳动人民生活在水深火热之中。通过歌曲，幼儿懂得珍惜现在的幸福生活，感受到美好的生活来之不易，萌发民族自豪感和爱国之情。

活动四 大班实践活动：为中华之崛起而读书

【活动来源】

通过前期对抗战英雄的认识和学习，幼儿对此产生了浓厚兴趣。同时，幼儿对童话舞台剧也非常感兴趣，不仅喜欢看，还喜欢模仿表演。幼儿搜集到多位抗战英

雄的事迹,通过讨论投票的方式选出了以周恩来总理为原型的"为中华之崛起而读书"的舞台剧表演。通过整理改编,幼儿在模仿表演过程中体会人物特点,激发爱国情感和民族自豪感。

【活动目标】

1. 了解周恩来爷爷"为中华之崛起而读书"的故事。

2. 能够大胆地表达表现,并具有初步的合作与协调能力。

3. 萌发爱国情感和民族自豪感,树立积极向上的生活态度。

【活动主题】

为中华之崛起而读书。

【活动对象】

大班幼儿。

【活动准备】

视频、剧本、服饰。

【活动地点】

大会议室。

【活动过程】

(一)播放视频,引入主题

1. 播放关于中华崛起的历史视频。

2. 介绍视频的内容和背景,强调中华崛起与读书的关系。

教师:你们为什么来幼儿园? 来幼儿园是为了什么?

(二)介绍舞台剧的剧情和角色,为后续表演做铺垫

1. 根据自己的兴趣和特长,幼儿自主选择角色。

2. 按照剧情,进行简单的排练。

3. 指导幼儿进行简单的动作和表情练习,帮助他们更好地融入角色。

(三)情境创设与道具准备

1. 与幼儿讨论舞台布置,制作简单的道具。

2. 正式表演与观摩。

（四）总结

通过舞台剧了解周总理的光辉人生,感受周总理的伟人风范,学习周总理的精神,争做新时代的好娃娃。

活动五 大班实践活动:红船守船人

【活动来源】

在沙水区,幼儿将自己折好的纸船放在水面上,比赛谁的纸船最厉害。小朋友们争先拿着自己的小船围在水池旁讨论。这时,有的幼儿联想到之前学习的有关"红船"的课程。因此,我们便从幼儿的兴趣入手,关于这艘特殊的船——红船的探索开始了。

【活动目标】

1. 知道"红船精神"的由来,愿意参与到活动中。

2. 了解不同行业的"守船人",并能大胆表述。

3. 通过"红船知识竞答",丰富相关知识。

4. 积极做一名"守船小卫士",萌发爱国之情。

【活动主题】

红船守船人。

【活动对象】

大班幼儿。

【活动准备】

课件、知识卡、红船小卫士纸片、朗诵视频。

【活动地点】

活动教室。

【活动过程】

（一）红船情,话革命

1. 观看小朋友主题播报的红船视频。

2. 请幼儿说一说听到的内容。

3. 教师讲述红船故事,了解"红船精神"的由来。

4. 教师分发红船"知识卡片",在 4 人小组内传递卡片、交流知识。

5. 设计问题,幼儿根据卡片知识进行"红船知识竞答"。

(二)守船人,筑国魂

请幼儿上台介绍他们心中的"守船人"。

1. 城市的美容师——环卫工人。

2. 白衣天使——医生。

3. 人类灵魂的工程师——教师。

4. 国家的脊梁——军人。

5. 成长的见证者——家人。

(三)颂红船,传星火

1. 教师下发"红船小卫士"卡片。

教师:小朋友打算怎么做一名"守船小卫士"呢?

(四)活动延伸

小朋友们画一画自己的想法,放在"红船梦"环创墙上。

图 7-2　红船梦

第八章

树新风,赞楷模

　　礼赞楷模,向善而行。每位楷模背后都有闪光的事迹,突显了他们对真善美的孜孜追寻,也闪耀出历久弥新的中国精神。我们以幼儿兴趣为出发点,走近非物质文化遗产的创始人与传承人以及不同时期的时代楷模。在操作实践、故事宣讲等活动中,了解楷模事迹,感受伟大的爱国主义精神,从而萌发对楷模们的崇敬之情。

教育目标

1. 了解楷模的事迹,从而萌发热爱和崇敬之情。
2. 激发作为中国人的骄傲和自豪感。
3. 树立职业理想,愿意成为一个对国家有贡献的人。

表 8-1 "树新风,赞楷模"主题实施一览表

活动内容	主要目标	支持策略	生成活动	发展领域	年龄班
精工巧匠	1. 知道天津著名的手工艺品,了解魏元泰、刘长会等精工巧匠的故事 2. 能够运用多种材料,大胆制作相关作品 3. 感受手工艺人执着专注、精益求精的工匠精神	教育活动: 1. 艺术活动:风筝魏 2. 艺术活动:大郑剪纸 3. 艺术活动:杨柳青年画 4. 谈话活动:泥人张	歌唱活动: 风筝魏 主题升旗活动: 1. 风筝魏 2. 大郑剪纸 艺术活动 1. 对称剪纸 2. 年画绘画 3. 捏泥人	社会 语言 艺术	中大班
时代楷模	1. 了解时代楷模的事迹,萌发热爱和崇敬之情 2. 知道今天幸福生活的来之不易,增强民族自豪感和爱国情怀 3. 萌发爱祖国、爱社会的情感,愿意成为一个对国家有贡献的人	教育活动: 1. 社会活动:核潜艇之父黄旭华 2. 语言活动:中国航天之父钱学森 3. 社会活动:了不起的袁隆平爷爷 4. 语言活动:我知道的时代楷模	故事宣讲活动 核潜艇之父黄旭华 教育活动: 1. 社会活动:认识稻谷 2. 健康活动:光盘行动	语言 社会 健康 科学	小中大班

第一节　精工巧匠

手工匠人是传统文化的传承者,而他们所拥有的技艺是中华民族的宝贵财富。当幼儿接触各种精美的工艺品之后,萌发想要了解它们的传承人、制作工艺和流程等想法。我们也想让幼儿在体验之中自然而然地了解能工巧匠的魅力和价值,从而激发幼儿对传承传统文化的精工匠人的尊敬和热爱。

活动一　中班谈话活动:泥人张

【活动来源】

在户外沙水区玩耍时,幼儿用沙和水做成了泥,他兴奋地和我说:"老师,我想用这些泥捏小人儿!"可是幼儿尝试了很多次,沙坑里的泥都无法黏在一起捏成泥人,于是我联想到了天津的泥人张,想和幼儿一起探究泥人张精湛的制作工艺,想带领幼儿走近泥人张的创始人张明山,感受工匠人的智慧与精益求精的精神。

【活动目标】

1. 知道张明山是泥人张的创始人。

2. 了解泥人张的制作工艺。

3. 感受泥人张的精湛工艺与工匠人的智慧,萌发对民间手工艺人的敬佩之情。

【活动准备】

泥人张工艺品、泥人张制作流程视频。

【活动过程】

(一)谈话导入活动

教师:今天在沙水区有小朋友把水和沙子掺在一起想要捏泥人,可是一直捏不出泥人,这是为什么呢?

(二)深入学习泥人张背后的故事

教师:泥人张彩塑是一种深得百姓喜爱的传统民间艺术品,创始人是张明山。

（三）了解泥人张的制作工艺

教师：泥人张的制作工艺极其复杂，且耗时很长，经选泥、晾晒、过筛、沉淀、加棉絮捶打六小时、特定地窖储存三年后才能开始制作，后续的制作细节也非常烦琐。每一项繁琐的过程都能体现出工匠的智慧，比如加入棉絮增加泥的黏度，放入 700 度电窑炉中增加生命力，上三四十遍颜色确保百年不褪色，处处充满智慧，令人敬佩。

（四）深入交流民间手工艺人的精神

师：为什么不用机器替代人工呢？

师：比如加入棉絮环节，工匠可以随时观察泥的状态；人工制成的彩塑是世界上独一无二的手工艺品，甚至可以近乎完美；绘画时的细节是机器所不能达到的，在确保百年不褪色的同时，将手艺代代相传。

小结："泥人张"的作品是塑与绘的结合。先塑造后绘色。每一道工序都体现了作品的精湛工艺与工匠人的智慧，我们应对这些民间的精工巧匠产生崇高的敬意。

【活动延伸】

用黏土捏泥人。

活动二 大班艺术活动：风筝魏

【活动来源】

在主题活动"匠心天津"中，幼儿对天津手工艺品"风筝魏"产生了浓厚的兴趣。形式多样、各具特色的风筝引起了幼儿强烈的好奇，幼儿说："老师，这么厉害的风筝是谁做的呀？"听到这一问题，我们意识到这正是让幼儿感受手工艺人们匠心精神的最佳教育契机，于是我们设计和幼儿一起走近魏元泰爷爷，了解他在风筝制作方面的巨大造诣，感受并学习其执着专注、精益求精的工匠精神。

【活动目标】

1. 知道魏元泰是风筝魏的创始人。

2. 学习制作风筝的流程，并动手制作风筝。

3. 初步感受手工艺人精益求精的工匠精神。

【活动准备】

魏元泰的照片、制作风筝的材料、歌曲《风筝魏》。

【活动过程】

（一）出示风筝，引出主题

为幼儿介绍风筝魏，并介绍风筝魏的创始人魏元泰爷爷。

（二）播放课件，了解风筝制作流程

1. 请幼儿观看课件，了解风筝制作过程。

教师：从视频中了解到了什么？

小结：风筝魏色彩鲜艳、品种多样、制作工艺非常繁琐，制作一个风筝的时间很长，手工艺人具有精益求精的精神。

2. 出示制作风筝的材料，请幼儿一起制作风筝，感受风筝制作的复杂工艺，体会手艺人的工匠精神。

3. 请幼儿展示风筝成品，对比风筝魏的作品，感受手工艺人精益求精的精神。

（三）结束部分

播放《风筝魏》歌曲视频，学唱《风筝魏》。

【延伸活动】

"风筝魏"主题升旗仪式。

图 8-1　探秘风筝魏

活动三　大班艺术活动：大郑剪纸

【活动来源】

在探秘风筝魏后，幼儿对自己所在的东丽区的大郑剪纸也产生了好奇，于是再次走近大郑剪纸第四代传承人刘长会，了解她为何能够在技术快速发展的今天，依旧坚持手工制作，雕刻出一张张生动形象的剪纸，一起感受并学习一代代传承人坚持不懈、坚韧不拔的匠人精神。

【活动目标】

1. 知道刘长会是大郑剪纸的第四代传承人。

2. 了解对称剪纸的折法与剪法，学习制作剪纸。

3. 萌发对工匠的敬爱之情。

【活动准备】

制作剪纸的材料、大郑剪纸制作流程视频。

【活动过程】

（一）出示剪纸，引出主题

向幼儿介绍大郑剪纸，并介绍大郑剪纸的传承人刘长会。

（二）提出疑问，深入了解，体会传承精神

教师：为什么大郑剪纸的创始人姓刘？

小结：因为大郑剪纸来自大郑村。

教师：大郑剪纸传承到第几代了？

（三）播放视频，了解制作流程

播放大郑剪纸的工艺流程视频，让幼儿更加深刻地了解大郑剪纸制作工艺的精湛之处。

（四）学习并制作对称剪纸

1. 学习对称剪纸的折法与剪法。

2. 动手制作对称剪纸。

（五）结束部分

幼儿展示剪纸作品，对比大郑剪纸的作品，感受手工艺人精益求精的精神。

图 8-2　作品展示

图 8-3　大郑剪纸的由来

【延伸活动】

"大郑剪纸"主题升旗仪式。

第二节　时代楷模

　　时代的楷模，人民的先锋，他们是我们心中的灯塔，永远是最值得尊敬的人。通过绘本故事、主题活动等，让幼儿了解不同历史时期楷模的故事，体会他们精益求精、"舍小家，为大家"等忠于党和国家的朴素情感，从而帮助幼儿树立正确的人生观和价值观，激发社会责任感和使命感。

活动一　大班社会活动：核潜艇之父黄旭华

【活动来源】

　　在大班主题活动"逐梦深蓝"中，幼儿寻找不同的船舶，发现了蛟龙号载人潜水器，它是目前世界上下潜能力最深的作业型载人潜水器，使我国一举成为国际上继美、俄、法、日后第五个掌握大深度载人深潜技术的国家。幼儿被"蛟龙号"深深吸引，而核潜艇之父黄旭华爷爷"舍小家，为大家"，隐姓埋名三十余年的科研经历，正是幼儿了解时代楷模的良好契机，进一步激发幼儿树立远大理想的决心和行动。

【活动目标】

　　1. 了解核潜艇之父黄旭华爷爷隐姓埋名三十年，投身核潜艇事业的经历。

　　2. 萌发对黄旭华爷爷崇敬的情感，感受家国情怀的含义。

【活动准备】

课件、图卡（人手一份）。

【活动过程】

（一）图片导入，引出"家"和"国"

小结：一家人最幸福的事情就是在一起，国家强大更令我们骄傲自豪。

（二）讲述故事

1. 出示课件，引出主人公"小海燕"

教师：我是"小海燕"，我有一个温馨的家。在爸爸的心中，我就是海的女儿。

2. 越来越忙的爸爸

教师：爸爸越来越忙，这段日子里，我的爷爷去世了，年迈的奶奶都快要失明了，爸爸还是一直没有回来。

教师：你觉得爸爸是个好爸爸吗？为什么？

3. 失踪的爸爸

教师：就这样爸爸"失踪"了三十年。直到一天，家人们在报纸上发现，原来爸爸去了一个神秘的小岛，为我们国家设计和研制核潜艇。

教师：你们觉得爸爸的做法是对的吗？为什么？

小结：有国才有家，国家强大才有我们幸福的小家。海燕的爸爸就是我们中国核潜艇之父黄旭华，我们也可以亲切地喊他"黄旭华爷爷"。

（三）了解"家国情怀"

1. 观看视频，了解共和国勋章

国家和人民没有忘记黄旭华爷爷的付出，在 2019 年黄旭华爷爷被授予共和国勋章。

2. 聆听黄旭华爷爷的话，了解家国情怀的含义

教师：黄旭华爷爷说的哪句话令你印象深刻，你们的感受是什么？

小结：黄旭华爷爷说"对祖国的忠就是对父母最大的孝"，这种对家和国热爱的情感，有一个特殊的名字叫"家国情怀"。

（四）身边的家国情怀

了解、体验身边人的家国情怀。

小结：我们身边有太多这样的家庭，这样的人。爱家、爱国的中国人有一种情怀刻在我们每一个人的文化记忆里，它就是"家国情怀"。

活动二 大班语言活动：中国航天之父钱学森

【活动来源】

通过大班"筑梦九天"主题课程，幼儿对中国的航天历史和航天工作者产生了深厚的兴趣，使他们更加深入体会科学的独特魅力。钱学森是我国航天事业的奠

基人,也成为幼儿学习的榜样。

【活动目标】

1. 了解钱学森的生平和成就,知道他是中国航天之父。

2. 感受钱学森的科研精神和爱国情怀。

3. 体会钱学森对祖国的热爱和奉献精神,树立正确的价值观。

【活动准备】

课件、视频、图片、航天器模型。

【活动过程】

(一)视频导入

引起幼儿的兴趣。

(二)展开部分,介绍钱学森的事迹及其贡献

1. 介绍钱学森的生平、成就和科研经历。

2. 通过图片、实例和故事,帮助幼儿理解钱学森的伟大贡献和科研精神。

(三)观看模型,讨论分享

1. 出示航天器模型,让幼儿近距离感受。

2. 小组讨论科学和技术在我们生活中的作用和意义,让幼儿认识到科学家的伟大以及科学研究的艰辛和创新精神。

3. 利用角色扮演等形式,让幼儿从钱学森的故事中汲取正能量,培养良好的品质。

(四)总结课程

1. 鼓励幼儿向钱学森学习,努力学习。

2. 制作科学小实验,体验科学的神奇与乐趣。

图 8-4　作品展示

活 动 三　大班主题活动：了不起的袁隆平爷爷

【活动来源】

每天吃饭前，教师都会和小朋友们强调："粮食来之不易，大家一定要吃光呀。"一天，几位小朋友在座位上讨论："粮食怎么长出来的？长在什么地方呢？"其他幼儿也充满了好奇。同时，正值袁隆平院士诞辰周年和世界粮食日到来之际，借此机会，向幼儿讲述袁隆平爷爷的故事和关于粮食的小知识，让幼儿进一步了解粮食的来之不易，更加珍惜当下的生活，同时萌发对袁隆平爷爷的崇敬之情，激发幼儿爱祖国、爱社会、爱社会主义的情感。

【活动目标】

1. 了解袁隆平的生平和贡献，知道他是杂交水稻事业的开创者和领导者。

2. 萌发对袁隆平的敬仰之情，树立热爱科学、献身科学的远大理想。

3. 知道粮食是怎么来的，培养勤俭节约、不铺张浪费的好习惯。

【活动主题】

了不起的袁隆平爷爷。

【活动对象】

大班幼儿。

【活动准备】

课件、故事《杂交水稻之父——袁隆平爷爷》、操作材料。

【活动地点】

活动教室。

【活动过程】

（一）观察图片：袁隆平爷爷，引起兴趣

教师：你认识这位爷爷吗？知道这位老爷爷在做什么吗？

（二）欣赏故事，初步了解故事的主要情节

教师：这位老爷爷叫什么名字？大家都叫他什么？他做了一件什么了不起的事？

（三）欣赏故事，分段倾听

1. 听故事的第一部分"少时立志"，了解袁隆平爷爷少时的伟大志向。

教师：袁隆平爷爷小时候在逃难的过程中看见了什么？他有什么想法？他读大学时为什么会选择农经系？

图 8-5 活动展示

2.听故事的第二部分"杂交水稻的研发",了解杂交水稻研发过程的困难。

教师:袁隆平爷爷偶然发现一株什么样的水稻?

教师:他在杂交水稻研发过程中遇到了哪些困难?他是怎样克服的?杂交水稻和普通的水稻有什么不同?

3.听故事的第三部分,感受袁隆平爷爷终生为自己的理想奋斗的品质。

教师:袁隆平爷爷一直做的是什么工作?我们要向袁隆平爷爷学习什么?

(四)故事会,自主讲述

选择自己印象最深刻的片段进行讲述。

活动四 大班主题活动:我知道的时代楷模

【活动来源】

通过开展"我心中的时代楷模"活动,鼓励幼儿自主搜集资料。结合活动内容,开展主题播报活动,拓展幼儿理解能力以及语言表达能力。

【活动目标】

1.通过主题播报的形式讲述"我知道的时代楷模"。

2.能够主动学习时代楷模们坚强、勇敢、不怕困难等的品质。

3.萌发对楷模们的崇敬之情,激发爱国的情怀。

【活动准备】

1.请家长给幼儿讲一些关于时代楷模的故事或者事迹。

2.幼儿所熟悉的楷模的图片。

【活动过程】

(一)故事分享

1.以主题播报——"我知道的楷模故事"的形式展开活动,幼儿简要讲述。

2.布置教室,创设轻松的气氛。

3.请幼儿将自己要讲的"楷模"的图片在"时代楷模榜"上进行展示。

4.幼儿轮流讲述楷模故事。

（二）简要梳理经验

1.讨论"我心目中的楷模"。

教师：你们觉得楷模是什么样的人？你心目中的楷模是谁？他做过什么样的事情？

2.自由结伴讨论。

3.拓展经验。

（三）结合生活经验，夸一夸我们城市的无名英雄

1.分组讨论自己了解的无名英雄。

2.幼儿进行分享并分组、分角色演一演这些无名英雄的事迹。

【活动延伸】

在阅读区收集楷模故事的图文资料供幼儿自由阅读和欣赏。

活动五 大班语言活动：故事宣讲——核潜艇之父黄旭华

【活动来源】

在了解了黄旭华爷爷的故事后，幼儿想要把这些故事讲给弟弟妹妹、老师、家长们听，让更多的人了解时代楷模的伟大精神。进而开展了故事宣讲活动，为幼儿提供机会和展示平台，将自己了解的内容进行大胆地表述和表达。

【活动目标】

1.口齿清晰，大胆讲述黄旭华爷爷的故事。

2.激发了解更多时代楷模事迹的热情和愿望。

【活动准备】

课件、麦克风。

【活动过程】

（一）自我表现，激发趣味

教师：我们已经了解了黄旭华爷爷的故事，谁来说一说。

教师：你还知道他的其他故事吗？

(二)鼓励幼儿了解黄旭华爷爷的故事

幼儿搜集相关资料。

(三)进行不同形式的故事演讲

1.幼儿分组进行表演。

教师:进行一次友谊比赛,看看哪组的小朋友讲得最好听。

2.幼儿分组评分,选出"讲故事能手"。

3.幼儿录制音频和视频,在公众号上进行展播。

第九章

颂先锋,学榜样

　　有一种精神,穿越时空,激励前行;有一种力量,生生不息,催人奋进,那就是榜样的力量。幼儿园的园风、环境对幼儿有着潜移默化的影响,因此幼儿园十分注重园所精神文明建设,开展了追寻红色足迹、诵读经典故事、学习雷锋精神、大班毕业典礼等活动,引领幼儿学习并汲取榜样的力量,知行合一,用实际行动弘扬中华民族传统美德,传承并发扬中华民族生生不息的红色薪火,争做中华好少年。

教育目标

　　1. 了解小英雄和身边榜样的事迹,传承并发扬助人为乐、热爱祖国的优秀品质。
　　2. 汲取并践行"奉献、友爱、互助、进步、团结"的榜样力量。
　　3. 懂得知礼仪、爱劳动、爱校园、爱家乡、爱祖国。

表 9-1 "颂先锋,学榜样"主题实施一览表

活动内容	主要目标	支持策略	生成活动	发展领域	年龄班
中华少年	1.了解小英雄们的事迹,感受并学习他们身上机智、勇敢等的优秀品质 2.懂得知礼仪、爱劳动、爱校园、爱家乡、爱祖国	教育活动: 1.语言活动:小英雄雨来 2.语言活动:鸡毛信 主题活动: 红色故事展演活动"童心向党,薪火相传"	生活活动"童心爱祖国:争做中华好少年"	健康 语言 社会 艺术	小班 中班 大班
身边榜样	1.了解榜样事迹,传承并发扬其精神 2.汲取并践行"奉献、友爱、互助、进步、团结"的榜样力量	教育活动: 大班语言活动:"知雷锋——学习雷锋好榜样" 国旗下讲话: 《讲雷锋——雷锋诵》 主题活动: 大班毕业典礼活动"家国润童心,扬帆启新程"	故事表演《雷锋的故事》	语言 社会 艺术	小班 中班 大班

第一节 中华少年

　　天地英雄气,千秋尚凛然。中华民族是崇尚英雄、成就英雄、英雄辈出的民族,历久弥新的英雄精神更是中华民族的宝贵财富,我们要继承并发扬英雄精神。因此,园所开展了童心读绘本、童心向党红色故事展演等活动,让幼儿通过了解小英雄们的事迹,学习他们机智、勇敢的优秀品质,从而懂得知礼仪、爱劳动、爱校园、爱家乡、爱祖国,争做新时代好少年。

活动一 大班语言活动:小英雄雨来

【活动来源】

　　在大班主题活动"红船,红船"中,幼儿了解了红船的故事,知道了中国共产党的建党日期,懂得了红船精神和中国共产党的革命传统,感受中国人民不畏艰险、勇于面对困难的决心与意志,从而萌发向革命伟人学习的愿望,坚定传承和发扬"红船精神"的决心,争做新时代好少年。为进一步传承红色基因,厚植家国情怀,结合幼儿的年龄特点、兴趣等,园所开展了追寻红色足迹、诵读经典故事的活动。

【活动目标】

　　1.理解小英雄雨来的绘本故事,感受小英雄雨来身上机智勇敢、热爱祖国的优秀品质和行为。

　　2.萌发热爱祖国的情感,能够结合图片感受英雄们热爱祖国的各种方式。

　　3.愿意用自己的实际行动,从小事做起。

【活动准备】

绘本图片、生活图片。

【活动过程】

(一)导入

出示小英雄雨来的人物形象,讨论英雄的含义。

（二）完整讲述故事

1. 初步认识小英雄雨来。

教师：在刚刚的绘本故事中，故事的主人公叫什么？

教师：雨来为什么不告诉敌人解放军的位置？

教师：雨来为了保护解放军，用了什么方法？

2. 教师讲述故事中的重点情节，出示故事片段图片，请幼儿一起玩排序的小游戏，回顾故事内容。

（三）深入理解

理解小英雄雨来坚强勇敢、热爱祖国的美好品质，回顾欣赏片段：威逼利诱。请小组的代表按排序的结果发言。

教师：在刚刚的片段中，小英雄雨来保护了解放军，面对危险时，他害怕了吗？他的内心想法是怎样的？他有着怎样的品格？

（四）学习反思

出示图片，展示新时代日常生活中人们面对危险挺身而出、热爱祖国、热爱人民的美好品质。

出示小朋友的图片，鼓励幼儿从小事做起，热爱祖国。

小结：我们生在和平的国家，没有战争，不会面临像雨来那样的险境，但是我们可以用自己的方式热爱自己的祖国。

活动二 大班语言活动：鸡毛信

【活动来源】

在了解了小英雄雨来的故事后，幼儿表示被小英雄雨来身上的机智勇敢、爱国精神所感动。在追寻红色足迹、诵读经典故事过程中，我们发现幼儿对绘本《鸡毛信》有着浓厚的兴趣，小朋友经常聚在一起翻阅讨论。通过开展此次教育活动，培养幼儿敬仰革命先辈和热爱祖国的情感。

【活动目标】

1. 理解故事内容，了解鸡毛信的由来，学习海娃的聪慧机敏和英勇无畏的精神。

2. 敬仰革命先辈,萌发热爱祖国的情感。

【活动准备】

信封、《鸡毛信》绘本课件。

【活动过程】

(一)出示信封,猜想故事

小结:插着鸡毛的信叫鸡毛信,它表示这封信非常重要,十万火急,必须火速送到收信人的手里。但谁要送这封鸡毛信呢?又要送给谁呢?这封信里面又有什么重要的情报呢?

(二)读文赏图,激发想象

1. 师幼集体阅读绘本。

教师:从封面上你看到了什么?海娃接到什么任务?在送信的路上海娃做了哪些事情?

2. 幼儿自主看图,阅读绘本。

教师:海娃遇上了什么人?(敌人)

教师:如果你是海娃,你会把信藏在哪里?敌人让你带路,你会怎么做呢?

3. 师幼集体阅读、讨论绘本内容。

教师:海娃用了什么办法解决问题?(藏在羊尾巴下面)

教师:海娃在面对敌人时,他害怕吗?如果你是海娃,遇到敌人,你会害怕吗?我们也会害怕,但是海娃特别勇敢,他用了一个聪明的方法保护了那封信,也保护了自己。

教师:海娃把信送到了吗?(海娃及时把信送到连长手里,八路军根据这份情报,消灭了一队前来进犯的敌人)

(三)联系生活,情感迁移

师:你从海娃身上学到了什么?

小结:抗日战争时期,许许多多像海娃、雨来一样的小英雄,为了早日解放全中国,不怕牺牲,英勇奋斗。所以我们要珍惜现在来之不易的幸福生活。生在和平的国家,我们可以用自己的方式热爱祖国,比如小朋友们(幼儿讨论交流)……小朋友们长大以后可以用自己学到的本领,把我们的祖国建设得更加美丽、富强。

活动 三 红色故事展演活动：童心向党，薪火相传

【活动来源】

追寻红色足迹，诵读经典故事。随着红色故事系列活动的深入开展，幼儿的热情不断高涨，想要把这些少年英雄的故事讲给弟弟妹妹和老师们听，于是一场关于红色故事的展演活动如火如荼地展开了。幼儿个个精神饱满，信心十足，通过稚嫩的童声、精彩的表演，演绎了《小英雄雨来》《闪闪的红星》《小英雄王二小》《长征路上》《雷锋的故事》等一个个感人至深的英雄故事，塑造出生动鲜明的角色和形象，传承了红色基因，述说了对英雄的怀念。

【活动目标】

1. 了解中华好少年——小英雄们的事迹，感受小英雄身上聪明勇敢、热爱祖国的优秀品质。

2. 萌发热爱祖国的情感。

【活动准备】

故事排演、道具、视频、音频。

【活动过程】

1. 鼓励对红色经典故事感兴趣的幼儿进行汇编排演，并提供展演舞台，邀请小朋友们和教师来到展演场地。在浓厚氛围中，以班级为单位演绎故事内容，从革命故事中汲取信仰的力量，诉说对英雄的怀念和敬仰。

2. 幼儿和教师共同录制音频和视频，在公众号上进行展播。

活动 四 生活活动：争做中华好少年

【活动来源】

随着红色故事系列活动的深入开展，越来越多的小英雄走进幼儿的世界，被幼儿熟知。小英雄身上的优秀品质深深打动了幼儿，幼儿想成为中华好少年的愿望越来越强烈。生在和平的国家，在我们的生活中，如何争做新时代好少年，这成为幼儿关注点。教师在进行了谈话活动后，根据幼儿的兴趣、想法，我们开展了争做

新时代好少年系列活动,充分利用一日生活的活动,让幼儿内化于心、外化于形,知行合一,用行动传承并发扬红色精神。

【活动目标】

1. 学会懂礼、学礼、用礼的文明礼仪。

2. 在活动中培养爱劳动、爱家园、爱祖国的情怀,传承孝敬、友善等良好品质。

【活动准备】

相关谈话活动。

【活动过程】

(一)争做文明礼仪好少年

在生活中使用礼貌用语,尊敬教师、关心长辈,开展"我会做家务"活动,鼓励幼儿在家里帮助长辈做一些扫地、擦桌子等力所能及的事情。

(二)争做劳动能手好少年

小班开展"我会自己穿、脱、叠衣服"活动,中大班开展"我会自己擦桌子、叠被子、整理小书包"等活动。

(三)争做爱护校园好少年

开展"校园清扫"活动,通过快乐的劳动实践,引导幼儿在实践中体验劳动的乐趣,体会劳动的意义,培养爱劳动的好习惯。

(四)争做助人好少年

开展"大手拉小手"活动,大班的哥哥姐姐照顾小班的弟弟妹妹,助人为乐,培养对同伴、他人的关爱之心。

第二节　身边榜样

少年儿童是祖国的未来、民族的希望。为了让幼儿更好地学习榜样、汲取榜样的力量,我们开展了学习雷锋精神、大班毕业典礼、故事表演等活动,从而了解榜样事迹,汲取并践行"奉献、友爱、互助、进步、团结"的榜样力量,从生活中的点滴小事做起,传承中华民族传统美德,发扬榜样精神。

活动一　大班语言活动:知雷锋——学习雷锋好榜样

【活动来源】

为大力弘扬雷锋精神,践行社会主义核心价值观,助力园所精神文明建设,我们特别组织了"雷锋精神进校园"活动。为培养幼儿乐于助人的传统美德,教师根据幼儿的年龄特点、兴趣等开展了学雷锋系列主题活动,以视频、绘本故事等形式向幼儿介绍雷锋叔叔的事迹。幼儿在倾听雷锋故事、学唱雷锋歌曲中感知雷锋精神,在劳动中传承并发扬雷锋精神,体会"学雷锋,做好事"的快乐,用实际行动争当"小雷锋",让雷锋精神薪火相传,永不落幕。

【活动目标】

1. 了解雷锋助人为乐的精神,学习雷锋助人为乐的优秀品质。

2. 萌发向雷锋学习的意愿,愿意帮助身边的人。

【活动准备】

《学习雷锋好榜样》歌曲视频、故事图片等。

【活动过程】

(一)歌曲导入,引导幼儿初步认识雷锋

小结:这是一首赞美雷锋叔叔的歌曲。雷锋叔叔戴着厚厚的帽子,穿着解放军的制服,他经常做好事,是一名乐于助人的解放军叔叔。

（二）讲述雷锋故事,引导幼儿感受雷锋乐于助人的精神

1. 出示故事图片,讲述《雷锋故事》第一段。

教师:雷锋叔叔帮助了谁? 雷锋叔叔做了什么?

2. 出示故事图片,讲述《雷锋故事》第二段。

教师:雷锋叔叔遇到了什么事? 他是怎么帮助他人的?

3. 出示故事图片,讲述《雷锋故事》第三段。

教师:雷锋叔叔还帮助了谁?

小结:雷锋叔叔在大雨天把雨衣让给小女孩,用自己的钱给阿姨买票,护送迷路的老奶奶回家,他真是个乐于助人的人!

（三）出示图片,激发幼儿帮助他人的愿望

教师:在生活中,也有很多像雷锋叔叔一样,乐于帮助他人的人。引导幼儿回忆自己做过的好人好事。

小结:我们也可以从生活中的点滴小事出发,帮助身边的人,争做一名"小雷锋"。

（四）组织角色扮演

开展游戏"我是小雷锋"。

教师:如果同伴需要帮忙,我们怎么做?

教师:你还可以怎样帮助他人呢? 试着把你的想法表演出来。

【活动延伸】

在劳动中用实际行动争当"小雷锋"。

活 动 二　主题活动: 大班毕业典礼活动

【活动来源】

六月是生机勃勃、充满希望的季节,也是大班小朋友开启人生新篇章的时候,经过幼儿园三年的学习和生活,大班的小朋友即将告别老师和同伴,进入小学。在这三年中,幼儿通过学习榜样事迹,在行动中践行榜样精神,体会到了助人的愉悦情感和成长的快乐。毕业是幼儿园生活的终点,也是幼儿扬帆的新起点,为了给大

班幼儿的幼儿园生活画上一个圆满的句号，海颂幼教集团在滨海科技馆隆重举行了"家国润童心，扬帆启新程"大班毕业典礼暨研学活动，不仅让所有的家长、教师、小朋友们一起见证大班幼儿从"追光者"到"闪光者"的成长，也激发了幼儿对未来的向往。

【活动目标】

1. 体验毕业离园时的惜别之情，感受师生之情、同伴之情，感恩家长的养育之情。

2. 享受毕业典礼的欢乐气氛，通过互动增进与同伴的感情。

3. 小班的弟弟妹妹们学习哥哥姐姐身上的闪光点的情感，汲取并践行"奉献、友爱、互助、进步、团结"的榜样力量。

【活动主题】

家国润童心，扬帆启新程。

【活动对象】

小中大班幼儿。

【活动准备】

节目排演、道具、视频和音频、人员分工、场地布置。

【活动地点】

滨海科技馆。

【活动过程】

（一）第一个篇章是"圆梦"

回忆幼儿在幼儿园的点点滴滴，细数与幼儿相处的美好时光，深情的寄语饱含着浓浓的关爱，为即将扬帆启航的幼儿送上祝福和期许。幼儿用心聆听领悟，体验大班哥哥姐姐毕业离园时的惜别之情，感受师生之情、同伴之情，感恩家长的养育之情。

（二）第二个篇章是"成长"

通过丰富多彩的节目演出，幼儿展现自己的所学和成长，表达对幼儿园和祖国妈妈的热爱。中小班的弟弟妹妹们也参与其中，通过表演节目和观看活动汲取着大班幼儿"奉献、友爱、互助、进步、团结"、爱家园、爱祖国的榜样力量。

（三）第三个篇章是"感恩"

毕业证书意味着幼儿园生活的结束，小学生活的开始，将来无论走到哪里，看到毕业证书，就一定会想起幼儿园，想起亲爱的老师、可爱的小伙伴们。园长妈妈为小朋友们颁发毕业证书，将整场毕业典礼的气氛推向了高潮，愿这最后的相聚给幼儿留下美好的回忆。从哥哥姐姐的身上幼儿感受到热情、互助、真诚、友爱，也激发了中小班幼儿对成长的向往。

活 动 三　国旗下讲话活动：讲雷锋——雷锋诵

【活动来源】

在了解了雷锋叔叔的事迹后，幼儿想把雷锋精神传递给更多的人，于是我们开展了国旗下讲话的活动，为幼儿提供表达的机会和平台，进一步激发全园师幼一同学习雷锋精神的热情。小朋友们纷纷表示要向雷锋叔叔学习，乐于助人，爱满校园。

【活动目标】

1. 口齿清晰，大胆讲述雷锋叔叔的事迹，宣扬雷锋精神。

2. 愿意用自己的实际行动从生活中的点滴小事做起，体验助人的快乐。

【活动准备】

根据幼儿的兴趣、想法，与幼儿共同准备国旗下讲话朗诵稿、麦克风。

【活动过程】

（一）了解雷锋事迹

1. 利用视频讲述雷锋乐于助人的故事。

2. 幼儿讨论雷锋都帮助了哪些人。

教师：你会不会帮助他人？如果你被帮助会有怎样的感受？

（二）颂扬雷锋精神

1. 鼓励愿意讲述雷锋事迹的幼儿进行大胆表述。

2. 邀请幼儿讲给全园师幼听，宣扬雷锋精神，共同学习雷锋精神。

3. 梳理总结内容，幼儿进行以"雷锋颂"为主题的国旗下讲话。

（三）传播雷锋故事

幼儿和教师共同录制音频和视频，在公众号上进行展播。

活动四 故事表演：雷锋的故事

【活动来源】

通过了解雷锋的英雄事迹，幼儿萌发学习雷锋精神的意愿，并想要通过故事表演的形式展现出来，让更多的小朋友知道雷锋精神。所以，幼儿之间协商角色分配并共同制作道具，在活动中进一步感受雷锋精神，激发爱国情感和民族自豪感。

【活动目标】

1. 喜欢表演，锻炼语言表达能力和合作能力。

2. 初步感受雷锋精神，萌发爱国情感。

【活动准备】

剧本、道具。

【活动内容】

（一）介绍故事剧情

幼儿自主进行角色分工，为后续表演做铺垫。

1. 幼儿自主进行角色分配，并进行初步的排练。根据幼儿的兴趣和特长，让他们自主选择角色。

2. 确保每个幼儿都了解自己的角色和台词，简单排练。

3. 教师观察指导，重点关注幼儿出场的顺序、站位和角色间的对话等。

（二）道具准备

1. 与幼儿共同制作所需要的道具，布置舞台。

2. 正式表演与观摩。

第四篇

胸怀天下，共筑家国梦想

在当今全球化的背景下，世界各国之间的联系比以往任何时候都更加紧密、频繁，人类命运共同体正悄然形成。如何让家国情怀真正助力每个儿童的健康和谐发展，引领其成长为具有家国情、中国心、世界眼的新一代，是学前教育工作者要思考的问题。教师作为幼儿认识世界的领路人，应用幼儿喜闻乐见的方式将世界呈现在他们面前，拓宽幼儿视野，提升幼儿的综合水平。本章节从"强科技""护生态""共和平"三个方面，引导幼儿与世界对话，激发人类命运共同体的意识，树立造福全人类的理想抱负。

第十章

探科技，筑梦想

科学技术作为第一生产力，已成为当代经济发展的决定因素，也是中华民族实现"中国梦"的先决条件。科技兴国，未来有我，从幼儿的视角，探索中国科技的魅力。园所通过开展中国航母、中国高铁、中国航空的主题课程，将科技兴国的种子植入到幼儿的心中。

教育目标

1. 探索中国在航母、高铁、航空等科技领域取得的伟大成就。
2. 萌发对科技的兴趣和好奇。

表 10-1　"探科技,筑梦想"主题实施一览表

活动内容	主要目标	支持策略	生成活动	发展领域	年龄班
中国航母	1.探索中国航母的发展历程,树立文化自信,为自己是中国人感到骄傲与自豪 2.感受国防海军备战的艰辛,对人民海军英雄产生敬佩的感情,萌发建设祖国的愿望与决心	教育活动: 社会领域"厉害了!航母" 主题绘画: 中国航母之梦 共享游戏: 建造我的航母	谈话活动: 彩虹马甲	健康 语言 社会 科学 艺术	大班
中国高铁	1.初步了解中国高铁从无到有的发展历程,萌发认同感和自豪感 2.热爱和向往中国高铁事业,愿意从小事做起,树立职业理想	教育活动: 社会领域"'四横四纵'的高铁" 建构活动: 我的高铁	小记者播报活动: 高铁上的中国	健康 语言 社会 科学 艺术	大班
中国航天	1.探索中国航天的发展历程,萌发对航天的向往和憧憬之情 2.能够主动搜集材料,乐于分享交流 3.了解空军生活,感受空军备战的艰辛,树立长大为祖国争光的远大理想	谈话活动: 太空中有什么、怎样到太空、火箭是怎样升空的 教育活动: 嫦娥五号的故事 亲子手工制作活动: 我的航天梦	主题播报: 了不起的宇航员 主题观影活动: 长空之王	健康 语言 社会 科学 艺术	大班

第一节 中国航母

人民海军从无到有，从小到大，从弱到强，其中涌现出数不清的具有伟大家国情怀的军人和科研工作者，他们造就了世界一流的海军重器，彰显了中国强大的军事和科技力量。本主题从幼儿视角出发，关注中国海上国防的发展进程，从而萌发爱海军、爱祖国的情感。

活动一 大班社会活动：厉害了！航母

【活动来源】

从大班主题活动"逐梦深蓝"中，幼儿了解到从 1987 年提出建设航母规划到自行研制出第一艘国产航母，中国用了 30 年的时间。幼儿感受着中国海军装备水平的跃升，更为祖国军事力量的提升而自豪。值此教育契机，教师为幼儿提供绘本，以及相互交流探索中国航母的机会和条件，并根据幼儿的年龄特点，在活动中通过实物模型、绘本阅读、视频解读等多种方式和幼儿一起了解航母，让幼儿在亲身感知中初步萌发民族自豪感。

图 10-1 活动展示

【活动目标】

1. 初步了解航空母舰的外形特征、作用以及舰载机的种类及用途。

2. 在活动中仔细观察、大胆表达,并乐于动手操作解决问题。

3. 了解我国国防力量的强大,萌发民族自豪感以及长大想要当解放军的愿望。

【活动准备】

航空母舰模型、有关航空母舰的视频、"辽宁号"的照片、航空母舰平面图、六种舰载机的图片、迷彩纸。

【活动过程】

(一)视频激趣

1. 播放航空母舰在海上巡航作战的视频。

2. 引导幼儿观察航空母舰的外形特征。

(二)讨论总结

请幼儿在小组之间进行讨论交流,总结航母的外形特点等。

(三)深入了解

出示航母"辽宁号"的图片引导幼儿了解我国国防力量的强大,激发幼儿民族自豪感及荣誉感。

(四)巩固延伸

回家后和爸爸妈妈一起折一折纸飞机,说一说中国航母的故事。

活动二 大班艺术活动:中国航母之梦

【活动来源】

在"逐梦深蓝"主题活动中,幼儿关注着国家航海事业的发展,感受着中国军人的家国情怀。幼儿更能共情共感体会祖国航海事业发展对于我们的意义。借此机会,鼓励幼儿大胆想象中国科技的发展,畅想未来我国科技发展的成就,萌发自豪感和荣誉感,进而促进幼儿树立远大理想,将自己的职业梦想与中国梦紧密结合起来。

【活动目标】

1. 能够畅想未来的海上国防,并用多种艺术形式表现出来。

2.感知各种类型的海上作战工具，愿意用自己喜欢的方式进行表达表征。

3.感知航海作战中海军战士的坚毅与勇敢，萌发争当小海军的理想信念。

【活动准备】

航母系列绘本《中国海军科普绘本》、黑色记号笔、彩笔、水彩纸。

【活动过程】

（一）绘本视频导入，激发幼儿兴趣

图 10-2　作品展示

1.观看中国航母系列视频，为幼儿展示中国航母的发展过程。

2.鼓励幼儿用自己的话概括航母的发展史，感受中国人民对海上国防的坚毅决心。

（二）大胆想象，小组讨论

鼓励幼儿用完整连贯的语言表达对未来中国航母的科技畅想。

（三）提供材料，绘画航母

为幼儿提供材料，鼓励幼儿将想象中未来的中国航母落于纸上。

（四）作品收集与展示

将完成的作品进行展示，并鼓励幼儿向大家介绍自己的作品。

活动三　大班拓展活动：彩虹马甲

【活动来源】

幼儿通过观看视频、阅读绘本等多种方式了解中国航母的发展历程以及海上军舰的种类、功能，并在建构航母的过程中，深入探索航母的内部结构。幼儿在探索的过程中，发现航母上不同的工作人员穿着不同颜色的衣服，这些工作人员被称为"彩虹马甲"，他们有着各自不同的工作任务。于是以此为契机，园所开展了一次主题谈话活动，共同探索这支"七彩马甲团"背后的英雄故事。

【活动目标】

1.讨论每种颜色马甲的具体工作内容以及颜色背后的意义。

2.了解航母上的生活,知道航母上彩虹马甲团备战的艰辛。

【活动准备】

课件、麦克风。

【活动过程】

(一)图片导入,引发猜测

根据课件所展示的不同颜色的马甲,幼儿进行讨论与猜测。

(二)验证猜测,深入了解

对照幼儿讨论的结果,验证彩红马甲团的具体工作,深入了解航母上工作人员的备战生活。

(三)小组讨论,分享交流

1.讲述彩虹马甲团的英雄故事,感受海军叔叔备战的艰辛。

2.鼓励幼儿寻找并分享自己知道的彩虹马甲团背后的故事。

(四)园所交流,共同提升

帮助幼儿录制介绍"彩虹马甲"的音频和视频,在幼儿园公众号上进行航母的主题科普活动。

第二节　中国高铁

高铁飞驰，承载了新一代人的复兴之梦，中国速度名副其实。中国科技突飞猛进，高铁的发展为我们提供了生活便利，拉近了城市间的距离，贴近幼儿的实际生活。本主题着眼于中国高铁，了解祖国科技的发展，感受中国人的无穷智慧和潜能，激发幼儿为中国科技发展贡献力量的美好愿望。

活动一　大班社会活动："四横四纵"的高铁

【活动来源】

回顾"乘着高铁游中国"主题活动，我们发现幼儿对贴近实际生活的中国高铁有着极大的兴趣，于是将高铁作为切入点，让幼儿感受中国高铁的从无到有。随着科技的发展，高铁成为闪亮的"新名片"，是很多乘客出行的第一选择。针对"中国高铁有多厉害""高铁为什么跑得快"等问题，教师借助绘本、模型、视频等材料，通过观察、比较、表演等形式，引导幼儿亲身体验、自主探索、总结发现。

【活动目标】

1. 认识地图上高铁"四横四纵"的大概方位。

2. 感受祖国高铁的四通八达，以及给我们生活带来的便捷。

【活动准备】

自制地图及"四横四纵"线路。

【活动过程】

（一）调查表导入，引出线路

1. 小朋友们的调查表中，想去哪里的人最多？

2. 如果现在请大家出发前往想去的地方，你们会选择哪种出行方式，为什么？

（二）认识线路

1. 我们要去北京天安门，需要走哪一条线路？（京津城际高速）

2. 我们要去黑龙江,需要走哪一条线路?(京哈高速)

3. 我们要去香港,需要走哪一条线路?(京港高速)

(三)引申"四横四纵"

1. 这张图还有几条线路?

2. 它们有什么相同?有什么不同?

小结:这是我们中国高铁的"四横四纵"高铁线路。我们可以通过它们乘坐高铁,快速到达很远的地方。高铁缩短了来回奔波的时间,拉近了城市之间的距离,让我们很快就能到达想去的地方。

(四)巩固提升

在地图上找一找你想去的地方,尝试规划高铁线路图。

活动二 大班艺术活动:乘着高铁游中国

【活动来源】

在绘本、模型、影视资料等材料的支持下,幼儿对中国高铁有了形象的感知、初步的了解,知道中国高铁"和谐号""复兴号"列车的不同之处,并知道"复兴号"是中国自主研发的、世界上最快的列车。幼儿不仅获得了经验的积累、能力的提升、知识面的扩大,还通过探索高铁的秘密,感受到中国科技的高速发展。幼儿在区域中绘画着长长的高铁,创作自己心目中的高铁附近的祖国美景。

图 10-3 活动展示

图 10-4　活动展示

【活动目标】

1. 对高速铁路感兴趣,了解高速铁路的基本结构。

2. 喜欢参与美工活动,运用多种材料大胆表现高铁、祖国名山大川等内容。

3. 灵活地使用各种材料和艺术形式进行表现,勇于分享。

【活动材料】

高速铁路的模型《乘着高铁游中国》视频合集。

【活动过程】

(一)图片导入

1. 出示高铁的模型,引导幼儿观察。

2. 知道高铁可以帮助我们快速到达很远的地方,缩短了来回奔波的时间,拉近了城市之间的距离,让我们方便、快捷地到达想去的地方。

(二)深入了解

1. 小组讨论总结"复兴号"体现的中国科技的强大之处。

2. 观看《乘着高铁游中国》系列视频,感受祖国的辽阔疆域、壮丽风景、多彩富饶。

(三)巩固提升

尝试自己动手绘画高铁旁的美丽景色。

(四)分享交流

与其他幼儿分享自己的作品,并且进行自评与他评,进行巩固和提升。

活动三 大班拓展活动：高铁上的中国

【活动来源】

随着"乘着高铁游中国"主题活动的深入开展,幼儿对乘着高铁去旅游,感受祖国的新奇和美妙表现出极大的兴趣,幼儿一起制订未来的旅游计划,并进行分享介绍,一起"云旅游"。幼儿主动思考、搜集资料、制订旅游计划,在分享和倾听中拓宽视野、扩充认知、了解祖国。幼儿想去的地方天南海北,教师将幼儿的旅游计划在"我的祖国"地图上一一对应展示出来,装订独一无二的《我的旅游计划》手册,投放到区域中。幼儿真正化抽象为具象地认识到祖国疆域辽阔、风景壮丽、多彩富饶。

【活动目标】

1. 了解中国高铁,以及高铁线路等相关知识。

2. 尝试自主探索、寻找、搜集中国的风景名胜。

3. 尝试设计播报稿,自信大胆地争当讲解员。

【材料投放】

中国地图、麦克风。

【活动过程】

(一)互相提问,引发思考

幼儿运用已有经验,互相提问、比赛。

(二)分享经历,深入了解

分享自己的旅游经历,介绍中国代表性省市及特色地理文化。

(三)尝试设计,巩固提升

尝试设计自己的旅游景点介绍语,感受中国的大好河山、名胜古迹、幅员辽阔。

(四)大胆表达,自信讲解

根据设计好的内容,进行主题播报,自信大胆地对其他幼儿进行介绍,助推更多幼儿萌发自豪感。

第三节　中国航天

从"神舟"飞天到"天问"探火，从"墨子"探寻未知到"北斗"造福人类，中国航天人一次次突破具有自主知识产权的关键核心技术，将中国印记留在星辰大海。从幼儿的视角筑梦太空，在航天精神中汲取前行力量，传承中华民族的飞天梦。

活动一　大班语言活动：太空的奥秘

【活动来源】

在大班主题活动"筑梦九天"中，结合时事，教师和幼儿一起观看了嫦娥五号月球探测器发射成功的视频。幼儿怀着激动的心情期盼着嫦娥五号的归来，好奇登陆月球的神奇之旅，同时对中国航空航天技术产生了浓厚的兴趣，由此我们在班级内展开了一次关于太空的深入讨论。

【活动目标】

1. 通过自主调查，查阅资料了解太空的奥秘，扩展知识。

2. 对航空航天充满好奇，有探究欲望。

3. 大胆想象太空的奥秘，乐于表达。

【活动准备】

创设适宜的、自主的谈话环境。

【活动过程】

（一）活动重点

能用清楚的语言围绕"太空中有什么""怎样到太空"等主题进行积极、有序的发言。

（二）活动难点

认真倾听同伴讲话并能丰富话题、深入主题。

（三）指导要点

运用语言引导,通过同伴评价、作品呈现、照片辅助三种方式引导谈话、丰富话题。

（四）教师小结

太空是一个神秘的地方,有耀眼的星空,有璀璨的星河,有迷人的彩虹,太空真神奇啊,小朋友们总是幻想着有一天能到太空去看一看,如今,我们借助中国的航天科技做到了,我们不仅可以乘坐飞机在空中遨游,还可以搭载火箭去太空。中国自主研发的嫦娥五号月球探测器在我国文昌航天发射场成功发射,为人们了解太空做出了进一步的贡献,希望小朋友们有一天也能实现你们的太空梦。

活动二 大班社会活动:"嫦娥五号"的故事

【活动来源】

通过观看"嫦娥五号"探测器发射成功的视频,幼儿对"嫦娥五号"探测器颇感兴趣,于是在班级中开展教育活动,了解探月工程的运载火箭系统、卫星探测器系统、发射场系统,知道目前我国在探月领域取得的成就,以及航天工作者的艰辛奋斗史。幼儿萌发了对航天工作者的崇敬之情,激发了幼儿对祖国的热爱和对自己是中国人的自豪。

【活动目标】

1. 了解我国自行研发的"嫦娥五号"探测器发射成功的伟大壮举。

2. 感受航天人艰苦卓绝的钻研精神,萌发长大为祖国争光的远大理想。

【活动准备】

"嫦娥五号"发射成功的录像、歌曲录音。

【活动过程】

（一）出示图片

1. 照片上被人们高高举起的人是谁?

2. 他为什么胸前带着大红花呢?

（二）放映"嫦娥五号"探测器发射成功的视频

引导幼儿了解"嫦娥五号"探测器发射成功的过程,感受祖国的强大。

1. 观看录像。

2. 观后提问:我们自己研发的探测器叫什么？"嫦娥五号"探测器是什么时候在什么地方发射成功的?

（三）情境设置与表演

教师设置活动情境,幼儿进行自主表演。

（四）讨论

你的感受怎么样？你将来的梦想是什么?

（五）评价记录

能否描述"嫦娥五号"探测器发射成功的经过。

【活动延伸】

讲述中国航天工作者和飞船的故事。

活动三 大班拓展活动:筑梦太空,我的航天梦

【活动来源】

火箭、航天飞机、人造卫星蕴藏着许多科技秘密,在对"嫦娥五号"探测器有了一定了解之后,小朋友们经常会利用自主游戏时间搭建自己创作的火箭、飞船等。为了满足幼儿对航天科技的幻想,打造一个属于自己的载人飞船和火箭,班级内发起了亲子航天手工大制作的活动,邀请幼儿和家长们一起制作航天科技艺术作品,去发现、探索这些神奇、有趣的科技秘密。

【活动目标】

1. 积极参与活动,愿意运用多种材料巧妙构思、大胆表现。

2. 能灵活地使用各种材料和艺术形式进行表现。

【活动准备】

有相关航天航空的知识经验。

【活动过程】

（一）航天知识小科普

师幼共同观看有关航天科技发展历程的视频，了解更多的航天小知识。

（二）制作航天模型

指导家长和幼儿一起制作简易的航天模型，培养幼儿的动手能力。

（三）幼儿分享交流

请幼儿完成作品后将作品署上家庭的名字，带到幼儿园进行航天艺术作品展，供全园幼儿欣赏。

第十一章

讲文明，护生态

习近平总书记在浙江考察时提出"绿水青山就是金山银山"。幼儿作为未来的建设者和接班人，毋庸置疑从小就要树立环保意识。《3—6岁儿童学习与发展指南》中强调要引导幼儿关注和了解自然、科技产品与人们生活的密切关系，逐渐懂得热爱、尊重、保护自然。因此，在"家国情怀"园本课程的指引下，根据幼儿年龄特点，我们通过开展爱护动植物、保护绿水、共享蓝天等活动，带幼儿走进自然、亲近自然、接触自然、探索自然并融入自然，做大自然的朋友，将绿色生态理念厚植于心，将环境保护行动外化于行。

教育目标

1. 萌生人与自然和谐共生的意识，懂得热爱、尊重、保护自然。
2. 初步了解和感受地球生态环境遭到的破坏，知道造成这些现象的主要原因。
3. 积极参与环保行动之中，树立节约资源、保护环境的意识。

表 11-1　"讲文明,护生态"主题实施一览表

活动内容	主要目标	支持策略	生成活动	发展领域	年龄班
爱护动植物	1. 认识常见的动植物,了解动植物生长变化的规律,探索发现生命科学的奥秘 2. 喜欢接触动植物,对动物、植物感兴趣,有深入探究的欲望 3. 体验劳动的不易,感受收获的喜悦	拓展活动: 海颂幼儿园"向阳生长,静待花开"种植季活动 教育活动: 1. 社会活动"动物,我们的朋友" 2. 语言活动"亲亲小动物"	教育活动: 科学活动"动物怎样过冬" 拓展活动: 亲子研学活动:参观博物馆	科学艺术社会	小班中班大班
保护绿水	1. 知道黄河是我们的母亲河,保护黄河对我国的生态环境具有重要意义 2. 树立保卫黄河、建设祖国的理想,增强民族自豪感 3. 了解海河文化,知道海河对天津的价值和意义,萌发对海河、天津的热爱之情 4. 知道保护水资源的重要性,自觉珍惜水资源	教育活动: 1. 社会活动"黄河·母亲河" 2. 科学活动"水土流失" 3. 语言活动"被污染的海河" 4. 艺术活动《黄河大合唱——保卫黄河》	拓展活动: 1. 绘本故事:《黄河》《一条大河》 2. 国旗下讲话《争做护河小卫士》 教育活动: 谈话活动"如何保护海河"	社会艺术科学语言	中班大班
共享蓝天	1. 知道保护环境的方法,并落实在实际行动上 2. 了解造成环境污染的主要原因,知道环境污染正在改变着我们的生活,树立保护环境的意识	教育活动: 谈话活动"雾霾天气哪里来" 拓展活动: 家园共育"蓝天保卫战"	教育活动: 艺术活动:主题绘画"共享同一片蓝天"	社会艺术科学	大班

第一节　动植物

儿童的灵性需要自然的滋养，大自然是幼儿最好的课堂。学会关心和尊重大自然的一草一木，认识生命、敬畏生命、欣赏生命，树立正确的生命观，促进幼儿阳光发展十分重要。因此，幼儿园通过引导幼儿爱护动植物，帮助其感受生命成长的奥秘，学会与自然生命友好相处。

活动一　小班教育活动：亲亲小动物

【活动来源】

在开展"我爱我家"活动中，小朋友们对搭建各种各样的房子很感兴趣，持续了一段时间后，有一天，小朋友们突然说："我们每个人都有家，小动物们住在哪里呢？"简单的一句话，让我们感受到小朋友们不仅在关注自己，也在关注周围的事物，因此我们开展了本次教育活动，目的是让幼儿对小动物有进一步的了解，懂得爱护小动物。

【活动目标】

1. 结合情景理解诗歌内容，学唱儿歌，能清楚地讲述儿歌内容。

2. 喜欢小动物，愿意和小动物做朋友。

【活动准备】

请大班幼儿配合教师情景表演（小鸡、小猫、小狗），图片（头饰）若干（小羊、公鸡、小青蛙、小鸭），每个幼儿一个玩具小动物，音频。

【活动过程】

（一）情景导入：增强喜爱小动物的情感

教师提问："小动物打来电话说要来我们班做客，你们猜猜有哪些小动物会来呢？"

1. 情景演示，帮助幼儿理解诗歌，并在此基础上学念诗歌。

2. 小动物介绍自己,如"我是小鸡,叽叽叽,大家好"!

3. 教师引导幼儿也跟小动物打招呼。

4. 教师逐一亲亲小鸡、小猫、小狗并说"亲亲小鸡,欢迎你"。

教师提问:哪些小动物来到了我们班? 老师是怎样欢迎它们的? 它们的表情怎样? 还发出了什么声音?

（二）创编儿歌,并清楚地讲述儿歌内容

教师根据幼儿的回应创编儿歌。引导幼儿和教师一起学唱儿歌。

（三）角色游戏,仿编儿歌

教师出示头饰,让幼儿说出是谁,模仿叫声,然后请小朋友们进行角色表演。

【活动延伸】

引导幼儿在音乐声中找一个玩具小动物,亲亲小动物,自由做各种动作。

活动 二 中班教育活动:动物,我们的朋友

【活动来源】

在开展主题活动"博览天津"的过程中,幼儿对自然博物馆里的动物产生了强烈的兴趣。"动物是人类的朋友,地球是动物和人类共同的家园"但事实并非如此——猎杀动物、残害动物、珍稀动物濒临灭绝的事屡见不鲜。在我们为那些不会说话的动物落泪、心碎的同时,更提醒了我们该为动物们做些什么。幼儿与动物有着与生俱来的亲密感,他们喜欢亲近动物,乐于了解动物。因此帮助幼儿懂得人与自然可持续发展的关系,激发幼儿保护动物的意识。

【活动目标】

1. 了解丹顶鹤的外形特征和生活习性,知道它是国家珍稀动物。

2. 欣赏歌曲和故事,体会其中蕴含的悲伤。

3. 懂得动物是我们的朋友,萌发保护动物的意识。

【活动准备】

音频《一个真实的故事》、丹顶鹤图片。

【活动过程】

(一)活动导入

教师以歌曲导入,播放歌曲《一个真实的故事》。

(二)欣赏故事,了解丹顶鹤的外形与生活习性

教师关键提问:故事里有谁?(出示丹顶鹤的图片)丹顶鹤长什么样? 美不美? 美在哪里?(引导幼儿有序观察)丹顶鹤是怎么生活的呢?(带着问题在音乐的伴奏中倾听故事的下一段内容)丹顶鹤的爸爸妈妈是怎样保护孩子的? 它们为什么赶走小丹顶鹤? 小丹顶鹤被赶走后怎样了? 它最喜欢做什么? 发生了什么可怕的事情? 最后呢?

(三)通过谈话,引导幼儿保护珍稀动物

教师提问:"小女孩为什么再也回不来了? 你喜欢她吗? 为什么? 我们应该怎样保护丹顶鹤? 如果我们不保护,将会怎样?"

(四)师幼共同小结

丹顶鹤是珍贵动物,也是我们人类的朋友,我们应该在丹顶鹤住的地方建立自然保护区,不去伤害它们,这样才能让我们的大自然越变越好。不只是丹顶鹤,世界上所有的小动物都值得人类去保护,我们要爱护动物,自觉做到不伤害动物、和动物做朋友、友好相处。

【活动延伸】

在生活中自觉做到保护动物,向家人、朋友宣传保护动物的重要性。

(活)(动)(三) 中班教育活动:动物怎样过冬

【活动来源】

在"博览天津"主题活动开展过程中,小朋友们对动物家族产生了强烈的兴趣,适逢冬季的来临,"小动物们怎样过冬"这个问题困扰着幼儿,所以我们设计了本次教育活动,引导幼儿了解动物的生长变化规律,感受生命的奥秘。

【活动目标】

1.了解小动物过冬的多种方式,懂得关心爱护小动物。

2.尝试能在集体面前完整讲述搜集的资料。

【活动准备】

1.教师制作"动物过冬"的课件、各种小动物的图片。

2.请家长协助幼儿搜集有关小动物过冬的资料。

【活动过程】

（一）导入环节，幼儿分享自己查阅的资料

幼儿根据自己搜集的资料向同伴介绍小动物的过冬方式。

采用自由谈话的形式，幼儿可以利用搜集的图片、图书、音视频等资料向大家展示。

（二）欣赏故事，了解小动物过冬的方式

1.教师生动地讲述"动物过冬"的故事。

2.教师关键提问："青蛙怎样过冬？还有谁也采用这种冬眠的方法过冬？小燕子怎样过冬？兔子呢？松鼠呢？螳螂呢？蚊子苍蝇呢？还有哪些动物的过冬方式和它们一样？"

（三）了解不同动物的过冬方式，萌发关爱动物的美好情感

1.教师演示不同动物过冬方式的课件，引导幼儿讲述自己喜欢的动物的过冬方式。

2.幼儿两人一组分别选择自己喜欢的小动物图片，互相说一说它是怎样过冬的。教师巡回聆听幼儿的讲述，并适当给予鼓励。

（四）开阔视野，丰富幼儿有关动物过冬的趣闻

教师通过视频等方式拓展幼儿的知识面，如海豹冰上钻孔、蛇冻成冰棍、兔子撞肚皮等。

【活动延伸】

通过多种形式表征动物过冬的方式，制作科普小展板，面向全园展示。

活动四 大班拓展活动：向阳生长，静待花开

【活动来源】

《幼儿园教育指导纲要（试行）》中指出："幼儿园应为幼儿提供健康、丰富的生活活动和环境，满足他们多方面发展的需要，使他们在快乐的童年生活中获得有益于身心发展的经验。"幼儿心中都有一颗美好的种子，大自然美好的事物能够激发幼儿对美的感受和体验。又到一年春暖花开，各式各样的花朵装点着幼儿的生活，幼儿的想象和创造也随着花朵的绽放慢慢延伸开来……大班幼儿已经积累了一定的关于大自然的经验，对大自然有强烈的认知需求，为进一步保护和培养幼儿的好奇心及创造力，萌发爱护动植物、关心周围环境、亲近大自然、珍惜自然资源的愿望，有初步的环保意识，大班的幼儿开启了与向日葵的故事。

【活动目标】

1. 了解向日葵的生长过程，知道种植的方法。

2. 在种植活动中，能够学会定期观察向日葵的生长变化并进行记录，探索发现生命科学的奥秘。

3. 体验劳动的不易，感受收获的喜悦。

【活动主题】

向阳生长，静待花开。

【活动对象】

大班全体幼儿。

【活动准备】

向日葵种子若干、花箱。

【活动地点】

幼儿园种植区。

【活动过程】

图 11-1 活动展示

（一）向日葵探秘记

又是一年春暖花开，万物复苏，小朋友们对植物的生长也有了新的期待。在一次自由活动环节，他们开心地交流着自己的趣事。

嘉翊："我看见过向日葵花田，我还在里面和向日葵拍过照呢！"

尘尘："我在故事书里见过向日葵。"

宁初："如果我们幼儿园里也有向日葵就好了！"

庆媛："我们可以种向日葵呀！这样我们就能天天看到向日葵了！"

"老师！向日葵只有一种颜色吗？它们的大小都一样吗？我们家炒菜用的油也是从向日葵里出来的吗？"

带着幼儿的好奇，一个关于向日葵探秘的活动开始了……小朋友们通过调查发现向日葵适合在阳光充足的地方生长，它的开花和结果都需要太阳的帮助。向日葵很喜欢喝水，只要给足水分，它就能在土地里快速生长。在了解了向日葵生长所需的条件后，小朋友们决定亲手种向日葵。

（二）向日葵种植记

在播种之前，小朋友们查阅了种植向日葵的方法，知道了种植向日葵有两种方法：纸巾催芽法和盆栽法。通过最后的商量讨论，小朋友们决定用纸巾催芽法来种植向日葵。

为了支持幼儿的探究，教师找来了两个透明色的盒子，小朋友们在盒子底部均匀地铺上了纸巾，然后又在纸巾上均匀地洒了水，把纸巾浸湿，把一粒粒充满希望的向日葵种子平铺在纸巾上。最后又在种子的上面平铺了一层湿纸巾，在透明的盒子上还盖上了一层保鲜膜。他们对自己种的种子充满了期待。每天都会到种子前去看一看。

时隔数日，小小的种子发芽啦！小朋友们一起观察有哪些种子宝宝发芽，一边圈一边数着，1个、2个、3个、4个……为了记录自己的向日葵生长的过程，小朋友们自己设计了观察记录表，把每天观察到的种子的不同变化记录到表格里。

又过了几天，小朋友们发现，种子已经发了芽，可以种进土里了。小朋友们自己清理着土里的杂物，然后把种植向日葵种子的地方用手划分出区域，小心翼翼地把自己的种子拿出来，轻轻地用土把根部埋住，还轻轻地压一压土。幼儿都高兴地说："我的种子宝宝种好啦！"然后他们又接来水，给小种子浇水，把早就设计好的小名牌都插在了小种子的后面，静静等待着小种子长大。

图 11-2　数种子

就这样,小朋友们每天都精心照顾自己的种子宝宝,他们想知道每天小种子是否在发生变化,于是决定在种子从土里冒出芽以后开始测量,观察每天的数字有没有改变。

小朋友们选择不同的测量工具,讨论着测量的方法,他们通过交流、实验,发现要测量准确,需要量具之间不能重叠或者有空隙;量具应从头开始摆放至末端。在测量之后,教师引导幼儿用数字来表示测量的结果,帮助幼儿进一步理解数与量的关系。

圣彤:"我的种子宝宝 2.5 厘米啦!"

诗雯:"我的种子宝宝 2 厘米啦!"

钰涵:"我的种子宝宝 6 厘米啦!"

他们把发现记录在自己绘制的植物生长记录表上,就这样,小朋友们在向日葵的成长中感受到大自然的奥秘,原来植物生长如此神奇!

(三)向日葵成长记

向日葵宝宝在小朋友们的精心照料下,叶子慢慢变大、变绿,茎慢慢变高、变粗,叶子中间长出了小花苞。小花苞被花萼包裹着,一天、两天……终于开出了黄色的向日葵花,它们在太阳的照射下金光闪闪,真好看!

【活动延伸】

小朋友们经历了这次种植,更加爱惜植物,自发地给幼儿园里的其他植物浇

水、松土,回到家里,和爸爸妈妈一起种植了其他植物,并精心照料,将爱护自然的观念也传播给了更多的人。

图 11-3　种植活动

第二节　绿水

水是生命之源、生产之要、生态之基。江河湖泊是水资源的重要载体,是生态系统的重要组成部分。为了增强幼儿的环保理念,坚决抵制破坏、污染大自然的行为,激发幼儿保护生态环境的责任心,幼儿园通过多种方式引导幼儿做到知河、爱河、护河,以实际行动让我们的母亲河更加优美、让生态环境更加美好。

活动一　中班教育活动:被污染的海河

【活动来源】

在"遇见海河"的主题活动中,随着幼儿对海河有了进一步了解,有的小朋友提出为什么之前的海河不如现在漂亮,当时的海河受到了哪些伤害呢? 有的小朋友提出他去海河边还会看见有一些垃圾,对此,教师及时抓住这一契机,设计了本次的教育活动"被污染的海河"。引导幼儿知道破坏环境对自然有严重的伤害,要保护河流,保护自然。

【活动目标】

1. 了解海河被污染的原因。

2. 能够说出海河污染对生活的影响,懂得保护海河的方法。

3. 加深对海河的喜爱,产生保护海河的情感。

【活动准备】

课件、海河污染视频。

【活动过程】

(一)"小鱼游",情景导入,引导幼儿了解海河污染的影响

教师带领幼儿随音乐变身小鱼在河里畅游。

播放警告声:这里已经被污染了,请马上离开。

教师带着小鱼换方向游,可是又听到警告声。大鱼和小鱼逃啊逃,发现到处都

污染严重,无处可游,这时发现自己都生病了。

(二)出示课件,讨论海河被污染的原因

1.教师关键提问:当你生活在这个环境中,你会有什么感觉?

2.播放《被污染的海河》视频。

教师关键提问:你们想想鱼儿为什么会生病呢? 我这里有一封小鱼给我们的信,信上是这样写的:亲爱的小朋友们,告诉你们我生病了,那是因为你们人类不保护环境,把我们的家——海水变得很脏。垃圾都冲到了海里,我们就生病了,请你们赶紧救救我吧!

(三)自由讨论,生发保护海河的情感

教师关键提问:小朋友们,请你们想想,我们应该怎样保护海河? 我们可以做哪些事情才能让海河越来越美呢?

【活动延伸】

在生活中能自觉做到不乱丢垃圾,并进行垃圾分类;做环境保护宣传员,向家人讲解保护海河小知识。

活动二 中班拓展活动:争做护河小卫士

【活动来源】

在开展"保护海河"的活动后,小朋友们对保护海河话题的热度只增不减,在升旗仪式时,小朋友作为小旗手,想将保护海河的想法和见解分享给大家,并面向全园小朋友发出保护海河的倡议。教师尊重幼儿的想法,开展了本次活动。

【活动目标】

通过本次讲话,将爱河护河讲述给每一位幼儿,动员更多的小朋友来争当护河小卫士。

【主题内容】

小朋友们,你们知道我们天津的母亲河是哪里吗? 天津的母亲河是美丽的海河。但是由于人们乱扔垃圾、污水排入海河,海河中生态系统被破坏导致水草生长,海河变得不再美丽。接下来我们将为大家带来的一首护河儿歌,希望我们都能

行动起来保护爱护我们的母亲河——海河。

【活动延伸】

在生活中自觉做到垃圾分类；开展护河小讲堂，引导幼儿到班级进行宣传。

活 动 三 大班教育活动：黄河，母亲河

【活动来源】

在"沿着黄河知祖国"主题活动开展过程中，师幼共同了解到，黄河是世界长河之一，是中国第二长河。作为中华民族的母亲河，更是中国人的骄傲。在新时代背景下，每个人都肩负着保护环境的义务。环保意识要从娃娃抓起，黄河面临着水土流失、生态破坏的问题，通过本次活动，引导幼儿了解水土流失现状，萌发幼儿的环保意识。

【活动目标】

1. 了解黄河的现状，理解树木与水土流失之间的联系。

2. 萌发热爱大自然的情感，具有初步的环保意识。

【活动准备】

影视资料：伟大的黄河、黄河的现状。

【活动过程】

（一）观看地图，引出黄河

观看地球仪，找一找我们的祖国在哪里，看到有一条黄色的弯弯曲曲的河流，就是我们的母亲河——黄河。

（二）观看视频，共同讨论黄河的现状以及成因

1. 伟大的黄河

观看视频，感受母亲河的雄壮美，激发幼儿热爱黄河的情感和保护黄河的决心。

2. 黄河的现状

教师关键提问："现在生活在黄河岸边的人越来越少了，这是因为我们的母亲河变了，它为什么会变呢？"

教师总结：人们肆意砍伐树木，泥土流入黄河，还会引发洪水，造成水灾。

（三）集体讨论如何保护黄河

了解砍树对生态的恶劣影响,明白人与自然密不可分,人类首先要热爱大自然、保护大自然,大自然才会爱我们。

师幼共同总结保护黄河的方法:保护植被,减少乱砍乱伐;珍惜水资源,不浪费;不乱扔垃圾,做到垃圾分类;积极宣传,引导更多人关注并保护黄河。

【活动延伸】

引导幼儿在园内宣传保护黄河的方法,倡议更多小朋友参与爱河护河行动中来。

活动四 大班教育活动:黄河大合唱——保卫黄河

【活动来源】

《黄河大合唱》这部作品用激昂的情绪、铿锵有力的声音演绎出黄河儿女坚韧不拔、英勇奋战的品质和性格,激发了每一位中华儿女的爱国之心。通过音乐欣赏的方式,引导幼儿了解词曲制作的抗日战争背景,体会当时人们的情绪情感,感受歌曲的情感内涵,从而激发、培养爱国主义情感,懂得珍惜现在的幸福生活,树立为中华之崛起而发奋学习的坚定信念。

【活动目标】

1. 欣赏《黄河大合唱》,感受歌曲中的磅礴气势、昂扬斗志,体会其中蕴含的民族情感和时代精神。

2. 热爱祖国,树立为中华之崛起而发奋学习的信念。

【活动准备】

视频、音频《黄河大合唱》。

【活动过程】

（一）结合黄河,引出歌曲

教师关键提问:被中国人民称为"母亲河"的是哪条河流?请用一个词语来形容你所了解的黄河。

教师关键提问:欣赏一段《黄河大合唱》的音乐,谈一谈听到了什么内容?有什么感受?

（二）重点体会,了解作品

这部作品表现了抗日战争年代里,黄河两岸人民对侵略者的英勇斗争。

第一乐章《黄河船夫号》气势惊心动魄,表现了团结一致、齐心协力的民族精神,展示了中华民族的伟大和坚强。第二乐章《黄河颂》,第三乐章《黄河之水天上来》。第四乐章《黄河谣》曲调深厚宽广,唱出了对劳动生活的热爱,对祖国大地的深情。第五乐章《河边对口曲》,第六乐章《黄河怨》。第七乐章《保卫黄河》,情绪明快、跃动、生机勃勃,坚决而振奋,生动表现抗日军民前赴后继、英勇战斗,为保卫黄河、保卫全中国奔赴战场的壮丽情景。第八乐章《怒吼吧,黄河》是整个大合唱的终曲,各种力量汇集在一起,奏响强大无比的战斗号角,呈现中华民族坚韧不拔,誓将侵略者消灭干净的坚强决心。

（三）回归整体,情感升华

再听《黄河大合唱》片段,谈谈体会。

【活动延伸】

在毕业季面向全体小朋友、家长进行展演。

活动五 大班教育活动：水土流失

【活动来源】

在"沿着黄河知祖国"活动中,师幼共同了解到,黄河水土流失一直是困扰人们的难题之一,治理黄河一直被我们党和国家所重视,可是抽象的治理河沙工作幼儿难以感知。于是教师结合主题课程中小朋友们对黄河的认识,在知道黄河水由最开始的澄净清澈,流到中游时却变得越来越浑浊的经验基础上,开展"水土流失"科学小实验,进一步探索水土流失和治理河沙的科学原理。

【活动目标】

1. 猜想黄河水变黄的原因,用实验验证自己的猜想。

2. 理解植物与水土流失之间的关系。

3. 增强保护环境、热爱大自然的意识。

【活动准备】

两个瓶子改装的水槽（一个覆有植被，另一个只有泥土）、接水容器、水。

【活动过程】

（一）以黄河导入，引出水土流失话题

教师关键提问：黄河之水天上来，黄河最开始是什么颜色？后来变成了什么颜色？为什么变黄了？（黄河中游流经黄土高原，有了大量泥沙）

（二）对比黄土高原和其他高原的不同，猜想原因

教师关键提问：黄土高原和其他高原有什么不一样？黄土高原的泥土是怎么进入黄河里的？

（三）观察操作，验证猜想，感受植物与水土流失间的关系

图 11-4　活动展示

两个水槽同时模拟下雨加水，观察接水容器中的现象，谈谈区别和原因。

一起总结植物与泥土、泥土与河流之间的关系：砍了树，没了植被的保护，泥土就会被水、风等外力作用冲走，这种现象叫"水土流失"。黄土高原是水土流失的重灾区。

（四）共同总结，升华情感，激发保护环境的意识

1. 教师关键提问：水土流失有什么危害？

师幼共同总结：水土流失不仅会使河流含沙量剧增，堵塞河道和水库，还容易发生水灾等自然灾害，破坏农田和村庄。没了树，还容易发生水灾。

2. 教师关键提问：要如何改善水土流失？

师幼共同总结：植树种草，保护树木、植被，不要过度开发、毁坏森林。人类首先要热爱大自然，大自然才会爱我们。

第三节　蓝天

蔚蓝天空、清新空气是我们每个人的向往。然而,汽车尾气、工厂废气等,污染了清洁的空气,影响着我们每个人的身心健康。加强大气污染治理,改善生态环境,关乎我们的美好生活,需要每个人的关心、支持和参与。幼儿园通过多种形式的活动引导幼儿树立保护环境、保护蓝天的意识,从身边的小事做起,为天空永葆蔚蓝贡献自己的力量。

活动一　大班教育活动:雾霾天气哪里来

【活动来源】

进入冬季,室外偶尔会出现雾霾天气,一天早晨,雾霾很严重,影响了人们的日常出行,幼儿对着外面的天气发出疑问:"为什么天空会变成这样?"基于此,幼儿开始了一次讨论。

【活动目标】

了解雾霾天气的成因,知道哪些行为会污染空气,形成雾霾。

【活动准备】

绘本《辨雾霾》、雾霾产生的原因的视频。

【活动过程】

(一)集体讨论,理解雾霾的概念

近期由于天气原因,暂停了幼儿的室外游戏活动。于是一场关于天气的讨论开始了。

铭轩:"今天外面雾好大,我都看不清对面的楼了。"

欣昂:"那不是雾,那是雾霾,雾霾对人体有害。"

昱博:"对,就是因为雾霾,今天都不能升国旗了。"

"对,就是雾霾。"很多小朋友说。

"小朋友们,你们知道什么是雾霾吗?雾霾到底对我们有什么坏处?"带着这样的疑问,小朋友们开始了对于雾霾天气的探究。

通过绘本《辨雾霾》,引导幼儿了解雾霾的概念。

(二)播放视频,了解雾霾现象产生的原因

教师播放视频,师幼一起了解哪些行为会导致雾霾天气的形成。

【活动延伸】

创设主题墙饰,将雾霾形成的原因展示在墙面上,帮助小朋友们巩固经验。

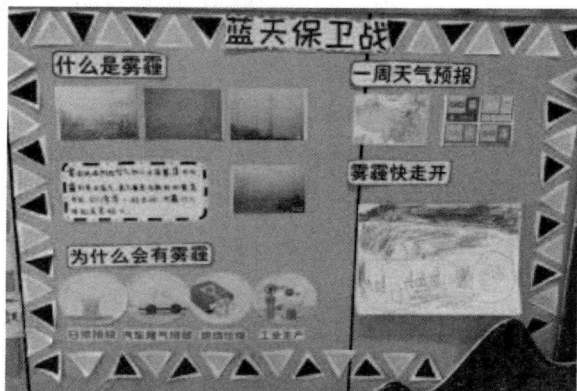

图 11-5 主题墙展示

活动二 大班拓展活动:蓝天保卫战

【活动来源】

在"雾霾天气哪里来"活动中,小朋友们知道了雾霾天气形成的原因,所以再次提出疑问:"哪些行为会导致雾霾天气的产生?"基于这个问题,小朋友们决定回到家里和爸爸妈妈一起查阅资料,寻找减少雾霾天气产生的方法。转天来到班级和大家一起分享。

【活动目标】

1. 通过查阅资料的方式解决疑惑。

2. 知道雾霾天气和人类生产密切相关,保卫蓝天具有重要意义。

3. 了解保护蓝天的办法,乐于进行分享交流。

【活动过程】

（一）知道保卫蓝天的重要意义，通过查阅资料，寻找方法

教师在家长群下发通知，鼓励家长和小朋友们一起查阅资料，引导他们用自己的语言完整地表达自己查阅的内容。

（二）尝试表现，记录想法

用绘画的方式表现出来，创设主题墙饰。

（三）集体分享交流，经验共享

师幼小结：雾霾天气和人类的生产生活息息相关，人类工厂的肆意排放、汽车尾气的排放都会对大气产生污染，所以我们在日常生活中尽量选择低碳出行，乘公交、坐地铁，还要争当蓝天小卫士，鼓励更多的人参与低碳出行，保护蓝天的行动中来。

【活动延伸】

将保卫蓝天的方法在升旗仪式环节向全园幼儿讲解；向家人积极宣传；生活中自觉做到低碳出行。

第十二章

共和平，向未来

和平是每个人的愿望，要把爱和平、护和平的种子播种在每一位幼儿的心田。幼儿园以厚植家国情怀为目标，将胸怀天下——共和平的思想蕴含其中，注重对幼儿的和平教育。园所通过开展与世界友谊、世界文化、战争与和平相关的教育活动，引导幼儿进行价值判断，使幼儿从小就感受和平年代的美好和宝贵，能把和平的理念体现在日常的活动之中。

教育目标

1. 感受奥林匹克团结、和平的精神，初步树立地球是个大家庭的意识。
2. 了解世界不同国家的文化，尊重不同国家间的文化差异。
3. 知道如今的幸福生活来之不易，懂得感恩、珍惜。

表 12-1 "共和平,向未来"主题实施一览表

活动内容	主要目标	支持策略	生成活动	发展领域	年龄班
共享友谊	1.知道友谊的含义,能够发现冬奥会中不同国家之间存在的友谊,愿意大胆表达 2.观看冬奥会视频,感受团结、和平的奥林匹克精神	谈话活动: 寻找冬奥会中的友谊 教育活动: 社会领域:观看圣火	科学活动: 火种的秘密	社会 语言 科学	大班
同筑和平	1.了解其他国家对中国的新年祝福,感受、尊重不同国家间的文化差异 2.感受到自己生活在幸福的国家,懂得感恩和珍惜	家园共育: 新年祝福 教育活动: 《从军行七首·其四》	教育活动: 和平鸽 阅读时光: 《战争来的那一天》	艺术 社会 语言	大班

第一节 共享友谊

在幼儿阶段,培养幼儿良好的社交礼仪和互助精神至关重要,友谊共享和互助是帮助幼儿建立社交意识和团队合作能力的重要内容。通过组织多种活动,幼儿可以学会与他人共享,互相帮助和尊重他人,这对他们未来的成长和发展起着关键的作用。

活动一 大班谈话活动:寻找冬奥会中的友谊

【活动来源】

在主题课程"我的奥运梦"中,幼儿了解了许多冬季奥林匹克运动会的知识,感受到冰雪运动的激烈和乐趣。同时,幼儿也感受到祖国的强大、科技的发达,为祖国感到骄傲和自豪。在幼儿观看冬奥会的相关视频时,幼儿发现了一些特别的互动瞬间。例如,不同国家的运动员会抱在一起,大家开心地聊天等。这正是冬奥会主题"追求世界和平与人类共同进步"的体现,也是国际间友好交往、国际友谊的体现。

【活动目标】

1. 知道冬奥会有不同国家的选手参赛,知道友谊的意义。

2. 能将自己发现的冬奥会中友爱互动的故事与小朋友分享。

【活动准备】

冬奥会友爱互动视频。

【活动过程】

(一)导入激趣,发现不一样的画面

在观看冬奥会的视频中,教师发现,小朋友对这样的画面特别感兴趣,我们一起来看一看。

(二)观察图片,发现运动员间的互动

请幼儿说一说在这两张图中,他们是谁,在干什么? 猜一猜为什么会出现这样

的动作。

小结:图中的两个人是冬奥会的运动员,来自不同国家,他们拥抱在一起。

(三)交流讨论,友谊无国界

为什么来自不同国家,不认识的两个人会抱在一起呢?

小结:虽然这两个人来自不同国家,之前并不认识,但是冬奥会把他们聚在一起,认识了彼此,他们从陌生人变成了朋友,友谊没有国界,正是冬奥会世界团结、和平、友谊的象征。

活动二 大班社会活动:观看圣火采集

【活动来源】

北京冬奥会是展现国家形象、促进国家间团结友好交往、传承奥林匹克精神的重要契机。在大班主题活动"我的奥运梦"中,幼儿被奥运赛事吸引的同时也对圣火的传递充满好奇。通过组织幼儿观看冬奥会的圣火采集仪式和火炬传递视频,感受不同国家对团结、友好、和平的共同期望。

【活动目标】

1. 观看圣火采集以及火炬传递的视频,感受奥林匹克精神。

2. 知道奥林匹克精神象征着团结、友谊、和平。

【活动准备】

圣火采集视频。

【活动过程】

(一)谈话导入,激发兴趣

冬奥会除了有各种各样的赛事,还会有圣火采集仪式,你们知道什么是圣火采集仪式吗?

(二)观看视频,了解圣火采集仪式

组织班内幼儿观看圣火采集视频,了解圣火采集仪式,知道冬奥会的圣火采集仪式在希腊举行,圣火利用太阳光线和凹面镜完成点火。

(三)交流讨论,深入了解圣火采集仪式的意义,感受奥林匹克精神

小朋友们,你们知道为什么要进行圣火采集仪式吗?

小结:圣火是奥运会的一个重要符号,象征着奥林匹克精神,即团结、友谊、和平。

活动三 大班科学活动:火种的秘密

【活动来源】

观看完冬奥会火种采集后,幼儿都非常好奇,纷纷发出疑问:"为什么火炬放在这里就会点燃呢?"于是在幼儿的不断询问下,教师便组织幼儿开展以"放大镜大探索"为主题的系列活动。

【活动目标】

1. 了解放大镜的特性。

2. 在交流、探索的过程中,萌生出对科学探索活动的喜爱之情。

【活动准备】

放大镜、多媒体设备。

【活动过程】

(一)初步探索放大镜

通过对放大镜进行初步观察,发现放大镜的特性之一:中间厚两边薄。

(二)师幼共探,深入了解放大镜

在深入探索放大镜的过程中,幼儿发现了放大镜的第二个特性:有放大功能。

(三)交流探讨,发现火炬点燃的原因

通过交流讨论,大家认为可能是由于"放大了太阳的热",才点燃了火炬。于是便利用班级内多媒体设备,和小朋友们共同查阅资料发现,放大镜之所以能点燃火炬,是由于其聚焦光源的这一特性,将热量集中于一点,最终将火炬点燃。

(四)亲身感知,实际操作,感受放大镜的魅力

为了更好地让幼儿感知科学实验的魅力,教师和幼儿一起走出班级,通过亲身体验,将知识更加具象化地呈现在幼儿的面前。

第二节　共筑和平

同护一片蓝天,共享一分和平,每年的 9 月 21 日为"国际和平日",联合国将其定义为"全球停火和无暴力的一天"。和平是幸福生活的象征,和平是不能忘却的美好,通过开展多种活动激发幼儿"团结友爱、和平友好"的意识,感受和平的美好和珍贵。

活动一　大班拓展活动:新年祝福

【活动来源】

新年来临之际,许多国家都在互送新年祝福,其中有很多国家向中国发来了祝福。观看不同国家的祝福视频,幼儿在感受新年氛围的同时,能通过简单的祝福词感受不同国家的文化,感受世界友好、和平所带来的幸福感。

【活动目标】

1. 和家长共同搜集不同国家向中国发来的新年祝福视频。

2. 感受、尊重不同国家的文化差异,感受世界人民友好、和平所带来的幸福感。

3. 能够在集体面前大胆表达。

【活动准备】

祝福视频、向家长发送活动通知。

【活动过程】

(一)互送新年祝福,感受节日氛围

小朋友们,你们知道过新年的时候,我们要对别人说什么吗? 可以对你身边的小朋友说一说。

(二)感受不同国家的祝福,了解文化差异

除此之外,还会有很多其他国家的人也会给我们送上祝福,一起来看看吧。

小结:每当新年来临之际,会有很多不同国家的人向我们送来祝福,从视频

中,我们可以看出来,他们的五官、服装和我们都不一样,我们要尊重文化差异。

(三)为其他国家录制新年祝福视频

刚刚我们收到了这么多祝福,感受到了不同国家文化,也感受到了他们的友善。现在,我们也一起为他们送上新年祝福,录制视频。

活动 二 大班语言活动: 从军行七首·其四

【活动来源】

赏析古诗《从军行七首·其四》时,幼儿感受将士们保家卫国、不怕牺牲的大无畏精神。反观现在,人民的幸福生活来之不易,因为有很多无名英雄在守护着我们,因此更要懂得珍惜。幼儿从中也能体会和平的重要性。

【活动目标】

1. 了解诗句的意思,想象诗句描绘的情景。

2. 有对战士的敬畏之情,为自己是中国人感到自豪,具有爱国主义情怀。

3. 知道现在的幸福生活是许多默默无闻的"现代英雄"换来的,我们要懂得珍惜。

【活动准备】

课件、图片、动画、音乐。

【活动过程】

(一)谈话导入,激发兴趣

提问:最近,在班里总能听到小朋友们谈论俄罗斯和乌克兰战争,你们是怎么知道的,你们了解这场战争的哪些信息?

小结:通过看新闻,我们就能了解俄乌战争。有很多人因为战争失去家园。

(二)引出"古诗",欣赏古诗

在我们的国家虽然现在没有战争发生,但是在很久以前我们也发生过很多次战争,为此在唐朝时期我国伟大诗人王昌龄为那些守护国土、杀敌报国的豪情壮士写过一首诗,叫《从军行七首·其四》。教师完整地读一遍古诗,请幼儿欣赏。